制裁論を超えて

朝鮮半島と日本の〈平和〉を紡ぐ

中野憲志 編

藤岡美恵子・LEE Heeja・金朋央・宋勝哉

寺西澄子・越田清和・中野憲志 著

新評論

制裁論を超えて／**目次**

制裁論を超えて

朝鮮半島と日本の〈平和〉を紡ぐ

民族差別と植民地主義の克服なくして〈平和〉はありえない。

序文
国家の論理から離れて「北朝鮮問題」を考える

中野憲志

はじめに——政治の二重基準をみつめなおす

政治は二重基準《ダブル・スタンダード》に満ちている。自由、民主主義、平和、人権など、言葉が抽象的で「普遍的」なものほど二重基準が派生する。大国の自由のために民衆の自由が奪われ、民主主義の名において民主主義が壊される。平和を語りながら殺戮し、ある人びとの人権を守ると称して他の人びとの人権が蹂躙される。この世に、正義の政治ほど不正義なものはない。

マスメディアが政治の二重基準を覆い隠す情報操作の道具と化すこともある。情報に権威を与えるために、研究者や専門家が動員されることもあるだろう。日本における朝鮮民主主義人民共和国（北朝鮮）をめぐる情報や言説は、こうした政治の二重基準の矛盾がもっとも集約的に表出する〈場〉である。

二〇〇六年の秋から冬、日本のマスメディアの北朝鮮報道は異様をきわめていた。北朝鮮の地下核実験の強行（一〇月九日）から、「日本外交の勝利」と喧伝された国連安全保障理事会（国連安保理）による対北朝鮮制裁決議の満場一致での採択（一〇月一四日）を経て、北朝鮮バッシングは最高潮に達したかにみえた。核実験が本当に行われたのかどうか、核爆発の規模はどのくらいのものか、そもそも実験が成功したのかどうか、こうしたことを日本政府もマスメディアも自ら確証する手立てさえ持たぬまま、まるですぐにでも日本が北朝鮮から核攻撃を受けでもするかのような「北の脅威」を煽る報道がくり返された。その一方では、超核大国の米国とロシア、中国の核兵器や大量破壊兵器の存在は不問にされた。「ここぞ」とばかりに、日本の核武装論の主張も勢いづいた。米国の「核の傘」の下で進行する日米同盟や韓米同盟の強化の実態も取りあげられることはなかった。

また、拉致を「国家テロ」とするこの国の政府によって、北朝鮮の人権侵害が執拗に取り上げられた一方で、テポドンⅡの発射（二〇〇六年七月）直後から日本国内の在日社会を襲った民族差別や暴力は見過ごされた。その後、見せしめ的な弾圧は滋賀朝鮮初級学校の教室にまで及び（本書第2章、一〇八頁図版参照）、右翼勢力による脅迫行為はエスカレートし、放火事件まで引き起こしたのである。にもかかわらず、これらの事件が日本のマスメディアによって批判的に報道されたことは一度としてなかった。このことは歴史に記しておこう。二〇〇六年の秋から冬、日本の北朝鮮バッシングは異様をきわめていた。

幸いなことに、いま（二〇〇七年六月三〇日現在）、「北朝鮮問題」をめぐる日本のジャーナリズムの喧騒は凪いでいる。喧騒がいつ再燃するかわからない兆候を日々感じながらも、少し冷静になって

「北朝鮮問題」を考えなおすにはよい環境だ。日本には、なぜ「北朝鮮問題」という特異な〈場〉——凍てつくような憎悪、嫌悪、不信と大いなる無関心、重い沈黙、判断停止、戸惑いが混ざり合い、私たちすべてを当事者として巻き込み、主役を演じさせる二重基準の〈場〉——が存在するのか。

「北朝鮮問題」は、核や拉致ばかりでなく、日本の植民地支配、歴史認識、戦後補償、安保問題などの複合的な諸問題が交錯し合いながら、ただ単に日本と北朝鮮との関係のみではない、朝鮮半島と日本、ひいては東アジア全域の未来をいかに展望するかという問いを提起している。私たちはその未来を、国家の論理や（核）安全保障論の延長線上で思考するのではなく、自らがそこに住まい、生きる者として展望したい。平和を語りながら緊張をつくり、対立的状況を固定化するのではなく、私たち自身の〈平和〉のためにいま何が必要なのかを考え、社会的な議論の俎上にのせたいと思うのである。

本書の趣意文は、国連安保理による対北朝鮮制裁決議の翌日、編者によってまとめられた。「あらゆる核と戦争に反対する」という基本的立場を明確にしたうえで、趣意文では、本書の執筆目的を次の五点に要約した。

一、制裁の論理を乗り超えるオルタナティブを提示すること。

二、北朝鮮バッシングによって助長される排外主義と「自民族中心主義《エスノセントリズム》」を批判すること。

三、平和、人権を唱える非政府組織（NGO）や研究者の「二」に対する沈黙を問うこと。

四、「北朝鮮問題」の政治利用を通じた日米両政府の国家戦略（核安保同盟の強化）を分析し、批判すること。

五、国家や国連の論理にからめ取られず、北朝鮮の人びとへのまなざしを見失わないこと。

本書に収められた五つの論文と二つのコラムは、右の趣意文に沿い、各執筆者がテーマを設定し、二〇〇七年三月末までに書き上げた草稿をもとにしている。その間、私たちは激しさを増すばかりの北朝鮮バッシングに衝撃と戸惑いを覚えながら、「北朝鮮問題」の迷路の中で自分の立ち位置や方向感覚を失いそうになったこともある。その意味では、本書は日朝関係の現代史に刻まれてしまった、きわめて張り詰めた一コマの空気をそのまま伝えるものにもなっている。

あの空気を二度と吸いたくない、それが執筆者全員の願いである。しかしそのためには、次の二つのことが肝要だ。一つは、「北朝鮮問題」が解のない連立方程式のようなものであることを認識し、性急な「解答」を求めないこと。「北朝鮮問題」の二重基準は、ただ一方的に北朝鮮（あるいは日本）のみを断罪し、問題の複雑さを覆い隠してしまうことによって生みだされるからである。

もう一つは、在日社会をはじめとして他国籍、他民族の人びとにとって日本社会が、私たちが思い込んでいるほどには住みやすい社会でも優しい社会でもないことを認めるところから出発することである。排外主義や自民族中心主義は政治のみではなく、私たち一人ひとりに突きつけられている現在的な問題でもある。さらに言えば、それは日本だけでなく北朝鮮、韓国、中国に生きる人びとにも共通して問われている「東アジア的問題」でもあるだろう。

「北朝鮮問題」の複雑さを再認識し、その全体性の中で核と拉致を捉えるために、まずはそれぞれを米国、北朝鮮、韓国、中国、ロシア、日本による六カ国協議と、日朝交渉の歴史的文脈の中に置き

なおすことから始めてみたい。〈問題〉の在り処は、この作業を通じて明らかになるはずである。

一　核と拉致を歴史の文脈に置きなおす

「あらゆる核と戦争に反対する」という原則

北朝鮮に対する日本社会の不信と疑念は、北朝鮮が日本を挑発するかのようなロケット発射や核兵器開発を行ってきたこと、否定し続けていた拉致の実行を認めたこと、そしてそれ以後における「拉致は解決済み」とするような誠実さのみられない対応などに原因がある。本書は、「北朝鮮問題」をめぐる政治の二重基準を指摘するからといって、北朝鮮による核開発や拉致を正当化したり、容認したりするものではない。

しかし、たとえば核をめぐる政治の二重基準が北朝鮮の核開発を相対化してしまう事実は認める必要がある。米国、ロシア、イギリス、フランス、中国のみが「核兵器国」である「権利」を独占し、これら諸国以外への「核の拡散」を防止しようとする核兵器不拡散条約（ＮＰＴ）体制の下では、主権国家としての北朝鮮が自国の国家安全保障にとって核武装を死活的とし、これ以外の道では国家的エネルギー危機を乗り超えることができないと主張するとき、国際社会は北朝鮮のＮＰＴ体制からの離脱（二〇〇三年一月）を容認はしないが「理解」は示す。つまり、北朝鮮の主張は正当化することはできないとしても、相対化されてしまうのだ。なぜなら、世界にはＮＰＴ体制に加盟しないイスラエル、インド、パキスタンという三つの主権国家が核兵器を保有する現実があるからである。

しかも、核兵器保有の有無によらず「包括的」に、いかなる国家であろうと核実験を禁止する条約（CTBT＝包括的核実験禁止条約）が国連総会で採択されていようと（一九九六年）、この条約自体が核技術を有する世界四四カ国が署名・批准を拒否し、効力を発揮できていない現実もある。米国は北朝鮮が核実験を行うまでに推計一〇三〇回におよぶ核実験を強行しており、ロシアは七〇〇回を超えている。二〇〇六年二月には、米国のネバダ州で米英共同の地下核実験が強行されているのである。しかし、この米英の核実験が日本政府とマスメディアによって批判されることはなかった。

日本に関していえば、公的には核兵器を開発していないことになっているが、その技術は持っている。そして日米安保体制の下で、強大な米国の「核の傘」に庇護されている。また、世界有数の――事故が頻発する――原発大国である。日本は非核兵器保有国の中で唯一、プルサーマル、高速増殖炉といった核燃料サイクルの研究開発が許されている特権的な国なのである。

韓国はどうか。韓国は、アジアの中で日本に次ぐ、そして日本と同様に事故が多発している原発大国（一六基稼動）であり、ベトナムをはじめとしてアジアへの原発技術の輸出を進めようとしている。また、射程距離一〇〇〇キロの巡航ミサイル、玄武Ⅲを独自開発し、すでに実戦配備しており、現在射程一五〇〇キロの巡航ミサイルを開発中である。それは北朝鮮のみならず、日本全土を射程範囲内に治めることになる。おそらくは、韓国が日本の「友好国」であるという理由で、日本政府もマスメディアもこのことを取り上げない。韓国の反原発、韓米安保と米軍基地再編に反対する運動の存在も報道されることはほとんどない。

日本や韓国とは違い、いかなる核大国の「核の傘」の庇護もなく、周辺諸国の核と軍事的脅威にさらされ、エネルギー危機をかかえる北朝鮮の独自核開発の主張は、こうした核兵器と核実験の全面廃絶・禁止に逆行する国際政治の二重基準、秘密裏に核開発を進め、核実験を強行し、核武装した国々が存在する現実に照らすとき、主権国家の論理に従うかぎり、批判しきれないものが残ってしまう。

現に、第四回六カ国協議の共同声明（二〇〇五年九月一九日（次頁表参照））は、北朝鮮と朝鮮半島の「非核化」をめざすとしながら、北朝鮮の「原子力の平和利用」は「尊重」している。六カ国協議は、核兵器と核燃料サイクルのテクノロジーを占有する核・原発大国が北朝鮮（と韓国）の独自核武装をさせないための「協議」という一面を持っているのである。だから、北朝鮮の核開発を批判し、これに反対する論理は、NPTやCTBT体制の矛盾、「核」と「原子力」を意図的に使い分ける「原子力の平和利用」という論理のまやかし、朝鮮半島内の核軍事バランスの不均衡などを正視し、これを批判し、変革するという実践的行動が伴わなければ、核・原発大国が寄って集《たか》って「忌々しい北朝鮮いじめ」をしているという印象を拭い去ることはできない。本書が、「北朝鮮問題」を論じる前提として「あらゆる核と戦争に反対する」を掲げているのは、核をめぐる現実政治《リアルポリティクス》の二重基準の矛盾に対する認識とそれへの批判が背景にある。

第四回六カ国協議の共同声明をみると、北朝鮮の核実験は、たしかに「1」にある「すべての核兵器及び既存の核計画を放棄する」という内容に反した行為である。そしてそのことが、国連安保理の対北朝鮮制裁決議の根拠にもなっている。

しかし、見過ごしてならないのは、北朝鮮の核実験がこの第四回六カ国協議と第五回協議の開始

第4回六カ国協議・共同声明

2005年9月19日

1．六者は、六者会合の目標は、平和的な方法による、朝鮮半島の検証可能な非核化であることを一致して再確認した。

朝鮮民主主義人民共和国は、すべての核兵器及び既存の核計画を放棄すること、並びに、核兵器不拡散条約及びＩＡＥＡ（国際原子力機関）保障措置に早期に復帰することを約束した。

アメリカ合衆国は、朝鮮半島において核兵器を有しないこと、及び、朝鮮民主主義人民共和国に対して核兵器又は通常兵器による攻撃又は侵略を行う意図を有しないことを確認した。

大韓民国は、その領域内において核兵器が存在しないことを確認するとともに、1992年の朝鮮半島の非核化に関する共同宣言に従って核兵器を受領せず、かつ、配備しないとの約束を再確認した。1992年の朝鮮半島の非核化に関する共同宣言は、遵守され、かつ、実施されるべきである。

朝鮮民主主義人民共和国は、**原子力の平和的利用の権利**を有する旨発言した。**他の参加者はこの発言を尊重する**旨述べるとともに、適当な時期に、朝鮮民主主義人民共和国への軽水炉提供問題について議論を行うことに合意した。

2．六者は、その関係において、国連憲章の目的及び原則並びに国際関係について認められた規範を遵守することを約束した。

朝鮮民主主義人民共和国及び**アメリカ合衆国は、相互の主権を尊重する**こと、**平和的に共存する**こと、及び二国間関係に関するそれぞれの政策に従って国交を正常化するための措置をとることを約束した。

朝鮮民主主義人民共和国及び**日本国は、平壌宣言に従って、不幸な過去を清算し懸案事項を解決する**ことを基礎として、国交を正常化するための措置をとることを約束した。

3．六者は、エネルギー、貿易及び投資の分野における経済面の協力を、二国間又は多数国間で推進することを約束した。

中華人民共和国、日本国、大韓民国、ロシア連邦及びアメリカ合衆国は、朝鮮民主主義人民共和国に対するエネルギー支援の意向につき述べた。

大韓民国は、朝鮮民主主義人民共和国に対する200万キロワットの電力供給に関する2005年7月12日の提案を再確認した。

4．六者は、北東アジア地域の永続的な平和と安定のための共同の努力を約束した。

直接の当事者は、適当な話合いの場で、朝鮮半島における恒久的な平和体制について協議する。

六者は、北東アジア地域における安全保障面の協力を促進するための方策について探求していくことに合意した。

5．六者は、「約束対約束、行動対行動」の原則に従い、前記の意見が一致した事項についてこれらを段階的に実施していくために、調整された措置をとることに合意した。

6．六者は、第5回六者会合を、北京において、2005年11月初旬の今後の協議を通じて決定される日に開催することに合意した。

注：外務省訳。強調は引用者。

（二〇〇六年一二月）の間に断行されたことである。共同声明の「6」に記されている「第五回六者会合」は、日本の「拉致外交」が北朝鮮を硬化させた結果、核実験以前には開催されることはなかった。言葉を換えると、第四回協議の共同声明に沿い、「5」にある「約束対約束、行動対行動」の原則に従い」、各項目の段階的実施に向けて事態が進展していれば、北朝鮮の核実験はなかったかもしれないのである。

共同声明は、その全体において「1」を実現するための諸条件を示しているのであって、それらが実現される客観的な事実の進展、あるいは保証抜きに北朝鮮のみに「約束」履行を要求するのはフェアとは言えないだろう。少なくとも「約束」の実施に向けた何らかの「調整された措置」がとられていたのであれば、北朝鮮の核実験はまったく正当性を持たない完全なる暴挙として弾劾することもできるが、現実はそうではなかったのである。周知の通り、米国ブッシュ政権は北朝鮮を「悪の枢軸」「圧制の拠点」「テロ支援国家」と規定し、朝鮮戦争（一九五〇～五三年）の「休戦」状態もそのままで、「相互の主権を尊重すること、平和的に共存すること、及び二国間関係に関するそれぞれの政策に従って国交を正常化するための措置をとる」ことはなかった。

日本も同じである。共同声明の「2」において「平壌宣言に従って、不幸な過去を清算し懸案事項を解決することを基礎として、国交を正常化するための措置をとることを約束」しながら、「拉致の解決なくして、国交正常化なし」のスローガンの下、その「措置」をとらなかった。「不幸な過去」の「清算」とは、日韓併合（一九一〇年）から日本の敗戦まで三六年間に及んだ「植民地支配の清算」のことであるが、次項で詳述するように、日朝国交正常化に向けた日朝平壌《ピョンヤン》宣言（二〇〇二年九月一七日）の合意事項は、日本の側からは何も実施されなかったのである。この状態はいまも続いている。それに加え、そもそも北朝鮮が核開発を放棄する条件である「エネルギー、貿易及び投資の分野における経済面の協力を、二国間又は多数国間で推進する」という、その「約束」はいったいどこに消えたのか。二〇〇六年一〇月九日段階で、共同声明に記された「約束」の数々はどれだけ履行されていただろう。いや、実施に移されたものが一つとしてあっただろうか？

このように第四回六カ国協議の共同声明の内容を吟味すると、北朝鮮の主張にも一定の根拠があったことが理解できる。しかしだからといって、それを正当化することも容認することもできない――、議論はそこから始まるのである。

現在、北朝鮮の「非核化」は二〇〇七年六月の米朝協議の実現によって、第五回六カ国協議の合意で確認された段階的構想に基づき進展の兆しがみられるが、先に述べたように、北朝鮮の核開発を容認しないためには、あらゆる国家／非国家主体による核開発・保有を許さない非核・非戦の原則を貫く姿勢が大前提にならねばならない。そうでなければ自国は核兵器の（技術）開発や原発建設を次から次に推進しながら、相手には一方的にその断念を強制するという「力の政治」を行使しているに過ぎなくなってしまう。果たして、日本政府‐安倍政権や日本のマスメディアは、そのような姿勢をどこまで貫いてきただろうか。「北の脅威」をめぐる議論は、その事実認定からもう一度整理し、議論されてしかるべきである。

誰が日朝国交正常化を阻んでいるのか――第一回「日朝国交正常化のための作業部会」を検証する

次に、日朝国交正常化問題を考えてみたい。第五回六カ国協議で決定され、ベトナムのハノイで開かれた第一回「日朝国交正常化のための作業部会」（二〇〇七年三月七〜八日）の内容を、その外務省報告を分析しながら検証してみよう（次頁表参照）。

外務省報告は（1）総論、（2）拉致問題、（3）国交正常化（いわゆる「不幸な過去の清算」）に分かれている。

この報告で日本側は、（3）の国交正常化の前に（2）の拉致問題の項目をおくことで、また（1）の総論部分に「拉致、核、ミサイル等の懸案事項を包括的に解決し」と盛り込むことで、国交正常化（「不幸な過去の清算」＝植民地支配の清算）はこれらの「懸案事項」とセットで実現されなければならないと主張している。つまり、日本は北朝鮮がこの「懸案事項」のすべてを承諾することではじめて「国交正常化」交渉のテーブルにつく（国交正常化そのものではない）と言っているのである。しかし、日本の主張を北朝鮮が拒否し、作業部会での交渉は決裂した。交渉決裂の根拠は、この外務省報告自体の中に読み取ることができる。ここでは二つのことだけを指摘しておきたい。

第一に、安倍政権は「日朝平壌宣言に則り、拉致、核、ミサイル等の懸案事項を包括的に解決し、不幸な過去を清算することを基礎として国交正常化を実現する」としているが、平壌宣言にはこのようなことは書かれていない。平壌宣言のどこを読んでも「拉致、核、ミサイル等の懸案事項を包括的に解決」するなどという表現は出てこない。

平壌宣言は、その冒頭で日朝両政府が「国交正常化を早期に実現させるため、あらゆる努力を傾注すること」を確認した上で、二点目に「日本側は、過去の植民地支配によって、朝鮮の人々に多大の

第１回「日朝国交正常化のための作業部会」

2007年３月７～８日

（１）総論

今次会合では、我が方より、「**日朝平壌宣言に則り、拉致、核、ミサイル等の懸案事項を包括的に解決し、不幸な過去を清算する**ことを基礎として国交正常化を実現するという基本的方針の下、積極的に作業部会に取り組む用意がある」との基本的立場を表明。作業部会での作業を、**日朝平壌宣言に則って行う**ことについては、日朝間で確認された。しかしながら、拉致問題についても、また、いわゆる「不幸な過去の清算」をめぐる議論についても、日朝間の立場が依然として大きく離れていることが明らかとなり、具体的成果は得られなかった。また、我が方からは、核問題、ミサイル問題等の安全保障問題についても取り上げた。

（２）拉致問題

７日の協議で、詳細に議論。我が方より、１、すべての拉致被害者及びその家族の安全確保と速やかな帰国、２、真相の究明、３、拉致被疑者の引渡し等を要求。北朝鮮側は、「日本側の問題提起については今まで出来る限りのことを行ってきた、拉致問題は解決済みである」など従来の立場を繰り返すのみならず、我が国の北朝鮮に対する経済制裁の解除を求めるなど、拉致問題の解決に向けた誠意ある対応は示されず。

（３）国交正常化（いわゆる「不幸な過去の清算」）

我が方より、**国交正常化のためには、拉致問題を含む懸案事項の解決と「不幸な過去の清算」の双方が達成されなければならない**ことを強調。「不幸な過去の清算」については、日朝平壌宣言で確認されたいわゆる「一括解決、経済協力方式」*が唯一の現実的な解決策である旨説明。北朝鮮側からは、「一括解決、経済協力方式」が意味するところについて、正しく理解していないと思われる発言があった。

*日朝平壌宣言で提示されている「一括解決・経済協力方式」とは、「1945年８月15日以前に生じた事由に基づく両国及びその国民のすべての財産及び請求権を相互に放棄」し、これにより、いわゆる慰安婦、強制連行等の問題を含め、植民地支配に起因する金銭支払いを含めあらゆる請求は法的に完全かつ最終的に解決されたものとするとともに、これと並行して、日本から北朝鮮に対して経済協力を行うとする日本側の主張をいう。

注：強調は引用者。

損害と苦痛を与えたという歴史の事実を謙虚に受け止め、痛切な反省と心からのお詫びの気持ちを表明」している。つまり平壌宣言は、「過去の植民地支配」の清算こそが日朝国交正常化の最大の「懸案事項」であるという日本側の認識を確認しているのである。そしてこのために、「国交正常化の後、双方が適切と考える期間にわたり、無償資金協力、低金利の長期借款供与及び国際機関を通じた人道主義的支援等の経済協力を実施し、また、民間経済活動を支援する見地から国際協力銀行等による融資、信用供与等」を日本が行うとしている（強調は引用者）。また、第四回六カ国協議の共同声明の「2」も、「朝鮮民主主義人民共和国及び日本国は、平壌宣言に従って、不幸な過去を清算し懸案事項を解決することを基礎として、国交を正常化するための措置をとることを約束した」とあり、植民地支配の清算が国交正常化の前提条件であることを再確認している。

ところが、安倍政権はこの平壌宣言の基本原則に立たず、平壌宣言にはない「拉致、核、ミサイル等の懸案事項」の「包括的解決」を北朝鮮に求めることで、北朝鮮が交渉を拒否せざるをえない条件を上乗せしているのである。安倍政権がこの姿勢を改めないかぎり、平壌宣言の精神と合意事項は日本政府自身の手によって反故にされ、国交正常化交渉が前進することはありえないだろう。

北朝鮮の核とミサイル開発問題は六カ国協議の「懸案事項」であり、米朝、南北協議の枠組み（作業部会）などでその解決がめざされている事柄である。にもかかわらず、日本はこれらを日本の国家主権と安全保障の脅威になるという理由で、日朝交渉の「懸案事項」とする。しかし実際には、日本は核やミサイルをめぐって北朝鮮と交渉し、問題を解決する手段も意思も能力も持ち合わせていない。一方、北朝鮮は日本をその交渉相手と考えてもいない。北朝鮮の核とミサイルは、日本というよりも、日本に配備された強大な米国の核軍事力と韓米安保軍に向けられた「防衛的核抑止力」と位置づけられているからである。ごく控えめに言っても、日朝交渉のテーブルに核とミサイルを持ち出す安倍政権は錯乱している。

したがって、第二に指摘されるべきは、安倍政権は「日朝平壌宣言に則り、〔…〕国交正常化を実現するという基本的方針の下、積極的に作業部会に取り組む」と表現しながら、実際には、国交正常化やそれ以外の「懸案事項」の個別的解決の道を自ら閉ざしてしまっていることである。あるいはそれこそが安倍政権の狙いなのかもしれないが、これでは「国政の最重要課題」であるはずの拉致問題の真相究明も被害者の早期帰国も実現できるはずがない。

もともと平壌宣言までの日朝国交正常化交渉は、植民地支配の清算をめぐる日朝間の協議の場だった。ところが安倍政権はこれを従来にはなかった「懸案事項」の「包括的解決」を優先させる場に変えてしまったのである。これでは植民地支配の清算のための交渉に臨んでいるはずの北朝鮮の代表団が、安倍政権の意図を「正しく理解」できないのも当然である。

北朝鮮側が混乱するのは、平壌宣言において確認された植民地支配の清算をめぐる「一括解決、経済協力方式」について、安倍政権が非常なる誤解を招きかねない詭弁を弄しているからである。「一括解決・経済協力方式」の「一括解決」とは、植民地支配の清算を日朝関係の正常化の最重要課題として設定し、そのうえで先述の平壌宣言の箇所で引用した「無償資金協力、低金利の長期借款供与」などの諸項目が「一括」して実現された後に、これが「解決」するという意味であって、「拉致、核、ミサイル等の懸案事項を包括的に解決」するという意味で使われているのではない。しかも、植民地支配の清算には戦時中に強制連行（徴用）された朝鮮人労働者や「従軍慰安婦」（戦時性奴隷の被害者）の真相究明や賠償問題も含まれる。これらを一つずつ交渉によって解決するというのが作業部会の基本的な位置付けであるはずだ。「一括解決」なるものが、植民地支配をした側の都合しか考えない、勝手な言い分に終わらないようにすることが日本側に問われているのである。

拉致、核、ミサイル問題の早急な解決が個別的にはかられるべきであるのは言うまでもない。しかし、以上から明らかなように、安倍政権は、日朝間に横たわる「不幸な過去」を解決するために国交正常化を実現し、植民地支配の清算を行うとした平壌宣言の精神、その歴史的成果を破壊していると言わざるをえない。日朝交渉の決裂的状況には、日本の側にも大きな原因がある。つまり、「北朝鮮問題」とは、「日本問題」でもある。少なくとも、日本の側にいっさい責任なしとするような偏向的理解や解釈、そして「報道」を改めることが必要である。

制裁の政治は何も解決しない

安倍政権は、米朝および南北協議の合意に基づき北朝鮮の「非核化」が進展しても、拉致問題の解決の進展がみられないかぎり、北朝鮮へのエネルギー支援を含めた経済協力をいっさい行わないとする「改正北朝鮮人権法」を制定した（二〇〇七年六月二九日）。これによってそれ自体問題が多い「北朝鮮人道法」は、北朝鮮が拉致問題を解決するまで恒久的に効力を発揮する「拉致制裁法」へと変わった。安倍政権は「対話と圧力」を口では語りながら、実際には対話を放棄し、日本単独と国際的な制裁網の徹底化によって北朝鮮を締め上げ、屈服を引き出すことを外交と拉致対策に置き換えてしまっているのである。

日本の言論空間では、拉致が北朝鮮の国家的組織犯罪であることが判明した結果、制裁の政治の問題性をめぐる冷静な議論が成り立たない状況がつくられてしまっている。しかし、安倍政権が要求する内容のみに従った拉致問題の「解決」を、日朝国交正常化のみならず六カ国協議の目的達成に向けた最大の縛りにしてしまうことが、本当に妥当な外交政策と拉致対策と言えるかどうか、社会的な議論をおこす段階にきている。なぜなら、北朝鮮というよりは日本が六カ国協議と日朝国交正常化の阻害要因になりかねない、何とも倒錯した状況が安倍政権によって生み出されているからである。

拉致問題の解決をめぐっては、安倍政権は北朝鮮が再調査を行い、その報告内容を日本側が承認したうえで、一、拉致被害生存者の早期帰国、二、真相究明、三、実行犯の引き渡しを要求している。これに対し、北朝鮮の「関係筋」が再調査を行う用意があることを明らかにし（二〇〇七年六月二七日）、事態は流動的になっている。しかし、仮に北朝鮮が再調査を進めたとしても、日本側は再調査の条件を、「科学的、客観的根拠」に基づき、日本に帰国した被害者の情報と合致することとしている。つまり、安倍政権は、拉致被害者の帰国を実現する以前の再調査の段階で、その報告内容をめぐり北朝鮮側と再び決裂することが予め想定できるような条件を突きつけているのである。

最大の問題は、「科学的、客観的根拠」をめぐる日朝間の解釈上の対立を、私たちが「科学的、客観的根拠」に基づいて判断できる情報開示がなされていないところにある。だから、現局面において一番重要なのは——状況がきわめて流動的であることを前提に言えば——、（1）北朝鮮が再調査を行いきり、（2）その報告内容が日本側の主張と対照できるように全面的に情報公開され、（3）それに基づいて確実に生存している拉致被害者の帰国をまず実現すること、そして（4）その他の事案については制裁を解除したうえで国交正常化交渉を具体的に進めながら個別的な解決をめざすことにある、と筆者自身は考えている。そのためにも、（5）安倍政権が平壌宣言の基本精神と合意事項に立ち戻ることが先決である。

このような政策的な方針転換がなされないかぎり、拉致問題の解決さえ永遠に先送りされてしまうか、ごく一部の生存者の帰国によって政治決着がはかられるか、それともすべてが歴史の闇に完全に葬り去られてしまうか、これらのいずれかになってしまうだろう。その犠牲になるのは、他でもないすべての拉致被害者とその家族なのである。

けれども、制裁外交の最大の犠牲者は、制裁により生活がますます困窮し、餓死したり、生命の危険を冒してまで「脱北」＝難民へと追い立てられてゆく北朝鮮の人びとや子どもたちである。制裁の犠牲はさらに、北朝鮮に家族や親戚がいるなかで南北間・日朝間の自由な往来ができずに肉親の安否に心を痛めている韓国社会・在日社会の人びとにも及んでいる。ところが、日本のマスメディアはここでも一様に口を閉ざし、この真実を報道しようとしない。安倍制裁外交によって派生するこうした問題の数々は黙過されているのである。

いま大切なのは、北朝鮮批判が日本の制裁外交を容認することにならず、同様に制裁外交批判が北朝鮮を免罪することにもならないという理解の下で、犠牲しか生みださない制裁の政治を乗り越える道を模索することにあると私たちは考えている。

二　「北朝鮮問題」の解明と解決のために

北朝鮮という国ほど、日本にとって特異な国はない。かつての植民地宗主国である日本と、支配された領土の上に建国された北朝鮮との間で、日本の敗戦（朝鮮半島の解放）後六二年も経つというのに、未だに植民地支配の清算が何も行われていないからである。核と拉致のみがクローズアップされる「北朝鮮問題」の根底には、戦前の植民地支配の未清算と、それが戦後の日朝関係（国交断絶）にも深い影響を与え続けるという「植民地主義の未克服」の問題が横たわっている。

本書第1章の**藤岡論文**から第4章の**越田論文**及び「コラム1」**金報告**は、それぞれ独立したテーマを論じながらも、いずれも植民地支配の未清算（未克服）という現実から「北朝鮮問題」を解明し、その解決に向けた具体的な提言を行っている。以下、各章の概要を紹介する。

第1章の**藤岡論文**は、「植民地主義の継続」という観点から北朝鮮バッシング、日朝関係、在日朝鮮人に対する民族差別を論じたものである。北朝鮮バッシングに象徴される「敵意、侮蔑、不信」を剝き出しにした植民地主義的言説は、他者の否定的な側面を本質化し、その価値を貶めると同時に、一部の事実、あるいは「事実」として表象される推測・風聞を独断的に一般化する。つまり、他者の主体性を否定する。藤岡によれば、こうした植民地主義的言説が今なお日本に残る最大の要因は、植民地の放棄が敗戦による戦後処理の枠組みの中で他律的に行われてきたことにあるという。

一方、北朝鮮バッシングが高まるのと同じ時期に、「多文化共生」社会をめざす政策や試みが注目を集めるようになった。しかし、自治体の政策として推進されている「多文化共生」社会構想や、その理論的支柱となっている民間研究者の「多文化共生」社会論も問題なしとしない。官製「多文化共生」論は、もっぱら「外国人労働者問題」への対応を動機としており、植民地主義の克服を課題として掲げるどころか、克服の努力の弊害にさえなりかねない危険性をはらんでいる。なぜなら、多数派日本人とマイノリティ集団との間に生起する政治的・社会的・経済的な力の不均衡を問うことなき「多文化共生」論は、社会の多数派である「日本人」の特権や既存の権力構造を不問に付してしまうからである。「市民」的権利保障の実現をめざす日本の人権NGOもこのことに自覚的であるべきだと藤岡は指摘する。

藤岡はさらに、こうした「多文化共生」論と、実態は差別的でありながら表面上は諸民族の「平等」を説いた大日本帝国時代の「大東亜共栄圏」論との間に思想的な継続性を読み取ろうとする。「多文化共生」と「八紘一宇」は思想的に背反しない。それは、欧米の「多文化主義」が人種差別を克服しないのと同じである。故にいま必要なのは、「植民地支配の責任論の確立」とそのための具体的な政策、そしてそれを実現する日本の「市民社会」の意識の転換にあると論文は結んでいる。

続く第2章のLee論文は、朝鮮半島と日本をとりまく国際政治に翻弄されてきた一人の在日韓国人二世としての立場から、「北朝鮮問題」に対する日本（人）の当事者性を問おうとする。研究者でも運動家でもなく、朝鮮半島をアイデンティティのルーツとしながらも生活基盤は日本にある、いわば二つの国家のはざまに生きてきた一人の人間として、Leeは発言する。

なぜ、日本において北朝鮮の核開発問題が、いかなる国家の核保有にも反対する「普遍的な」問題として議論されるのではなく、北朝鮮バッシングの道具に化してしまうのか。そのことをLeeは、自身をも巻き込んできた植民地支配を正当化する日本の差別構造に起因するものとして分析する。植民地宗主国であった日本（人）は、ことが北朝鮮の問題に及ぶや否や、二つの当事者性を忘却する。一つは、朝鮮戦争を経て二つの分断国家が存在する現在の朝鮮半島の現実に政治的責任を持つという当事者性であり、もう一つは敗戦・被爆国であるという当事者性である。Leeはこの二つの当事者性の忘却の根拠を、日本社会における戦争の「被害者」意識に焦点をあてながら、植民地支配への反省なき戦争観の中に読み取ろうとする。

核や拉致を含め「北朝鮮問題」の恒久的な解決は、朝鮮半島の政治的安定化を通じてしかありえないが、Lee自身はそれが朝鮮半島の統一という途をとるか否かについては保留する。ただ、少なくとも南北双方の国家間の自由な往来と日朝国交正常化は不可欠であり、そのために未解決の植民地支配の清算は避けられないという。「未来をみたいから、私の前を暗くしている壁を取り除いてほしい」。今なお継続する在日社会に対する民族差別や偏見の現実に読者の注意を喚起しながら、一人の在日韓国人二世、〈当事者〉の立場からLeeはこのメッセージを発する。

次に、北朝鮮との「向き合い方」を論じた第3章の**宋論文**は、韓国で提唱された「内在的接近」および「内在的・批判的接近」という考え方を紹介する。韓国の思想家、宋斗律《ソン・ドゥユル》が提唱した「内在的接近」とは、北朝鮮社会を予断と偏見に基づきながらみるのではなく、北朝鮮の建国の理念（「自主」と「民族（の尊厳）」）に照らしながら考察しようというものである。しかし、この「内在的接近」論には北朝鮮に無批判的に同調する傾向があり、韓国では後にこれをさらに批判的に再構成した「内在的・批判的接近」論が登場することになる。

一九八〇年代末期まで軍事独裁政権が続いた韓国では、長年にわたり「内面化された反共意識」が人びとの心を捉えてきた。しかし宋によれば、民主化闘争の展開と民主主義の定着と相まって、「内在的接近」／「内在的・批判的接近」論は徐々に受容され、浸透するようになったという。日本社会は言うに及ばず在日コリアン社会の中でも、北朝鮮に対する「内在的・批判的接近」論は定着していない。日本社会には植民地支配の未克服という課題が残され、在日コリアン社会には頑強な「反北意識」と北朝鮮への受動的・無批判的同調という両極的な見方が支配的であると宋は指摘する。

周辺大国による侵略の脅威にさらされてきた朝鮮半島の歴史を考えるとき、「国の自主と民族の尊厳」を守るために「核抑止力」を持つという北朝鮮の主張は——先述したように——全否定することはできない。しかし宋論文は結論部において、この北朝鮮の主張を斥ける。北朝鮮の核正当化論は、国境線の内側の「自主」と「民族」のために、その外側に対して核による抑圧と死を想定しているからである。

「内在的・批判的接近」論は、「側（サイド）の発想」に支配された日本社会の北朝鮮への「向き合い方」に鋭い批判を投げかける。朝鮮半島と日本の〈平和〉を紡ぎなおすためには、北朝鮮の主張を「内在的」に捉えたうえで「批判」し、その論拠を無化する政治的・非軍事的な周辺環境の創出が欠かせない。

第４章の**越田論文**は、制裁を超える国際協力論を提唱する。国策としての「国際協力」から独立した〈民衆による国際協力〉＝民際協力を訴える。日本の国際協力は——政府、NGOいずれのものも——長い間、北朝鮮の存在を無視して行われてきた。その背景には、戦後の日本の政府開発援助（ODA）というものが、「日本が行った戦争は侵略戦争ではなかった」という「偽」の歴史認識を前提として始まった経緯がある。そのことは、越田が言及するように、旧日本陸軍のエリート参謀がODAの原型ともいえる賠償に関わった事実の中にはっきり示されており、こうした歴史性をもつ日本の「国際協力」をいかに変革するかが論文の基本的モチーフとなっている。

そこで越田は、北朝鮮に対する「平和的生存権に基づく国際協力」を進めることを提言する。そしてそのために、国際社会でも問われ、日本の歴代政権も認めてきた植民地支配についての謝罪と反省を、政府の政策とNGOの国際協力活動の両方に生かすことを主張する。より具体的には、植民地支配の清算をめぐる国際的な動きを視野に入れ、①北朝鮮に対する人道支援や経済協力を進め、②「戦争被害者への補償法」が成立するまでの措置として、ODAに「戦争被害者への社会正義基金」をつくり、③それを北朝鮮への無償資金協力、戦争被害者・家族への医療・福祉補助、さらに真相究明のための調査資金に使うことなどを提案する。

しかし現実には、戦争責任を活動のテーマとして取り上げ、戦争被害者への支援を行っている日本のNGOの数はあまりに少ない。問題は、「北朝鮮敵視」というこの国の政策によって〈人道支援〉の原則と意義が捻じ曲げられていることに対し、NGOの世界から強い批判がなされてこなかったところにある。この現実を変え、〈平和〉を最優先する大原則に立った北朝鮮への民際協力を進めるためにこそ、きわめて厳しい状況に直面しながらも、いまも続く北朝鮮への人道支援の灯火を絶やさず、

実践的な支援の輪を広げることが問われているのである（日本国際ボランティアセンター（ＪＶＣ）をはじめとした日本のＮＧＯの北朝鮮に対する人道支援については「コラム２」（**寺西報告**）を参照）。

本書の終章にあたる第５章**中野論文**は、「北朝鮮問題」を安保・改憲問題から論じ、核と戦争のない朝鮮半島と日本の〈平和〉のために、安保を無みする（解消する）ことを訴えている。ここでの安保とは、日米安保条約と日米安保体制の双方をさす。

一九八〇年代前半の中曾根政権期に始まった「戦後政治の総決算」は、小泉政権による「構造改革」の「骨太の方針」の策定を経て、安倍政権によってその総仕上げがはかられようとしている。北朝鮮バッシングが一段と激しさを増す中で進められてきた日本国憲法第九条の「戦争の放棄」の放棄、および「集団的自衛権」の合憲化を狙った明文改憲に向けた動き、そして「骨太の方針」を具体化する一連の法案の強行採決に次ぐ強行採決は、すべてその現れである。

しかし、目下の改憲／護憲論議の中では憲法を護るか否かや、日本の平和を守るか否かに議論が傾斜しがちであり、しかも憲法の条文には何も手をつけぬまま解釈改憲の積み重ねによって日米安保がグローバル同盟化し、日本の「自衛軍」が米軍やＮＡＴＯ軍と共同して対テロ戦争の一翼を担うべく海外派兵されようとしている現実や、その根本にある安保そのものをどうするのかについては、ほとんど議論がなされていない。北朝鮮バッシングの背後で推進されてきた日米同盟再編の現段階を分析しながら、中野は、今一度安保の存在理由を問い直し、永遠に続くかのような安保の自動延長を阻むたたかいを呼びかける。安保をそのままにして、核と戦争の恐怖から自由になった朝鮮半島や東アジアの〈平和〉は実現できるはずもないからである。

論文の最大の特徴は、「条約としての安保」と「体制としての安保」という「安保の二重性」を指摘し、前者を解消するためにも新たに台頭する産軍学複合体の実態を捉え、私たちの日常、労働、研究、生活を「安保化」する後者に対するたたかいの重要性を論じているところにある。制裁論を超えて、朝鮮半島と日本の〈平和〉を紡ぎなおすためにも、従来にない、安保を無みする新しい理論と思想の枠組みが求められていることを提示している。

日朝両政府が自己主張のぶつけ合いに終始することなく、実りある国交正常化交渉が再開され、一刻も早く制裁が解除されること、そのための議論の一助として本書が活用されることがあるとすれば、私たちにとってそれほど嬉しいことはない。

＊　＊　＊

序文の最後に、北朝鮮という略称と在日朝鮮人の呼称問題について簡潔に説明しておきたい。本書では、朝鮮民主主義人民共和国を指す略称を「北朝鮮」に統一した。しかし、「北朝鮮」という国名は存在せず、この略称に対してはかねてから批判があることは確認しておかねばならない。それでも本書がこの略称を使用するのは、別の略称である「共和国」という表現は、世界に共和国と名のつく国が多数あり不適切なためと、「北朝鮮」という表現は、出版媒体においても比較的普及しているためであって、あくまでも便宜上の理由によることを断っておきたい。

また、日本の植民地支配により戦後も日本に住むことになった朝鮮半島出身者の総称については、本書では、各執筆者の判断により「在日朝鮮人」「在日韓国・朝鮮人」「在日コリアン」など異なる呼称が使われている。日本社会では往々にして「在日韓国人」と「在日朝鮮人」の区別は所属する国籍による違いと理解されている。しかしそれは、実態を正しく反映したものではない。

戦後、日本に在住する朝鮮半島出身者は、自らの意思と無関係に祖国が南北に分断されたことで、外国人登録証にそれまでの「朝鮮」に加えて「韓国」表記が加わり、いずれかを選択することを強いられることになった。そしてその後も、北朝鮮政府を支持するかどうかは別に、統一を願う気持ちから外国人登録上の「朝鮮」籍を保持し続けてきた人たちも多い。また、「韓国」籍であっても、分断前の朝鮮半島を思い起こす意味で「在日朝鮮人」とする人びともいる。しかし、「在日朝鮮人」と名乗ることによって日本社会から差別される傾向が強まること、かといって韓国にアイデンティティをもたない人びとは「在日韓国人」と名乗れないといった問題があるため、最近では「在日コリアン」という呼称も広く使われるようになっている。だが、Lee論文が指摘するように、この呼称にも異論はある。

在日の人びとが自己をどのような呼称で表現するかは各人の自己決定に委ねられるべき事柄である。「日本人」が在日の人びとの呼称問題について「正解」を求めるよりも、在日の人びとが自らの思うように名乗る自由を奪われてきた現実の中に「〈在日〉にとっての戦後史」の断面を読み取るほうが、はるかに意義のある営みである。その理解を深めることが、冒頭で述べた「北朝鮮問題の複雑さ」の認識を深めることにもつながるはずである。なお、〈在日〉の呼称問題に言及した最近の文献としては、趙博の「「ぼやき漫談」――在日のアイデンティティ」（『現代の理論』二〇〇七、春季号）ならびに崔真碩の「影の東アジア」（『現代思想』二〇〇七、二月号）がある。ぜひとも、参照していただきたい。

第1章
植民地主義の克服と「多文化共生」論

藤岡美恵子

はじめに――なぜ植民地主義を問題にするのか

二〇〇二年九月一七日の日朝首脳会談で金正日総書記が日本人拉致を認めて以降、朝鮮民主主義人民共和国（北朝鮮）への敵意を剥き出しにした、煽動的なバッシング報道・言説が日本社会を席巻している。「九・一七」以前、そうした言説の主たる媒体は、一九九〇年頃から年間平均五〇点ほど出版されてきた北朝鮮関連書籍と一部の月刊誌・週刊誌だった。そのような書籍や雑誌を自ら手にとることのなかった人びとも、「九・一七」以降はテレビを巻き込んだ「北朝鮮報道」の洪水の中にさらされることとなった。

しかし、おびただしい量の北朝鮮非難言説が流される一方で、北朝鮮バッシングと連動して起きている在日朝鮮人に対する嫌がらせや暴力――通学途中の女子生徒のチマチョゴリを切る、髪の毛を切る、殴るなどの暴行や、朝鮮学校への脅迫電話・中傷メール、「朝鮮へ帰れ！」「ただですむと思っているのか」などの暴言——がマスメディアで報道されることはほとんどない。二〇〇六年七月のミサイル実験のあとも、その直後の七月五日から一四日までに一一三件の被害が報告されたという（前田朗「ミサイル実験以後の在日朝鮮人への人権侵害」『世界』二〇〇六、一一月号、一三九頁）。北朝鮮人道支援に関わる人びとにも「売国奴」といった暴言の嫌がらせが殺到した（吉田康彦「日朝「憎しみの構造」をどう克服するか」『論座』二〇〇三、七月号）。

そうした暴力は、一部の「心ない者」による例外的な事件だと考える人もいるかもしれない。だが次のような事例はどうだろうか。二〇〇六年一〇月九日の核実験後、岡山県倉敷市は市民から抗議が寄せられたとして、在日朝鮮人らでつくる金剛山歌劇団への市民会館の使用許可を取り消した（後に岡山地裁が処分停止命令を下し歌劇団の公演は予定通り実施された）。同歌劇団はそれまで、全国各地で地元自治体の後援を得て公演活動を行ってきたが、核実験後は後援を見送る自治体が続発した（『西日本新聞』二〇〇六年一一月二二日付）。二〇〇七年二月には東京都立日比谷大音楽堂が、東京都の指示を受けて在日本朝鮮人総聯合会（朝鮮総聯）主催による集会の使用許可を取り消した（これも後に裁判所が取り消しの執行停止を命令）。

こうした事態の異常さは、少し冷静に考えればだれにでもすぐにわかるはずだ。たとえば、米国が「テロ」容疑者を外国で「拉致」し、秘密裏に移送し、何年も裁判なしにキューバのグアンタナモ米軍基地内の収容所で不当拘束を行っているからといって、日本にいる米国人が危害を加えられたり、米国に関係する文化活動が妨害されたりといった事態が生じているか、と問うてみればよい。どう考えても正当化し得ないこのような事態が繰り返されても、メディアがそれを異常なこととして報道することはないし、社会的にもそれが異常なこととして認識されているわけではない。それこそが異常である。

本章で問題にしたいのは次のことである。たとえ核の脅威や拉致問題という懸案が日朝間にあるとはいえ、なぜ北朝鮮に関して、これだけ長期にわたって敵意と不信を煽るような内容の書籍や記事が継続して出版され、いまやテレビや新聞を含めて否定一色の言説が当然のごとく受け止められているのか？　なぜ北朝鮮バッシングが起こるたびに在日朝鮮人への暴力事件が起きるのか？　さらに、岐阜県、愛知県、三重県と名古屋市の首長が「多文化共生社会づくり推進共同宣言」（二〇〇四年一一月）を発表するほどにまで「多文化共生」への関心が高まっているのに、なぜ在日朝鮮人に対する暴力がなくならず、排外主義的な言説が流され続けるのか？

こうした問いに答えるためには、「植民地主義の継続」という視点から考えていくことが重要だと私たちは考えている。ほとんどの日本人は、現在の北朝鮮との関係を考える上で「植民地主義」など無関係だと言うだろう。しかし、植民地主義は本当に「過去」のことなのか？

まず確認すべきは、日本は朝鮮半島の北半分の人びととの間で、植民地時代に日本が与えた被害の清算について、いまだに話し合いすら行っていないことである。また、韓国に対する戦後処理はすでに済んだと日本政府は主張しているが、その「処理」の枠組みについても、被害を受けた個々人、すなわち、日本人と同様に日本の軍人・軍属として戦争に動員され死亡・負傷した人びと、日本軍の「慰安婦」にされた女性たち（正しくは実態に即して「戦時性奴隷制」の被害者たちと言うべきである）、日本で強制労働に従事させられた人たちへの補償を対象としたものではなかったことである。こうした被害者が名乗り出るようになったのは、ようやく一九九〇年代に入ってからであるが、今後、北朝鮮政府や北朝鮮に住む人びとから戦後補償要求の訴えがなされたとしても不思議ではない。

私たちが「植民地主義の継続」を問題にするのは、もっと根本的な理由による。植民地支配によって与えた被害の大きさを日本が認識し、謝罪し、償うためには、まずその前提として植民地支配が不当であったことを日本が認識しなければならない。しかし、私たち日本人は日本の植民地支配が被植民地の社会や個々の人びとの人生をどのように変えてしまったのか、どれほど知っているだろうか？　また植民地支配の終結後も、それがその国や社会との関係にどのような影響をもたらしてきたか、どれほど考えてきただろうか？　そして、現在の日本人は植民地化の推進を支えた思想や意識からどれほど自由になったといえるだろうか？　これらの問いを日本人が自ら主体的に検証し得ないかぎり、今日の日朝関係と植民地主義との間にある関係を無前提に否定することはできないだろう。

本章ではまず、私たちがテレビや新聞で日常目にする北朝鮮関連の言説を手がかりに、北朝鮮という国や社会がどのように表象され、その表象のあり方に植民地主義の継続がどのように立ち現れているのかを見ていく。次に、なぜ植民地主義が今日まで継続しているのか、戦後の歴史的経過を辿りながら検証してみる。最後に、いま広がりつつある「多文化共生」をめざす試みや政策を取り上げ、それらが北朝鮮バッシングに見られるような排外主義に対し、いかなる点で無力であり、またいかなる視点に立てば有効な抵抗手段として植民地主義の克服に道を開き得るか、その可能性について検討を試みる。

本論に入る前に断っておきたいことがある。一般に日本の植民地支配といえば朝鮮半島と台湾の植民地化が想起される。しかし、ある国家が他民族を従属させ、強制的に自国に統合し、同化プロセスによって抑圧・搾取することを植民地化と呼ぶのであれば、アイヌ民族と沖縄の日本への「併合」はまさに植民地化といってよい。明治期までの日本は、北海道（当時の蝦夷地）に対して近代国際関係法でいう「実効的支配」を及ぼしてはいなかった。「実効的支配」とは、簡単に言えば、当該地域において地方行政の実施、裁判権の行使、立法行為などを行うことであり、領有権を主張する際の重要な根拠とされるものである。しかしその後、サハリンや千島列島の領有をめぐるロシアとの交渉において、日本は「無主の地」（どの国も領有していないとされる地域）などヨーロッパ諸国が用いた植民地化の論理と同じ論理によって領有化を主張した。沖縄についてはそもそも独立国家（琉球王国）であったのを日本が武力で威嚇し、強制的に「併合」したものだ。日本政府はアイヌや沖縄の植民地化を一度も認めたことはないし、大多数の日本人も北海道や沖縄は「もともと」日本の一部だったと漠然と考えている。本章はおもに在日朝鮮人に関わる植民地主義に焦点をあててはいるが、アイヌや沖縄に対してはいまも現在進行形で植民地支配が継続していることを指摘しておきたい。この点は第三節で「多文化共生」社会論を論じる際にも触れることになるだろう。

一　北朝鮮表象における植民地主義

植民地主義とは何か

北朝鮮言説と植民地主義との関係をとらえるためには、まず植民地主義とは何か、植民地主義において言説はどのような役割を果たしてきたのかを確認しておかなければならない。

植民地主義とは他民族を征服してその伝統的領土を奪い、宗主国の利益のために被征服民を従属させる政策および思想である。その過程で植民地化された民族は資源、労働力を収奪され、固有の文化や社会組織を破壊される。奴隷売買や植民者の流入、強制労働といったかたちで大規模な人の移動も引き起こされる。

植民地主義とは経済・政治政策であると同時に思想やイデオロギーでもある。なぜなら、人びとを奴隷化するのであれ、強制労働に就かせるのであれ、植民者による支配に従わせるためには、軍事力による強制と同時にその支配を正当化する論理が必要とされるからである。その正当化の論理をつくりだすためには、植民地の人びとを自分たちよりも劣等な存在とみなし、植民地の人びとにもそう思いこませることが好都合である。よって植民地時代のヨーロッパ人は、侵略の先々で現地の先住の人びとに「野蛮」「残酷」「不合理」「怠惰」「信仰心に欠ける」「後進的」というレッテルを貼り、やがて、自分たちにはそうした「野蛮な民を文明化する」使命が与えられているとの論理を築いていく。

ここで重要なのは、現地の先住の人びとを「野蛮」で「後進的」な民族だと規定することによって、彼／彼女らを「文明化」する側となる自分たちヨーロッパ人に対しては、自動的にその反対の特性、すなわち「文明的」「理性的」「勤勉」「先進的」といった特性を付与できるという点である。そこには、いったん自らの道徳的優位性を信じ込むことができれば、植民地支配に後ろめたい気持ちを抱かなくても済むという心理が働いている。

植民地主義的言説

植民地主義的な言説の核心は、この「野蛮」対「文明」という二分法である。植民地主義的言説は、野蛮と文明、進歩と停滞、先進と後進といった二つの対立する概念で世界をとらえ、それに、善と悪、聖と俗、優と劣といった二元論的な価値付けを行う。現地の先住の人びとには「野蛮」「怠惰」「受動性」「性的放縦」等々の否定的なレッテルが貼られ、それがあたかも彼／彼女らの本質であるかのように表現される。ここでは、そのレッテルが当の人びとを正しく描写しているかどうかといった問いは本質的重要性をもたない。なぜなら、重要なのは、そうした負の価値を他者に付与し続けることによって、本来正当化し得ない略奪や殺戮を正当化することだからだ。

こうした植民地主義的言説は、政治家や官僚の発言・文書をはじめ、学術書、新聞・雑誌、さらには旅行記や小説等々に至るまで、さまざまな媒体を通じて展開、強化され、植民地化の推進に寄与してきた。日本が行った朝鮮半島、台湾、そして北海道や沖縄に対する植民地政策においても、同様の言説が用いられた。たとえば、脱亜入欧を説いた福澤諭吉は、次の一節に見るように一貫した朝鮮蔑視観をもち、それに基づく朝鮮植民地支配論を唱道した。

支那朝鮮の如きは、儒教の為に大勢を制せられて国民皆其下風《そのかふう》に立ち、曾《かつ》て精神の運動を自由にすること能《あた》はずと雖《いえ》ども、我日本の士人は常に能《よ》く儒教を束縛して自家固有の精神を自由にし

たる者と云う可《べ》し。（『世界国尽』一八六九）

中国と朝鮮は儒教に縛られて自由な「精神の運動」ができず「停滞」しているのに対し、日本は儒教の影響を主体的にコントロールし、独自の精神性を築いていると述べるこの主張には、朝鮮や中国に「後進性」を付与し、それによって日本の「先進性」を強調するという典型的な植民地主義的言説の構造が現れている。そして福澤の朝鮮表象には「頑迷固陋《ころう》」「固陋不明」（『東洋の政略果たして如何せん』一八八二）、「旧套《きゅうとう》」「怯懦《きょうだ》」（『朝鮮の交際を論ずる』一八八二）、「残刻不廉恥」「傲然」「卑屈」「残忍」（『脱亜論』一八八五）などの侮蔑的な語が用いられていくのである。

こうした二項対立的な植民地主義的言説は、植民地の大方が地図上から消えても残り続ける。二〇〇一年の「九・一一」後、米国は「テロリズム」対「自由・民主主義」、「野蛮」対「文明」といった二項対立の語法を用いて、「われわれ」とともに「対テロ戦争」に参加して「文明」「自由」の側につくのか、それとも「テロリスト」の側につくのかと各国に迫った。この二分法では「野蛮なテロリスト」に対する「われわれ」の側の道徳的優位は自明のものとされてしまう。そして、「イスラーム」＝「野蛮」と直截的に言及することはなくとも、欧米のマスメディアを通じて絶えず喚起される「イスラーム」対「西洋」という二項対立の構図において「テロ」「野蛮」に結びつけられるのは常に「イスラーム」の側となる。イスラーム世界内部の宗派、民族、文化、言語、歴史の多様性も無視され、一枚岩の平板なイスラーム像が出来上がってしまう。

つまり、表象される側は常に否定的な符合を付与されると同時に、否定的符号を拒否して自己を表

2006年10月の北朝鮮による核実験後に発行された月刊誌の新聞広告。

現する力も剝奪されるのである。そのような構造が生まれるのは、言説の背後に非対称的な権力関係があるからにほかならない。たとえば、現在の対テロ戦争下で世界的に流通している「イスラーム」の特定イメージ（「イスラームは女性を抑圧する」といった表象を含む）の形成には、マスメディアや学術研究における米国の圧倒的な支配力が関与している（それを支えているのは米国の巨大な政治・経済・軍事力と帝国の言語としての英語である）。

このように植民地主義的言説は、他者を主体的な存在とみる前提に立つのではなく、他者のもつ否定的な側面（しかもそれを表象する側がそうと考える側面）を本質化（ステレオタイプ化）し、他者の内部にある多様性を無視して平板に一元化することで、他者と自己を分断し、序列化を持ち込むのである。

北朝鮮表象の分析

日本における北朝鮮表象は、今日の植民地主義的言説の典型である。

北朝鮮報道が批判・非難・嘲笑の対象とするのは、金日成・

同右。

金正日への個人崇拝、収容所の存在に代表される恐怖政治、破綻した経済、貧困と飢餓、核の脅威、紙幣偽造やマネーロンダリング（資金洗浄）などの犯罪への関与の疑い、政治の腐敗などだ。その内容やトーンは書籍、月刊誌・週刊誌、新聞、テレビと、媒体によって異なる。テレビのニュース番組や新聞は、比較的客観的、冷静なトーンを保っているが、北朝鮮関連書籍の大部分と一部の月刊・週刊誌、そしてテレビのワイドショー番組などは同じ題材でありながらそのトーンは煽情的であり、金正日の家庭内の事情や私生活、「キップンチョ（喜び組）」に関するものなど、センセーショナルな暴露話を面白おかしく提示する内容が目立つ。

（1）煽動と自民族中心主義《エスノセントリズム》

こうした報道・言説を通じて浸透している北朝鮮像は、「何をしでかすかわからない危険な国家」というイメージである。たしかに、北朝鮮からの情報は極度に規制され、国の内情や世論の動向がよくつかめない上に、核保有を宣言しているという意味で「何をしでかすかわからない危険な国家」だとみなされるのは妥当と言えるかもしれない。

しかし、よくわからない国だからこそ相手をじっくり観察して冷静に情報を分析し、危険だと感じるからこそその危険性を減らすために慎重かつ多角的な報道をすることが日本のマスメディアには求められるはずだ。しかし、北朝鮮をめぐる一部の言説は、明らかに煽動的である。大量に出版される北朝鮮関連書籍のタイトルを眺めるだけでも、それはよくわかる。例を挙げよう。一九九〇年から二〇〇二年までの北朝鮮関連書籍のリストを収めた和田春樹・高崎宗司編『北朝鮮本をどう読むか』（明石書店、二〇〇三）によれば、朝鮮労働党の元幹部で韓国に亡命した黄長玨の著作『金正日への宣戦布告——黄長玨回顧録』（萩原遼訳、文藝春秋、一九九九）は韓国でも出版されているが、韓国版のタイトルは『私は歴史の真理を見た——黄長玨回顧録』だった。この回顧録の続編の日本語版タイトルはさらに挑発的で『狂犬におびえるな——続・金正日への宣戦布告』（萩原遼訳、文藝春秋、二〇〇〇）であった。

そのような煽動的な表現ではなくとも、北朝鮮を描写するときには「誠に不透明で分かりにくい」（『朝日新聞』二〇〇二年八月三一日付社説）という類の言説が繰り返し使われる。核実験の翌日、二〇〇六年一〇月一〇日付の『朝日新聞』（夕刊）紙上における漫画家・倉田真由美によるコメントも、冒頭から「対話ができない相手というのは怖い」という断定から始まっている。

一見問題がないかのように見えるこうした言説が前提としているのは、日朝関係において「不透明で分かりにくい」のは常に北朝鮮の側だけであり、対話ができなくなっている責任はひとえに北朝鮮側にあるという認識である。ここには、北朝鮮から見れば日本も「不透明で分かりにくい」かもしれないと思い至る想像力が欠如している。あるのは日本から北朝鮮への視線だけで、「向こう側」からの視線によって自らの言動や考え方を照らし出すという省察的姿勢は、はじめから排除されている。

このような態度は自民族中心主義《エスノセントリズム》と呼ばれるものである。たとえば、後に触れる北朝鮮への「帰国事業」に関する報道も、おもに北朝鮮の貧困や体制の酷さを強調するものがほとんどで、日本政府が「帰国事業」を積極的に推進したことや、その理由が「厄介者」だった在日朝鮮人を体よく日本の外に「追い払う」ためであったことを伝える報道はほとんどない。

もちろん、どの民族、国、個人もある程度自己中心的な視点からは免れ得ない。しかし、日朝関係についての日本側の認識および北朝鮮をめぐる表象は、そうしたレベルをはるかに超えた自民族中心主義《エスノセントリズム》に貫かれているといってよい。それを次に別の角度から見てみたい。

（2）嘲笑される北朝鮮　日本のマスメディアが作り出す北朝鮮像は「何をしでかすかわからない危険な国家」というイメージだけではない。テレビのワイドショー番組が流す北朝鮮像は愚弄の対象として戯画化されてもいる。金正日総書記の人格、プライバシーや一般の人びとの生活の断片にいたるまで、事実かどうかも定かでないまま、ゴシップ週刊誌的な手法で「暴露」される。前出の『北朝鮮本をどう読むか』（八～九頁）には二〇〇二年一二月（日朝首脳会談が行われた年の暮れ）のある一〇日間にテレビ朝日で放送された番組例が挙げられている。そのタイトルは先に見た北朝鮮関連書籍と同様にセンセーショナルな効果を狙ったものばかりだ。たとえば、「独走追跡〝劇場国家〟北朝鮮Ⅱ①平壌地下にソウルをまねた偽装都市が存在　②ＶＩＰ超豪華ツアー大歓迎に秘めた金正日ウラの思惑」（一二月一〇日放送）、「独占告白〝不倫女性は売春婦〟北朝鮮元大学生が語る圧政下の閉ざされ

た恋 ①結婚の自由奪われる身分制度 ②整形手術が女性に流行」(一二月一三日放送)といった具合である。

北朝鮮は愚弄、嘲笑、蔑視の対象であってしかるべし——テレビのワイドショーはそんなメッセージを茶の間に向けて放っている。在日朝鮮人の中学生らはその報道ぶりをこう語る。

朝鮮の人がご飯を食べられないからって、それをばかにするのは本当に悪い事です。食べられない国があるなら助けてあげるのが普通なのにテレビでジャガイモのケーキをわざわざ作って食べて、まずいだの味が無いだのとしているのを見て、「こんな事して楽しいのかな?」と不思議に思いました。(金聖蘭「「日朝首脳会談」と在日コリアン」日本国際ボランティアセンター編『北朝鮮の人びとと人道支援』明石書店、二〇〇四、一五三頁)

日本人を連れて行ってしまった事を伝えるのはしょうがないです。けれど朝鮮に住む人々や子どもたちについて変に言うのはやめてほしいです。大人げが無いです。(同前書、一五三〜一五四頁)

(3) 分裂した表象——他者の否定 「何をしでかすかわからない危険な国家」として描かれる一方で、愚弄、嘲笑、蔑視の戯画として描かれる北朝鮮。核兵器や秘密工作員に代表される「恐ろしさ」、そして「金正日マンセー(万歳)」と集団的に絶叫する「人民」や、「キップンチョ(喜び組)」を組織して「悦に浸っている」金正日の「幼稚さ」——、郭基煥は、北朝鮮表象の特徴は本来両立し得ないこれら二つのベクトルが分裂気味に混在している点にあると分析する（『差別と抵抗の現象学——在日朝鮮人の〈経験〉を基点に』新泉社、二〇〇六、一五六頁）。

一体、日本のマスメディアは北朝鮮を「恐ろしい」存在として描きたいのか、それとも恐れるに足りない「嘲笑」の対象として描きたいのか？　郭によれば、こういう一見矛盾した分裂的表象を許しているのは、どのような表象であれそれを形づくる力をもつのは「われわれ日本人」の側だという意識である。「向こう側」からの視線（反論や抗議）を考慮に入れないからこそ、一貫性を欠く表象ができる。このことはつまり、「われわれ日本人」が「向こう側」の人びとを、「主体性をもった他者」（日本の描く北朝鮮像を拒否する力をもつ他者）として認めていないということである。主体性をもたない存在は「対話」の相手足り得ない——分裂した表象から浮かび上がるのは、北朝鮮を対話の相手として認めまいとするこうした日本側の拒否の意思である。

このような極端な言説が可能になるのは、二国間に正式な国交がないためである。つまり、こうした言説によって経済をはじめとする日本の利益が損われることはほとんどないからである。中国に対しても侮蔑的またはナショナリスティックな言説はある。しかしそれは、北朝鮮に対するほど抑制を欠いたものにはならない。中国との経済関係の悪化への懸念が大きなブレーキとなって、政府も政治的な諸要因を含めて自ずと抑制した対応を取らざるを得ないからだ。

以上見てきたように、北朝鮮バッシング言説とは、他者に対して付与した否定的な側面を本質化（ステレオタイプ化）してその価値を貶めると同時に、表象内容がどんなに分裂したものであれ、それを拒否する権利を相手側に認めない、すなわち相手側の主体性を否定する、まさしく植民地主義的なものである。先に述べたように、植民地主義的言説の核心は、他者像を否定的に描くことで自己像をその反対に置き自らを肯定的に描いていく点にある。ならば、北朝鮮を徹底して否定的に描くことで、日本（人）は一体どのような自己像を描きたいのか？　「貧しく、飢えた、可哀相な人びとの国」「独裁者が牛耳る野蛮な国」という北朝鮮像は、日本人に優越感をもって自国を評価させる効果をもつだろう。すなわち、戦中・戦後の時代を知る年代にとっては「日本は戦後に民主化したおかげで北朝鮮のようにならなくてよかった」と、また、より若い世代にとっては「豊かな国、自由と民主主義の国日本に生まれてよかった」と。北朝鮮バッシング言説を通じて、いまや福澤諭吉のようにあからさまな侮蔑的言説を用いずとも、「野蛮」対「文明」を現代的に言い換えた「独裁」対「民主主義」、「抑圧」対「自由・人権」という二項対立の語法によって、北朝鮮に対する日本の優位性を確認することができるのである。

北朝鮮バッシングがもたらすもの

中学生からも「大人げない」と呆れられるほどの、一見取るに足らないように見える北朝鮮バッシング報道。しかし、それが在日の人びとに与える影響は決して「取るに足らない」ものではない。

大好きなチマチョゴリを着て学校に行けなくなりました。電車の中で試験勉強も出来ません。何故ならば、プリントやノートには全部朝鮮語が書いてあるからです。電車の中のチラシにデカ

デカと書かれた「北朝鮮」という文字だけを「ずーっ」と見つめてしまいます。（金聖蘭、前掲書、一五三頁）

朝鮮学校の生徒たちに自分が民族学校の生徒であることを隠さざるを得なくさせ、「私たちが拉致したわけでもないのに、私たち在日は日本に耐えるしかないのです」（同右、一四九頁）と言わしめる目に見えないこの圧力、これを暴力と呼ばずして何と呼ぶだろう。実際、ある在日朝鮮人は北朝鮮バッシングに溢れた電車内の吊り広告を見るとき、「身体に緊張が走り、背後が気になって仕方がなくなる」という。そしてこの身体感覚は、関東大震災時（一九二三年）の朝鮮人虐殺に行き着くと直感するという（崔真碩「影の東アジア」『現代思想』二〇〇七、二月号、一五四〜一五五頁）。

北朝鮮にあてがわれた否定的符号は、韓国をめぐる表象の劇的変化と比べれば一層際立つ。それほど遠くない過去、「韓国」もまた否定的符号をあてがわれていた。「朝鮮へ帰れ！」と同様、「韓国へ帰れ！」という罵倒の言葉が使われた。しかし、もはや「韓国」は否定的符号を体現する国ではない。日本や日本人にはない「魅力」をもったドラマやスターを輩出する国、かつての日本のような、いやそれ以上のスピードで「貧しく、遅れた国」から高度経済成長を遂げ、日本と同じように「軍部独裁の非民主国家」から民主化を果たした国。韓国は北朝鮮のような恐れの対象でも嘲笑の対象でもなく、「普通の」国としてみなされるようになった。

このことは、かつてこの国に対して日本が行った植民地支配を、完全に日本人の記憶の彼方に追いやってしまうのに少なからぬ効果を発揮するだろう。「普通の」国として「対等」に付き合えるようになったかぎりは韓国に対する植民地主義的意識も解消されているはずだ、という錯覚を抱かせるからだ。そしてそれがまた、同じ朝鮮半島の北側に対する否定的言説は核や拉致問題にからむ正当な批判であり、植民地主義とは一切無関係であるという主張を可能にしてしまうのである。

こうして「北朝鮮問題」は日本の朝鮮半島に対する植民地支配の歴史や、植民地主義的な意識と切断されて扱われることになる。今では、北朝鮮は徹底して「悪」であり、対話など必要のない国という意識が醸成され、北朝鮮の主張（たとえば植民地支配の清算）に一部でも理解を示すような言説や行動は、北朝鮮の「悪」を助長し日本の利益に悪影響を与える「反日的」なものであるといった極端な二項対立的主張さえ生まれている。北朝鮮を「悪」の権化と描く日本の植民地主義的な言説は、北朝鮮が求める「植民地支配の清算」には一切応じないという主張を正当化する役割を果たし、植民地支配の責任を逃れるための道具として機能しているのである。

二　植民地主義はいかにして継続してきたのか

「戦争責任」と「植民地支配の責任」

では、なぜ日本と北朝鮮の関係にはいまなお植民地主義がつきまとうのか？　日本は戦後、主体的に植民地主義を脱する努力をしてきたのか？

「植民地主義を脱する」とは、（1）植民地支配による被害の内容とそれがどのような支配のメカニズムを通じて引き起こされたのかをできるだけ包括的に解明すること、（2）その被害を補償すること、そして（3）植民地主義を支える思想・イデオロギーから脱却することである。

二〇〇二年九月の日朝首脳会談における平壌宣言では、日本政府は「過去の植民地支配によって、朝鮮の人々に多大の損害と苦痛を与えたという歴史の事実を謙虚に受け止め、痛切な反省と心からのお詫びの気持ちを表明した」と述べている。しかし日本政府は植民地支配が引き起こした「多大の損害と苦痛」の歴史的事実を明らかにする作業をこれまで自ら積極的に行ってきたわけではない。それを明らかにしてきたのは常に、被害者自身による証言と、その証言に呼応して日本軍「慰安婦」問題、強制連行・強制労働などの実態解明にあたってきた民間の個人・団体による取り組みである。しかも日本政府は、こうして明るみに出た問題のほとんどについて、いまだに補償を行っていない。一九九〇年以降二〇〇三年五月までに六四件の戦後補償裁判が日本の裁判所で起こされたが、そのうち訴えが認められたのは一件、和解が成立したのは四件のみである（日本の戦争責任資料センターのウェブサイトを参照。http://space.geocities.jp/japanwarres/center/hodo/hodo07.htm）。

そもそも、こうした訴えはこれまで「植民地支配の責任」としてではなく「戦争責任」や「戦後補償」という概念の下で扱われてきた。たしかにこれらの被害は、軍人・軍属として戦地に送られたり、軍隊の「慰安所」で性奴隷を強要されたりと、戦時動員に関わるものがほとんどであり、その意味で「戦争責任」や「戦後補償」という語を使うことに問題があるわけではない。しかし、日本の植民地支配の過程で行われた犯罪や人権侵害をすべて戦争や戦時動員と結びつけることには無理がある。たとえば朝鮮の三・一独立闘争（一九一九年）など植民地化抵抗闘争に対する弾圧への責任や、いまだに政府・自治体による公式調査も謝罪も補償もなされていない、関東大震災時の朝鮮人虐殺への責任は、「戦争責任」や「戦後補償」という枠組みでは問えないものである。

では、なぜ日本では「戦争責任」や「戦後補償」は語られても「植民地支配の責任」については語られてこなかったのだろうか。欧州でも植民地支配が引き起こした被害に対する責任を認め謝罪した例はまれで、政府レベル・国民レベルでもそれを認めることに対する抵抗は強い。しかし、日本の場合、植民地の放棄が敗戦の結果として他律的に行われたことが欧州との違いを生んだ一つの要因である。三谷太一郎は、日本にとって脱植民地化のプロセスは非軍事化と密接不可分の関係にあり、非軍事化がほとんど抵抗なく受け入れられたように、その一環としての植民地の放棄にも抵抗がなかったと指摘する（『近代日本の戦争と政治』岩波書店、一九九七、七六～七七頁）。つまり、脱植民地化固有の課題が非軍事化一般の問題に解消されたのである。そのため、日本人は被植民地の側から立ち上がる独立戦争に直面することも、あるいは、苦しみ、葛藤しながら自らの手で植民地支配を終結させることも経験しなかった。

さらに戦後、占領軍たる米国は冷戦戦略上の必要から、アジアにおける「反共産主義の防壁」としての役割を阻害しないよう日本の政治的・経済的再建を優先させたが、その結果、日本の旧植民地・占領地に対する賠償はフィリピン、ビルマ、旧南ベトナム、インドネシアの四カ国を除き凍結されてしまった。そして日本政府は、これをもって「戦後の賠償は決着済み」とし、そのことを根拠の一つにして元「慰安婦」などの戦後補償の訴えを退けてきた。また、東南アジア四カ国への「賠償」の中身は、厳しい取り立ては日本経済を疲弊させると考えた米国の反対により、極めて低額に抑えられ、しかも金銭ではなく生産物、役務、加工による賠償（具体的には工場プラント、船舶、農業機械、建設機械等の供与）というものであった。当時の政府・財界関係者も、「賠償」は通常輸出の途を開くための手段であり投資であるという認識をもっていた。日本の「賠償」は加害者としての贖罪意識からというよりも、経済的機会としてとらえられ、「賠償」を通じて「反省」や「責任」の自覚が養われることはなかったのである（賠償と政府開発援助（ＯＤＡ）および日本企業のアジア進出については、本書第4章参照）。

いま一つ、戦争賠償ではなく植民地支配に対する賠償に直接関わる問題がある。日本に在留していた旧植民地出身者の帰還問題である。敗戦直後、日本には二〇〇万から二四〇万の朝鮮半島出身者がいたと見られているが、日本政府は彼／彼女たちに対し責任ある帰還支援策を講じなかった。帰還支援策に関わる問題点や「帰国事業」についてはすでに多くの資料や研究があり、それらを参照してほしい（例として金英達・高柳俊男編『北朝鮮帰国事業関係資料集』新幹社、一九九五、およびテッサ・モーリス-スズキ「冷戦期以降における帰国事業と人道主義」『現代思想』二〇〇七、二月号など）。ここでは、帰還希望者に対して日本から持ち出せる資金を一人一〇〇〇円まで、荷物を一人二五〇ポンド（一〇〇キログラム強）までと制限したために、朝鮮半島に生活基盤をもたない多くの人びとにとって帰還後の生活再建は極めて困難であったこと、それゆえ多くの人びとが日本に残らざるを得なくなったことを指摘するにとどめておく。

一方、日本政府は日本に残った旧植民地出身者に権利を享有する資格を与えないあらゆる方策をとった。まず一九四五年に、旧植民地出身者（この時点ではまだ「日本国民」だった）の選挙権・被選挙権を停止することが決定された。四七年には「外国人登録令」の下、外国人登録が義務付けられた。そして五二年のサンフランシスコ対日講和条約の発効直前には、法務府（現法務省）民事局の通達により、朝鮮人および台湾人は講和条約発効と同時に日本国籍を喪失させられることが決定された。国籍を選択する権利さえ与えない一方的な措置であった。旧植民地出身者は法律上、「日本国」の境界の外へ放逐されたのである。

このように日本政府は、戦後の朝鮮人の帰還を責任をもって支援することもなく、日本に在留する人びとの生活保障や民族的権利の保障も行わないまま、一九五〇年代半ばからは、在日朝鮮人を積極的に北朝鮮に帰還させる「帰国事業」を推進していくのである。当時の政府の意図は、元外務省官僚で、帰国事業を担った日本赤十字社の外事部長、井上益太郎が国際赤十字委員会に伝えた説明に明瞭に示されている。それは、在日朝鮮人に生活困窮者が多いため生活保護費が財政を圧迫しており、多くの者が共産主義に傾倒しているという財政上、治安上の理由から、日本政府は「北に行きたいというひとりひとりの要求を煽ってでも」帰国事業を推進したい、というものだった（モーリス - スズキ、前掲論文、一七六頁）。日本（および占領者である米国）は植民地支配から解放された人びとをこのように扱ったのである。

日本に残った、あるいは残らざるを得なかった旧植民地出身者は、戦後の民主化の政治過程に参画する権利を剥奪され、国籍条項ゆえに制度的差別（法律上の差別以外に、政策・社会慣行上の差別も含む）を受けることとなる。この国籍条項は一般公務員採用・昇進、司法修習生の採用、国公立大学の教授任用、国公立小中高校教員採用といった職業選択の自由の分野や、国民健康保険、国民年金、公営住宅入居、住宅金融公庫の融資、児童扶養手当といった社会保障制度の分野において広範に存在した。公的部門で差別が存在する中では民間部門（就職や住宅入居など）での差別も容易に正当化された。こうした制度上の差別の撤廃はおもに一九八〇年代から徐々に進んできたが、その原動力となったのはあくまでも差別を受けた当事者の訴えとそれに呼応した社会運動だった。

植民地支配の自覚の欠如

一般の日本人の主観的な認識においても、敗戦は「米国に対する敗北」であって、植民地支配における敗北とはとらえられなかった。テレビ、映画、新聞などさまざまなマスメディアを通して繰り返し伝えられてきた「戦後の歴史」像を思い起こしてみればよい。日本人の共同の記憶にこびりついた敗戦直後の日本の象徴的イメージは、一九四五年八月一五日の天皇の「玉音放送」を平伏して聴く人びと、焼け跡、そして占領軍のマッカーサー元帥の姿である。そこには、歓喜に沸く植民地の「解放人民」の姿はない。こうしたイメージには、日本人の中にある「植民地支配の当事者」としての自覚の希薄さが現れている。その主たる要因は、ほかでもない日本政府が、植民地帝国の時代から意図的に植民地を「植民地ではない」と主張し続けてきたことにある。一般の日本人もまた、そのような認識を共有してきたと言ってよい。

なぜ、明らかな植民地を「植民地」と呼ばないという奇妙な「植民地政策」が必要だったかといえば、日本は欧米の植民地主義からアジアを解放するという大義を掲げてアジアへの侵略と戦争を正当化したために、その日本が植民地をもっているなどあってはならなかったからだ。植民地時代、朝鮮・台湾の民衆は「大日本帝国の臣民」とされ、かたちの上では「日本人」として扱われた。また、植民地の人びとに対する同化政策（皇民化政策）、たとえば「同じ日本人」であることを示すために「朝鮮人」に替わって「半島人」という呼称が採用されたり、創始改名が行われるなどによって、一般の日本人にも「植民地ではない」という認識が広まった。ただし、植民地の人びとに日本人と同じ権利が与えられていたわけではない。彼／彼女らは日本の戸籍法の適用対象とはならず、選挙権・被選挙権の制限など法的差別を受けていた。法律上の明確な差別以外にも賃金、労働条件、教育など社会生活のあらゆる面で実態的差別が存在していた。

こうした国策とともに一般の日本人の意識は植民地支配の加害者としての自覚を希薄化させていったと言ってよい。実際、日本の支配におとなしく従っていたかと思われた朝鮮の人びとが、敗戦と同時に堰を切ったように歓喜するさまを見て驚いたという日本人の述懐を、私も何度か耳にしたことがある。朝鮮の人たちが植民地支配にいかに苦しんできたかを日本人が自覚していたなら、そのような素朴な驚きは生まれるべくもなかったろう。支配者側にいたという自覚がなく、朝鮮の人たちへの蔑視の気持ちを多かれ少なかれ抱いていたと見られる日本人にとって、解放された人びとの喜びの感情の爆発は、仕返しされるかもしれないという漠然とした恐怖心をも引き起こしたであろう。また、朝鮮人は日本人より「劣等」であるはずだという優越意識から、「戦勝国人のように振舞う朝鮮人」は許しがたいと感じてもいたに違いない。このような歪んだ優越意識は、私自身も子どもの頃しばしば周囲の大人の口から聞かされた「朝鮮（人）のくせに」という侮蔑的表現となってその後も日本社会の中に温存されていくのである。

こうして戦後六〇年以上にわたって日本人が共有してきた戦争・戦後体験の記憶は、諸々のメディアの言説を通じて、植民地支配から解放された人びとの歓喜の姿を記憶の外に追いやり、中国大陸からの引揚げの「苦労」やシベリア抑留の「悲惨な体験」、焼け跡からの「ゼロからの出発」といった表象に支配されることになる。たとえば一九八八年に設置された独立行政法人平和祈念展示資料館（東京）の「戦争体験の労苦を語り継ぐ広場」の展示が対象としているのも、「恩給欠格者、引揚者、抑留者の労苦」だけである。敗戦から戦後復興期にかけての日本人の経験は、日本人の苦労のみが強調されて語り継がれてきた。それとは対照的に、在日朝鮮人には敗戦直後の「闇市」に携わる「無法者」のイメージがあてがわれた。その表象においては、敗戦後占領下の最初の一カ月間、旧植民地出身者には食料配給を受ける権利がなかったという事実や、闇市には日本人も関わっていたという事実は都合よく忘れ去られた。「無法者」や「共産主義者」という表象によって、在日朝鮮人は日本の治安を乱す「危険分子」として扱われることが正当化されていった。この「危険分子」イメージは、最近では朝鮮総聯と関連組織に対する拉致事件関係疑惑等を根拠とする強制捜査と、それを伝えるマスメディアの報道によって再生産されていると言ってよい。

日本人は、植民地の消失とともに植民地支配の事実を記憶の彼方に放逐し、加害を忘却した。少数の勇気ある人びとを除いて、大多数の日本人は植民地支配の責任をひとえに「軍部の暴走」や「野蛮なファシズム」に負わせて、自らの主体的責任を問うことを怠り、むしろ自分たちを、軍部やファシズムの犠牲となって苦労させられた被害者としてのみ見なすようになった。戦後、連綿と語り継がれてきた日本人の戦争・戦後体験言説は、意図する／せざるとにかかわらず「加害の隠蔽」を再生産する役割を担ってきたと言えるだろう。

植民地支配責任論へ

現在、その「加害の隠蔽」をさらに推し進める政治的な動きがあらためて台頭している。それをもっともよく象徴するのが、日本「慰安婦」問題に関する「河野談話」（一九九三年八月四日付「河野洋平内閣官房長官談話」）の見直しを要求する動きである。「河野談話」は「慰安所」の設置・管理および「慰安婦」の移送に旧日本軍が直接・間接に関与したこと、「慰安婦」の募集や「慰安所」の生活が強制的であったことを認めて元「慰安婦」に謝罪したもので、その後歴代内閣の公式見解として維持されてきた。ところが、二〇〇七年に入り、自民党や民主党の一部議員が、旧日本軍による「慰安婦」強制連行の事実はないとの立場から見直しを求めている。

植民地支配の歴史とそれに対する責任を矮小化しようとする議論のポイントの一つは、「強制性はなかった」というものだ。こうした主張は「強制という証拠はない」「当時は植民地の人びとも日本国民だったので日本人と同様に戦争下で徴用されただけ」「当時の法律では合法。現在の尺度で過去を裁くべきではない」といった点を根拠に挙げる。これらの主張に関してはさしあたり、被害者が当時、強制連行を裏付ける記録をとること（たとえば連行した人物の名前や肩書きを特定するなど）は困難であったにもかかわらず、その被害者に「強制」の立証責任を一方的に負わせていることなど、数多くの問題点が指摘できる（二〇〇七年二月二三日付、日本の戦争責任資料センター「日本軍「慰安婦」問題に関する声明」http://space.geocities.jp/japanwarres/center/hodo/hodo37.htm を参照）。

ダーバン会議（2001年）にて「「慰安婦」と韓国人被爆者へ補償を」といったメッセージを掲げ、日本の植民地支配の補償を求める韓国のNGO。（写真提供：IMADR）

しかし、何といっても最大の問題は、植民地支配自体、巨大な暴力であり強制であることが完全に無視されている点である。植民地支配の歴史を否定し矮小化することは、植民地支配を受けた人びとにとっては、自らの経験を否定され矮小化されることである。フランスの植民地マルティニク島に生まれ、後にアルジェリアの対仏独立闘争に身を投じたフランツ・ファノンは、植民地主義を「他者の系統立った否定」と定義した。それを踏まえれば、自分の一生を大きく変えた苦痛の経験をかつての宗主国によって否定されることは、旧植民地の人びとにとって植民地主義の継続以外の何ものでもない。

植民地支配の歴史とその責任を矮小化しようとするこの動きに対して、いま私たちに必要なのは、「植民地支配責任」という概念を明確に打ち出すことである。北朝鮮との間で植民地支配の清算という問題があらためて浮上しているいま、「植民地支配責任」という概念を道義的・政治的な課題としてだけではなく、国際法的な概念として創造することを主張する議論も登場している（たとえば板垣竜太「植民地支配責任を定立するために」岩崎稔ほか編『継続する植民地主義――ジェンダー／民族／人種／階級』青弓社、二〇〇五を参照）。しかもこれは日本だけの動きではない。植民地支配やその一貫としての奴隷売買・奴隷制に対する補償要求運動がいま、アフリカ、カリブ海地域、米国、イギリスなど世界各地で起きている。そうした運動を背景に開かれ、植民地支配への補償が最大の争点となった「反人種主義・差別撤廃世界会議」（ダーバン会議、二〇〇一年、南アフリカ。人種差別や関連する不寛容の根絶をめざす方策を話し合った国連主催の会議。一六三カ国の政府代表と四〇〇〇人以上のＮＧＯ代表が参加）では、欧米や日本などの政府による強力な抵抗のために、植民地支配に対する補償どころか謝罪さえ行われなかった（本書第4章参照）。このことは、植民地主義がいかに現在でもなお生々しい政治的課題として積み残されたままであるかを示している。

三　脱植民地主義と「多文化共生」

今日みられる北朝鮮バッシングという現象は、植民地時代の後ろめたい過去に日本人が正面から向き合うことなく目を背けてきた事実そのものを記憶の彼方に追いやり、日本社会に根強く存在する在日朝鮮人への差別を正当化するという役割を果たしている。日本人が人権や人間の尊厳を尊重する国に生きることを望むならば、日本社会に根を張った植民地主義と民族差別から目を背け続けることはできない。そして、それらを覆い隠す役割を果たしている北朝鮮バッシングに、はっきりと「ノー」と言わなければならない。

ところが、「はじめに」で触れたように、二〇〇二年九月以降の異様に高まっていく北朝鮮バッシングと同じ時期、「多文化共生」を掲げて各地自治体や民間団体がさまざまな政策、活動を展開し、それらを通じてこの言葉が社会に相当程度浸透するようになったにもかかわらず、その議論のほとんどが、偏見を煽る北朝鮮バッシング言説や在日朝鮮人への暴力事件に触れることなく行われてきた。そのような「多文化共生」社会論は、真の意味の「多文化共生」社会論とは呼べないのではないかという疑問が生じてくる。

また、多くの「多文化共生」論では、旧植民地出身者およびその子孫が抱える問題は外国人一般の問題に解消されているように思われ、アイヌや沖縄に対する言及はほとんどみられず、植民地支配や植民地主義という言葉も登場しない。あたかも日本で「多文化共生」が課題となってきたのは一九八〇年代からの外国人労働者・移住者の増加以降であるかのような論調が目立つ。私見では、このような「多文化共生」論とそれに基づく政策は、新規に来日する外国人労働者・移住者への当然の対応としては評価できるものの、植民地主義脱却の促進に役立つかどうかは疑問と言わざるを得ず、むしろその弊害となる可能性すらあるのではないかと危惧している。

い。

「多文化共生」社会をめざす政策

山脇啓造によれば（「二〇〇五年は多文化共生元年？」www.clair.or.jp/j/forum/forum/culture/187/index.html）、「多文化共生」という語が最初に新聞に登場したのは一九九三年だという。九五年の阪神・淡路大震災の際、外国人被災者への支援を行った人びとが中心となって民間団体「多文化共生センター」が神戸に設立され、以後全国五カ所に広がったことは、この言葉の浸透に一役買ったと言えるかもしれない。

しかし「多文化共生」のための政策は実際にはそれ以前から行われていた。なかでも多くの在日朝鮮人が住む神奈川県川崎市は一九七二年以降、全国に先駆けて国民健康保険、児童手当、市営住宅入居などにおける国籍条項を撤廃し、その後も「外国人市民代表者会議」の設置（一九九六年）といった先駆的取り組みを行ってきた。これらは地元の在日朝鮮人の運動体が長年粘り強く行政に働きかけた成果であるといえる。

一方一九八〇年代以降になると、新規に来日する外国人労働者・移住者が増え、とくに九〇年代以降は日系ブラジル人・ペルー人の定住化が進んでいった。静岡県浜松市、群馬県大泉町など外国人が集住する自治体では、労働、子どもの教育、医療等に関する諸問題、あるいは外国人と日本人の間のトラブルの発生に対して対応を迫られるようになった。自治体が「多文化共生」社会の実現を政策目標に掲げるようになるのはこの頃からである。二〇〇一年にはこうした自治体のネットワーク「外国人集住都市会議」も発足された（二〇〇六年現在で静岡県、愛知県、三重県、群馬県などから二一都市が参加）。現在「多文化共生」を政策として推進している主体はおもにこうした地方自治体である。

自治体以外では、経済界も「多文化共生」に関心を払ってきた。しかしそれはあくまで外国人労働者の受け入れという文脈においてである。経済界で外国人労働者の大規模受け入れ議論が本格化するのは一九九〇年代終わりからだが、その動機は、少子化による労働人口の減少対策、人口減少による歳入減対策、そして移民受け入れ拒否による日本の国際的孤立の回避といった点にあった。事実、この問題に関する日本経団連の最新の提言（二〇〇七年三月）は「外国人材受入問題に関する第二次提言」と題され、冒頭で「外国人が有する多様な価値観や経験・ノウハウを活かすことで、国民一人ひとりの「付加価値創造力」を高めていく、多文化共生をベースにした経済社会づくりを提唱した」と述べている通り、その中身は「外国人材」の受け入れおよび管理に関する政策の提言であって、多文化共生社会構想と呼べるものではない。

国の政策としては、総務省が二〇〇五年に「多文化共生の推進に関する研究会」（座長・山脇啓造）を設置し、二〇〇六年三月には同研究会の報告書に基づき「多文化共生推進プログラム」をまとめている。総務省はこの「プログラム」をもとに、各地方自治体に「多文化共生」推進施策をとるよう要請を行った。同「プログラム」では、グローバル化の進展と日本の人口減少にともない外国人住民のさらなる増加が予想されるため、外国人住民施策が全国的な課題であると述べる。したがってその対象は「外国人」であり、外国にルーツをもつ日本国籍者や、日本社会の多数派とは異なる民族・文化集団に属する日本国籍者ではない。国策として「多文化共生」が求められる理由は、経済界同様に、人口減少が予測される中「社会の活力を維持するためには、外国人を含めた全ての人が能力を最大限に発揮できるような社会づくりが不可欠」（上記研究会報告、五頁）であるからだ。しかも、「外国人住民も地方自治法上の「住民」であり、また、「国際人権規約」、「人種差別撤廃条約」（ともに日本が加入している国際条約で、国民と外国人を基本的に平等に扱うよう求めている）等の要請から、基本的には日本人と同等の行政サービスを受けられるようにすることが求められる」（上記研究会報告、一〇頁、「」は引用者）と述べるように、外国人は「権利をもつ者」というよりも「行政サービスの受益者」として位置づけられている。

［写真上］「第６回移住労働者と連帯する全国フォーラム・北海道」（2006年６月24～25日、札幌）全体会の様子。［写真下］同フォーラム分科会の様子。「移住労働者と連帯する全国フォーラム」は「移住労働者と連帯する全国ネットワーク」が呼びかけて行っているもので、2006年のフォーラムでは「テロ対策」の名の下に強まっている外国人への監視・人権侵害の問題が大きく取り上げられた。また「アイヌ民族の先住権」についての特別報告も行われ、移住者問題にとどまらず日本の多民族・多文化共生の課題が話し合われた。（写真提供：第６回移住労働者と連帯する全国フォーラム・北海道実行委員会）

　以上からわかるように、日本の大多数の自治体や経済界、政府によって進められる「多文化共生」社会論は、外国人労働者の受け入れをどうするか、あるいは外国人移住者の定住化にともなって発生する問題をいかに解決し日本社会の安定化と活力維持につなげるか、という問題意識を基本にするものと言ってよく、植民地支配に起因する諸問題の解決を課題の中に位置付けるものではない。

自治体・経済界・政府だけでなく、移住者問題の研究者や非政府組織（ＮＧＯ）メンバーから成る「外国人との共生に関する基本法制研究会」（代表・山脇啓造）の提言文書、「多文化共生基本法の提言」（二〇〇三年三月、以下「提言」）においても、その対象は主として外国人労働者・移住者であり、植民地支配の清算や北朝鮮バッシングに見られるような排外主義の問題をその対象に含めることはない。なぜこのような奇妙な「多文化共生」論が生まれるのか？　それを理解するには、「多文化共生」社会論が立脚する「多文化主義」という概念と、それに基づく政策の問題点を把握する必要があるだろう。

多文化主義とその陥穽

多文化主義とは、一国における多数派の文化が他の少数派民族集団の文化よりも優るという前提を破棄し、すべての民族（エスニック）集団の文化を同等に尊重しようとする態度をいう。この点で、「多文化共生」社会を「国籍や民族などの異なる人々が、互いの文化的ちがいを認め、対等な関係を築こうとしながら、共に生きていく社会」と定義する上記「提言」は多文化主義に基づく政策提言であるといえる。多文化主義という概念が本格的に登場したのは、一九七〇年代のカナダ、オーストラリアであると言われており、九〇年代以降になって日本で紹介され始める多文化主義の政策、運動、理論も両国由来のものが多い。

人権・自由・民主主義という近代のリベラルな価値に立脚する多文化主義は、異なる文化に属する諸個人を、その帰属や出身を問わずすべて平等に扱うことをめざす。その一方で、個人ではなく個々の民族・文化集団を単位に多文化政策を進めようとする考え方も重視する。たとえば、民族集団を単位として国会議員数や大学入学者数を割り当てるクォータ制、雇用など被差別集団の経済的・社会的不利益を改善するためのアファーマティブ・アクション（積極的差別是正政策）、あるいは行政や教育における多言語主義の採用といったものがそれに基づいた政策である。

多文化主義は、マイノリティの文化・アイデンティティを多数派のそれに統合してしまおうとする同化主義（例―日本語の強制）や、逆にマイノリティ集団を政治的意思決定（例―参政権）や経済社会的利益（例―雇用）から排除しようとする差別主義の両方を否定し、それぞれの集団がもつ固有の文化やアイデンティティが尊重され、かつどの集団に属する個人も差別されない社会の実現をめざす。日本のようにマイノリティ集団への同化ないし排除の圧力が強い社会では、この多文化主義の実現がとりわけ必要だと言われている。

しかし、「多文化主義」のスローガンを現実化しようとした途端、その理念を裏切る矛盾が浮彫りにされる。多文化主義には、容易には答えの出ない困難な政策的、政治的、思想的課題が内包されているのである。そのうち、本章との関連でもっとも重要な課題を三点だけ取り上げてみたい。

第一に、多文化主義は「多文化共生」社会を築くという目標のために、「国」の成立に関わる侵略や、過去の重大な不正義を不問に付してしまう。オーストラリアやカナダの先住民族にとってみれば、そもそもヨーロッパからの侵略者たちは一体何の権利をもって自分たちの領土にいまもとどまり続けることができているのか、という根本的な問いがある。しかしこれに対する答えは、多文化主義の枠組みの中には用意されていない。まったく同じ問いは日本とアイヌあるいは日本と沖縄の人びととの関係にもあてはまる。また、米国ではアフリカ系の人びとに対する差別撤廃の政策はとられても、奴隷制に対する補償要求には常に冷ややかな目が向けられてきたが、これも、植民地支配に対する補償要求を一貫して拒絶してきた日本にあてはまることである。

多文化主義はあくまでも国家の統一を破壊しないことが前提となっている。そのため、各国政府は先住民族の自決権の行使（政治的な自決の最高形態は「独立」である）を極力抑えようとし、マイノリティ集団からの分離独立要求（カナダのケベック州など）にはいかなる場合であれ応じない。国民国家の骨組みを揺るがしかねないそうした動きに直面した国家が、あらたな「国民統合」の原理としてつくりあげようとしてきたもの、それが多文化主義なのである。多文化主義は植民地支配の歴史に新たな光をあて、植民地支配に起因する差別の撤廃を促進させた一方で、先住民族やマイノリティからの要求を国家が制御しやすいよう方向付けるための装置として働いてきたといえる。

第二に、多文化主義は――「民族」や「人種」ではなく――「文化」に焦点をあてるため、集団間の構造的不平等や植民地主義の歴史に起因する民族・人種差別を覆い隠す役割を果たしてしまう場合もある。たとえば日本の場合、在日朝鮮人の人権を擁護する運動において一般的に使われてきた用語は「民族差別の撤廃」であるが、この用語に代わって「多文化共生」という語が用いられるようになると、たしかに平等の保障やアイデンティティの尊重、自民族中心主義《エスノセントリズム》の克服といった、めざすべき未来の社会像を示す積極的な意味は付与されるが、反面、現実に存在し続ける民族差別や植民地主義の問題の方は曖昧にされてしまう可能性が高いのである。

また、マジョリティとマイノリティの間の非対称的な力関係を等閑視するこのような多文化主義に基づく「多文化共生」社会論は、「多様な文化の存在を認めること」を主張するだけにとどまりかねない。自治体主催の「多文化共生」事業がしばしば3F（フード、ファッション、フェスティバル）に終わってしまうのはその象徴であろう。これでは、「文化の多様性」の名を借りて、マジョリティ（＝日本人）の消費社会を「豊か」にすることだけのためにマイノリティの諸文化（食、音楽、芸術…）が利用される危険性さえある。たとえば一九九七年に施行されたアイヌ文化振興法（正称「アイヌ文化の振興並びにアイヌの伝統等に関する知識の普及及び啓発に関する法律」）は、その第一条が示す通り、「アイヌ文化が置かれている状況にかんがみ」「アイヌの人々の民族としての誇りが尊重される社会の実現を図り」と謳いながら、一方では、「アイヌ文化の振興並びにアイヌの伝統等に関する国民に対する知識の普及及び啓発」の「推進」を通じて、「我が国の多様な文化の発展に寄与することを目的」とするものである。つまりここでは、アイヌ文化は日本の多様な文化の一つとして、日本社会の文化的豊かさに寄与することが期待されているのである。

第三に、多文化主義はその理念に反して、実際には同化主義に陥る危険性が高い。多文化主義の基本的理念の一つは、民族的・文化的帰属にかかわらず、すべての人に個人としての平等な権利を保障することである。第二節に記した一般公務員採用、国民健康保険、国民年金などの職業・社会保障制度における国籍差別の撤廃は、このようなリベラリズムに基づく多文化主義政策の一つである。日本の場合こうした政策を徹底するだけでも在日朝鮮人――のみならず外国人移住者など他のマイノリティ――の状況がかなり改善されることは間違いない。また、個人としての平等な権利の保障それ自体がマイノリティの文化の促進やアイデンティティの維持を約束するわけではないという考え方から、多文化主義に基づく政策は、公的機関（例—行政や裁判）における多言語主義の採用、民族教育の保障、マイノリティの経済的・社会的不利益を是正するためのアファーマティブ・アクションなど、民族・文化的単位でも必要だとされている。

しかしながら、これらの政策は経済環境が良好なときには実施しやすいが、一旦不況になり公的財源が限られるようになると後退する可能性が大きい。その場合は、たとえマイノリティ集団の個々人に権利と機会の平等が保障されていたとしても、従来どおりにマジョリティ集団の文化や価値観の維持が優先され、両者の経済的・社会的格差は解消されないままに終わる。多文化主義が本来の理念に反して同化主義に後退してしまう危険性はここにある。

以上の三点は資本主義下における多文化主義の構造的限界を示してもいる。資本主義は原理的に、不平等を生み出し維持すること（たとえば国民国家の下で外国人労働者を低賃金労働者に押しとどめること）で成り立ってきた。歴史的に見れば、欧米の資本主義の発展は、植民地化と奴隷制を土台にして築かれた。市場中心のネオリベラリズム（新自由主義）の進行によって福祉国家の理念が瓦解しつつある現在、「国民」に対する具体的な社会福祉政策も後退しつつある。こうした状況では、マジョリティとマイノリティの構造的不平等を是正するための政策がとられる可能性は、さらに小さくなっていると言わざるを得ない。

脱植民地主義化に向けた「多文化共生」論のために

自治体や政府が植民地主義という過去の不正義に触れないまま「多文化共生」社会という未来像を打ち出そうとしている現在、その実現に向けて活動（実践と政策提言）するNGOや研究者がもっとも力を注ぐべき課題は、「多文化共生」論の脱植民地主義化である。

先に言及した「提言」では、「多文化共生」論と脱植民地主義化という課題とのつながりは触れられていない。また、「多文化共生」社会を論じる移住労働者問題の研究者の多くも、両者の関係についてはほとんど論じることがない。人権NGOも同じである。「多文化共生」は謳われても、北朝鮮バッシングがもつ民族差別的、植民地主義的性格を明確に指摘し批判する声はほとんど聞こえてこない。これでは「多文化共生」と「脱植民地主義化」は別領域の問題だという認識を固定化させ、政府が植民地支配の責任をとらなくとも、あるいは日本人が在日朝鮮人に対してとる植民地主義的態度を改めなくとも、「多文化共生」社会は実現できるという結論になってしまう。

「多文化共生」社会の基本的柱として、どの研究者もどのNGOもその必要性を強調する「人権の保障」は、このように必ずしも「脱植民地主義化」につながるわけではない。むしろ、「人権の保障」を柱とした多文化主義の目標と植民地主義的な思考・態度は十分に共存し得るものであり、実際すでにそのような「多文化共生」論さえ登場している。以下にそれを検討したい。

元法務省東京入国管理局長で現在「脱北帰国者支援機構」代表ならびに「外国人政策研究所」所長を務める坂中英徳は、在日朝鮮人は民族名を保持したまま日本国籍を取得し、日本国民としての諸権利を享受しながら「コリア系日本人」として自らの民族的アイデンティティの保持・発展をめざすべきだ、という持論を一九七〇年代から展開している（たとえば「在日韓国・朝鮮人政策論の帰結」『季刊・環〔歴史・環境・文明〕』vol.11、二〇〇二、秋号を参照）。坂中のこの主張は、在日朝鮮人の人権の保障と民族的アイデンティティの保持を目的に、民族名を保持したまま日本国籍を取得する権利を保障しようというものだ。在日朝鮮人差別の撤廃や在日朝鮮人に対する民族教育の保障を要求すると、往々にして「文句があるなら帰れ、それが嫌なら帰化しろ」といった同化主義的暴言が返ってくることがある。坂中の主張は、一見、こうしたあからさまな同化主義には基づいていない。

ところが仔細に見てみると、その主張には、日本の植民地主義に対する省察やその克服の必要性といった観点からの議論がまったく抜け落ちていることがわかる。坂中は個人ブログ上の記事（blog.livedoor.jp/jipi/archives/50700527.html）の中で、北朝鮮の「悪」のイメージを在日朝鮮人とダブらせてとらえることは「理屈に合わないように見える」としながらも、在日朝鮮人の中に北朝鮮による拉致やミサイル開発に「協力」し「北朝鮮の暗黒な体制を裏で支えてきた人たちが存在することも事実」であるとするなら、在日朝鮮人に対して日本国民が強い警戒心を抱くのは至極当然のことだと述べている。そして、「日本人の心に刻まれた在日コリアン像を転換させることは尋常な手段ではできない。〔…〕よって立つ基軸を朝鮮半島から日本へ全面的に遷すこと以外に、在日コリアンの名誉回復の道はない」と主張する一方で、韓国籍や朝鮮籍に「固執」しながら外国人として生きていく在日朝鮮人は、将来にわたり「日本人から反日的でうとましい存在であったという極印を押されたまま」、在日の少子化や日本人との結婚などによる日本国籍取得者の増加によって自然消滅していくだろうとも述べるのである。

これでは、日朝間の問題はすべて北朝鮮側の責任だという日本政府の論理と同じように、否定的な在日朝鮮人像が形成されてきたのはひとえに在日朝鮮人側の問題だと主張していることにはならないか。実際、坂中は前掲論文「在日韓国・朝鮮人政策論の帰結」の中で、在日朝鮮人に教育と就職の機会均等が保障されたならば、その結果として高い社会的評価を受ける専門家、芸術家、スポーツ選手らが数多く輩出され、「日本人の朝鮮人観もおのずから変化していくだろう」と述べ、現に在日朝鮮人が経済的に豊かになって「日本社会に貢献」したことが好影響し、日本人の在日朝鮮人に対する見方が「寛容で好意的なものへと大きく変わった」とも述べている。つまり、日本人が在日朝鮮人を差別してきたことや、その差別が制度、政策、意識を通じて維持されてきたことには一切触れることなく、差別の原因を在日朝鮮人の側に求め、彼／彼女らが日本社会に貢献するようになれば差別はなくなっていくと主張しているのである。差別の原因を差別される側に置くというこの言説は、世界中のどこにおいても差別する側の主張として持ち出される論理であり、それは第一節で見たような植民地主義や自民族中心主義《エスノセントリズム》の論理とも重なり合う。この論理の下では、在日朝鮮人差別の歴史的由来や、戦後の在日朝鮮人に対する処遇の不当性、歴史を通じてつくりあげられてきた日本人の否定的な朝鮮人観といった要素は一切無視されている。

この自民族中心主義《エスノセントリズム》を集約的に表すのが坂中の言う「日本国籍取得」論である。言うなれば、否定的な在日朝鮮人像を転換するには在日朝鮮人自らが日本国籍を取得するしか道はないという主張である。そこには、日本国籍取得者だけが日本社会の構成員として信頼に足る存在（＝日本国に忠誠を誓う者）であり、非取得者は潜在的に「反日的」な存在であるとみなすイデオロギーが働いている。つまりこの「日本国籍ノススメ」論は、在日の人たちを、「日本国」に忠誠を誓い「日本社会」に寄与する者だけにしようとする構想なのであり、また、そうした要件を備えた人たちのみが「平等」と「権利」を享受できるという主張なのである。

このような主張は、「定住外国人の権利」を日本国家に忠誠を尽くす「国民の権利」へ統合することで問題解決を図ろうとする。しかし「国民化」による「権利の平等」は、問題の「解決」ではなく「消去」に過ぎない。「国民化」は日本人の差別的、植民地主義的意識（態度）の変革を迫るどころか、むしろそれらを一層曖昧にすることに寄与するであろう。

また、「国民化」による「権利の平等」が保障されたからといって、民族語教育やその権利が保障されるわけではない。むしろ、公教育は日本語で行うべきだというこれまでの日本政府の立場を見れば、日本国民になったかぎりは民族語教育は必要なしという結果となる可能性が高い。政府が「国を愛する国民」の育成をめざしている現状では、「国民化」による権利付与は在日朝鮮人やアイヌ、沖縄の人びと、外国人移住者などにますます「日本国家」と「日本国民」への「同化」を強いるものになるだろう。

こうした植民地主義的な「多文化共生」社会論が展開されているいま、私たちがもっとも警戒すべきは、人権の保障を求める主張が同化に収斂されることで、植民地主義からの脱却が阻害されてしまうことである。先述のように、多文化主義はマイノリティの要求を国家が制御しやすい方向に導くための装置でもある。このことを想起すれば、真の「多文化共生」社会を実現するには、マイノリティへの差別を許してきた（いる）歴史性とメカニズム（植民地主義のそれを含む）を日本社会の中にはっきりと浮かび上がらせていくことが最優先の課題となる。

その上で、多文化主義の陥穽に陥らずに、リベラルな権利保障の概念を超えた真の「多文化共生」論をどのように構想し得るかという困難な課題に取り組んでいかなくてはならない。たとえば、「国民化」という同化主義を防ぐには、スウェーデンやデンマークなどヨーロッパの一部の国で導入されている「外国人への参政権の付与」などの有効性を検討していくことも必要だろう。あるいはそれをさらに拡張し、権利資格を「国民」から切り離し「住民」に移行していくような権利概念を体系化していくことも求められる。それが完全に実現すれば、理論上は、権利を享有するメンバーシップとしての国籍概念は意味を失うことになる。それは国民国家システムの変容にもつながる可能性を秘めている。

もっとも、「多文化共生」社会をめざすには、国籍と市民権を分離し人権を保障しさえすればよいというわけではない。なぜなら、人権という概念はあくまでも個人としての権利の平等な保障とそれを享受するための機会の平等を本質とするものだが、集団間の格差や支配―被支配関係を個人レベルの権利保障のみを通じて変革することは、すでに見たように極めて困難であるからだ。また個人レベルの権利保障が民族的・文化的アイデンティティの保持や文化の実践、あるいは固有の文化や世界観にもとづく政治、経済、社会制度づくりといった集団的な権利を保障するわけでもない。世界各地の先住民族が、何よりもまず「自決権」（自分たちの将来を自ら決定する権利）を求めてきたのは、従来の人権概念の枠組みではそうした集団的な権利が保障されてこなかったからである（これは現在もそうである）。植民地主義とは自決権の否定にほかならない。このことをあらためて想起するならば、

「多文化共生」社会の構想においてもっとも重要な課題の一つは、これまで「多文化共生」社会論の提唱者たちがほとんど顧みることのなかったこの問い、すなわち自決権の保障を「多文化共生」社会論にどのように組み込むのかという問いなのである。

リベラリズムに基づく個人の権利保障は、日本の現状では依然不十分であるとはいえ、政治的意思さえ働けば少なくとも政策や法制度上での実現は可能なはずであるから、今後も徹底して推し進めていかなければならない。しかしそれは、植民地支配の責任をとらずとも、あるいは植民地主義的態度・思想を克服することがなくとも可能な性格のものである。私たちはこのことをくり返し肝に銘じなければならないだろう。

いま必要なのは、政策や法制度、言説の中にある私たちの植民地主義を一つひとつ具体的に解体していくための運動ではないだろうか。すでに取り組まれている（きた）運動がある。国籍条項ゆえに国民年金に加入できず、無年金状態におかれてきた在日朝鮮人一世（あるいは二世）の高齢者や「障害」者の人たちに対する年金支給を求める運動もその一つである（初めての訴えが起こされたのは一九七〇年代。九〇年代からは京都、大阪、福岡などで裁判が行われ、全国連絡組織もつくられている）。また、民族学校の存続をめぐってたたかわれた「枝川裁判」もその一例である。これは一九四〇年代に強制移住させられた東京・江東区枝川地区の在日の人たちが建設し運営してきた朝鮮学校に対し、東京都が二〇〇三年、突然、過去二三年間にわたる学校用地の使用料の支払いと用地の一部返還を求めたことが発端となった裁判である（二〇〇七年三月に和解が成立し、学校は維持できることとなった。詳細は http://kinohana.la.coocan.jp/edagawatop.htm を参照）。この裁判は、戦中から戦後にかけて日本社会が在日の人たちをどのように処遇してきたか、その歴史の一端を明らかにし、それが植民地主義として日本社会にどのようなかたちで継続してきたかを浮き彫りにした。この裁判を、在日朝鮮人の子どもたちの個々が有する民族教育への権利の保障という人権概念の観点からのみ評価しては、そのたたかいの意義の全体を把握することはできないだろう。これはとくに人権NGOが肝に銘じなければならないことである。

おわりに——北朝鮮バッシングに「ノー」と言う「多文化共生」社会へ

すでに述べたように、リベラリズムに基づく多文化主義政策を徹底させること自体、日本社会にとっては重要な課題である。現在各地の自治体で取り組まれている、医療、教育、労働、居住などさまざまな分野における外国人の基本的人権を守るための施策は、むしろ一層強化すべきである。しかし、行政サービスの向上といったレベルを超えて、真の意味での「多文化共生」社会を日本で実現しようとするならば、第三節で見たように「多文化共生」や「多文化主義」と名の付くものすべてに諸手を挙げて賛同するわけにはいかない。とりわけ、植民地支配の忘却から植民地支配の肯定へと進む気配が生まれている現在、私たちの「多文化共生」社会構想に必要なのは、行政や企業に受け入られやすいマジョリティの論理に基づくビジョンではなく、植民地主義の克服という課題を明確に打ち出していくためのビジョンである。そうでなければ、日本の「多文化共生」社会構想は、既存の特権や権力構造にからめ取られたままに終わってしまうだろう。もしそのような「多文化共生」論を許すならば、それは鄭暎惠も言うように、日本民族の優位性を説きながら他のアジア民族を欧米植民地主義から解放すると謳った戦中日本の「大東亜共栄圏」の思想と何ら変わるところはない（「マルチカルチュラリズムの可能性と困難」『〈民が代〉斉唱――アイデンティティ・国民国家・ジェンダー』岩波書店、二〇〇三）。

今日の「北朝鮮問題」とは、日本人が主体的に克服しようと努力することなく、放置し、忘却してきた植民地主義と民族差別が集約的に現れる「場」である。植民地主義への視点を欠いた「多文化共生」論では「北朝鮮問題」は解けない。北朝鮮の人びとや在日朝鮮人が差別されても仕方がないという考えにきっぱりと「ノー」と言う「多文化共生」論をはっきりと打ち出していくこと、それが現在に生きる日本人の責任である。北朝鮮バッシングから目を背けていては、その責任は果たせない。

第2章 未来に向けての過去——私にとっての北朝鮮核問題

LEE《い》 Heeja《ひぢゃ》

歴史とはなにか、それは過去と現在の終わりなき対話である　E・H・カー

はじめに——日本の当事者性

二〇〇六年一〇月九日の朝鮮民主主義人民共和国（北朝鮮）による核実験実施発表は、世界を震撼させた。これまでに核実験を行ってきた国は北朝鮮だけではないし、どこの国がそれを行おうとも、恐ろしいことには変わりない。しかし、北朝鮮による核実験は、それまでのものとは違った思い——怒りというより困惑めいたもの——を私は感じずにはいられなかった。北朝鮮は私のルーツにつながる国だからだ。それは、おそらく在日韓国・朝鮮人に共通することだろう。しかし、アイデンティティの上では朝鮮半島と結びついているものの、多くの在日にとっての祖国とは、まだ見ぬものであり、生活基盤は日本にある。だからこそ、核実験発表を前にして、日本と朝鮮半島のはざまにおかれ

ていることから、在日韓国・朝鮮人の立場は当事者性からみて複雑なものがある。

そして、日本も植民地支配と原爆被害者ということから、当事者性は免れ得ないだろう。いまさら言うまでもなく、北朝鮮の核問題は、日本と朝鮮半島の未清算の歴史の延長線上にある。にもかかわらず、政治家やメディアをはじめとする日本社会の反応は、拉致問題や安全保障の脅威ということ以外、当事者たる意識はないかのようである。核という普遍的な問題に日本社会が抱える当事者の視点で取り組む際には、必然的に日本と朝鮮半島の歴史問題が浮上してこざるを得ないだろう。なぜなら、核問題の背景にあるのは、上述のように未解決の戦後問題だと考えられるからである。

私は有識者でも学者でもない、ごくふつうの在日韓国人二世である。それでも、日本と朝鮮半島の不幸な過去には確実に影響を受けてきた。それは国家レベルによるものもあるが、世間といわれる日本人社会で生きていく上で受けるものはそれ以上であった。いわゆる運動家でもなく、だから、運動の世界にありがちな、在日問題に関心をもち理解を示してくれる日本人につねに囲まれていたわけではなく、一般的に朝鮮半島問題に無理解・無関心な日本人社会の中で生きてきた。

それでもなお考えずにはいられない。なぜ日本では、核に限らず朝鮮半島問題を自らと関わりないものと捉えることができるのだろうか。植民地支配という過去を忘却しているとしか思えない。最近では怒りを通り越して、不思議ですらある。少なくとも、朝鮮半島における核問題の解決、廃絶という未来をつくるためには、過去を直視せよ、が私の主張である。本章では、そのことと関連させて特に、日本の戦後社会の大きい特徴の一つである「被害者性」に焦点をあてて議論を進めてみたい。過去の忘却の裏側にあるのは、「日本人は戦争の被害者」という意識にあるとみているからである。

一　在日韓国・朝鮮人と「祖国」

朝鮮半島が日本の植民地支配から解放されて半世紀以上が経った。細川首相（当時）が韓国訪問時に日本の植民地支配を加害者として謝罪したのは、一九九三年のことだった。それを受けて、あるNGO関係者が、自著の中で「日本の侵略戦争については専門家ないしは歴史の判断に委ねたらどうか」と述べたことがある。私はそれに抗議した。日本が行った侵略、植民地支配の遺産の一つである私は専門家の研究対象ではない。自分たちの政府が行った支配をどう評価するのかは日本人自身にしてもらいたいというのが私の抗議の趣旨であった。

というのも、植民地支配を正当化した差別や偏見は戦前から日本社会に根強く染み付いている、と私は考えているからである。実際に、それは、朝鮮半島、最近では特に北朝鮮が何かを行うたびに、日本社会（政府、民間を含めて）に巣くっている朝鮮半島嫌い・バッシングが頭をもたげることによっても示されている。

二〇〇一年北朝鮮が正式に拉致問題を認めたときと同じ震撼が、今回の核実験でも在日韓国人・朝鮮人・コリアン（以下「在日」）社会に走ったに違いない。同時に、自分たちの「祖国」がしたことに対して、在日として拉致問題をどう捉えたらいいのか、複雑な心境にさせられたに違いない。ところが、在日の私たちの多くはその「祖国」を離れて久しい。アイデンティティのよりどころとはなり得ても、日常生活の基盤はいまや日本にある。在日にとって祖国とは何だろうか？

韓国人、朝鮮人、コリアン

私は「在日韓国人」と称している。大韓民国（韓国）国籍をもつからそのように言っているだけである。それが適切かどうかいまだにわからないというのが本音だ。ニューカマーと呼ばれる新渡日者を除く在日朝鮮半島出身者とその子孫をさす呼称には、朝鮮人、韓国人、コリアンの三つある。三つの使い分けに必ずしも厳密な意味はない。また国籍によって使い分けられているわけでは決してない。

朝鮮人か韓国人か、この呼称をめぐる問題は、朝鮮半島の分断を反映して、まるで在日社会をも分断している象徴のようである。つまり朝鮮民族は一つだから、韓国人・朝鮮人と二つの民族名で呼ぶのは祖国の分断を固定化するというのである。その論争を避けるために使われるようになったのが、英語を日本語読みにした「コリアン」である。しかし私は、そうすることによって現実の問題――二つの分断国家が存在する――を覆い隠すことにつながると考えているので、「コリアン」という呼称を使うことには抵抗を感じる。戦後、在日社会は在日本朝鮮人総聯合会（＝朝鮮聯連、北朝鮮支持）と在日本大韓民国民団（＝民団、韓国支持）を組織し、それら二つの組織は対峙してきた（本書第3章参照）。

日本政府が義務づけている外国人登録（外登）において記載されている在日の国籍は朝鮮と韓国の二種類である。そして現在私の外登に記載されている国籍は韓国である。もとは朝鮮籍であったのが、大韓民国のパスポート申請のために韓国籍に切り替えたので、そうなった。私の両親もそうであるが、日本に住む在日一世の多くは朝鮮半島南部の出身者といわれている。だから、両親が生まれ故郷に帰るために国籍を韓国としただけである。パスポート申請のために民団にとりあえず所属することになった。長らく、在日のパスポート申請は韓国領事館でなく民団で受け付けることになっていたからである。おそらく、民団所属に韓国人と称する人たちが多いのではないか。長らく続いた軍事政権下の韓国では、「朝鮮」は禁じられていた言葉だからだ（例、北朝鮮を「北韓」、朝鮮半島は「韓半島」という）。

その一方で、北朝鮮支持の朝鮮聯連に所属する朝鮮人たちがいる。拉致問題以降、ずっと逆風にさらされている組織である。しかし、大韓民国のパスポートをもつ「朝鮮人」もいる。北朝鮮支持とはいうものの、さっき述べたように在日の多くは南部の出身者とその子孫である。だから、北朝鮮に「帰った」在日の中には南部の出身者も多いはずだ。

北朝鮮に「帰った」人びと

一九六〇年代、七〇年代頃、私の周囲でよく見かけた在日の人びとを、いつの間にか目にしなくなることがたびたびあった。後で風の便りに聞くと、その人たちは「北に帰った」ということだった。当時は、「日本国籍でない人」に対する差別的な行為は人権侵害とはみなされず、進学、就職、住居などの日常生活において、在日に対する排除は「正々堂々」と合法的に行われていた。言い換えるなら、「死ね」とストレートには言わないまでも、真綿で在日の首をしめながら「生きるな」と言うに等しい、そういう時代だった。その頃に聞いた一つの事例が「早稲田を出てキムチを売っている」

だった。私の高校受験時、担任教師が民族差別を心配する親にこう答えた。「女子が〔大阪府の〕公立高校を受験する場合、選考にあたって差別はまったくありません」。逆に言えば、男子の場合、国籍のために不利になることはあったということだろう。また、（有名）私立校の一部が在日の生徒を受け入れないということは、半ば公然の秘密となっていた。いわゆる有名校を卒業したとしても、就職の場はきわめて限られていた。日本企業は採用にあたって戸籍謄本の提出を求めた。そのために不採用となった在日の青年が日立製作所を訴えたのが、「日立就職差別裁判」である（一九七〇年）。その時代、私の周囲の一世（や二世――私は二世の中では若い方である。私の親と同年代の二世は多い）たちは国が違うから仕方ないとよく口にしていたものだ。まさにあきらめと絶望の念が交差していた。社会保険には国籍条項はなかったが、企業勤務者が少ないためにその社会保障を享受できる在日も少数だったと思われる。国民年金制度に入れず、一世（・二世）にとっては老後の不安を抱えながらも、その日を生きることが精一杯だったことだろう（当時の一世（・二世）と同じ年代になった今、親たちはその時代をよく生き抜いてきたことだと、その苦労のほどをようやく偲ぶことができるようになった）。

その頃だったか、私がよく耳にしたスローガンは、北への帰国運動すなわち「祖国建設」「地上の楽園」である。誰がどのような根拠でそのようなことを言ったのだろうか？　少なくとも、私が覚えている限り、後に「北に帰った」人びとの口からそのようなフレーズを聞いたことはない。今でも目に浮かぶのは、ある帰国者の日に焼けた顔に刻まれたいくつもの太くて深いしわだ。最近メディアをにぎわした北朝鮮の人物や脱北者の中には大阪市出身の「帰国者」もいた。年齢、帰国した時期からみて、幼少の頃にすれ違ったとしても不思議ではないほど、近くに住んでいた人びとだった。

私の親類にも、高校生のときに北朝鮮に一人で「帰った」同年齢の男性がいる。彼は日本で生まれてそれまで日本で育った。民族学校に通っていたので、朝鮮語はできた。しかし、親、きょうだいを残して、見知らぬ土地である「祖国」に単身渡った。ぐれてしまって、このままでは自分はだめになるから北に帰ると本人が決心した、ときょうだいの一人は語った。それ以来、彼は日本の土を踏んでいない。一九七〇年代の終わり頃、テープに吹き込んだ彼の便りを一度聴いた。私は、その後何十年もの間彼の顔も見ておらず声も聞いていない。彼の「帰国」後、親、きょうだいは北朝鮮をたびたび訪問しているが、そのために朝鮮聯連を支持してきた。支持というのは、思想的にだけでなく金銭、物資を含めた援助に対してをも指す。日本にいる家族の生活も決して楽ではなかったが、その甲斐あってここ何年かささやかれる食糧事情をはじめとする厳しい生活状況の中、彼はなんとか生活できていると聞く。

そして、私個人を取り巻くこの状況は、在日社会のごくありふれた日常でもある。「韓国人」と称している私だが、このように北朝鮮とのつながりはある。さらに最近知ったことだが、私の家族も一度は北に帰ることを考えていた時代があったというのだ。拉致事件が公にされたとき、母はひどく怒っていた。いつになく反応が鋭いと思っていたら、私が小学生の頃、母も日本での生活が苦しいから北に「帰ろう」と一度思ったという。だから、母にとっての「北行き」は祖国建設ではなかった。何でも当時のうわさでは、北朝鮮では最低限の生活の面倒はみてくれるということだった。それが直接の理由だった。結果としては行かないことになったのだが、私に「共産主義の国はいや」と言われて、私がいやがっているという理由で母は思いとどまることにしたらしい。

もっとも、私はそのことを覚えてはいない。しかし、その母も朝鮮半島北部でなく南の出身である。だから母にとって、少なくとも北は「帰る」ところではなかったはずだ。そして同様に、私にとっても北は帰るところではなかった。それどころか私の場合は、南ですらそうではない。

「メード・イン・ジャパン」

私にとっての祖国とは朝鮮半島ではない。たしかに、私は朝鮮半島出身の両親の血を受け継ぐ。大韓民国のパスポートと国籍をもつが、その国民という意識はあまりない。住んだことがない以上、そのような意識はもちようがないというのが、正直な気持ちだ。朝鮮半島で生まれ育った両親にとっての故郷は現在の韓国であるが、私のそれは事実上、日本でしかない。故郷の山河といわれて目に浮かぶのは、子どもの頃近所で遊んだところだが、私の場合、それは朝鮮半島ではない。「朝鮮半島が祖国」といわれてもピンと来るはずがない。日本で生まれ育ったから、私という人間形成過程において、いやがおうでも日本社会の影響は圧倒的だった。いわば私は、素材は朝鮮半島、仕立ては日本のメード・イン・ジャパンとでも言おうか。

しかし、それでもなお私の中には、朝鮮半島にルーツをもつ日本人ではないという意識が明白にある（もっともそれすら、日本で生きてきた中で受けた差別・排除の副産物ともいえるから、皮肉なものだが）。

そして、私と朝鮮半島の個人的なつながりは、もう一つ、朝鮮戦争にもある。北朝鮮が米国と戦った、今日の核保有をめざす直接のきっかけともいえる朝鮮戦争に時を戻そう。

二　朝鮮戦争

二〇〇六年の秋、大阪で行われた北朝鮮の核問題をめぐるある集会で、脱北者という女性が次のように発言した。「会場にいるみなさんに聞きたい。朝鮮戦争を起こしたのは誰ですか?」この重い発言を前に、会場は静まり返った。国家レベルでみたとき、どちらが攻撃を仕掛けたかをはじめ、謎や不明な点が多いとされる朝鮮戦争であるが、その後の北朝鮮の体制づくりに与えた影響はこの女性個人の生き方にも影響を及ぼすことになったのである。朝鮮戦争とは、いったい何だったのだろうか?

終わらない冷戦

多くのメディアや研究者が指摘しているとおり、六カ国協議(北朝鮮の核問題をめぐる関係六カ国による多国間枠組み)を通じて北朝鮮が一貫してとっているスタンスは、米国のみを交渉相手とみなしているというものである。それは朝鮮戦争に起因する。北朝鮮にとって米国は朝鮮戦争の休戦相手なのである。周知のとおり、朝鮮戦争は終戦となっているのでなく、休戦状態にある。ベルリンの壁が壊れ、ソ連や東欧の共産主義体制は崩壊して「歴史の終わり」とまでいわれながら、朝鮮半島ではいまだ「冷戦」が続いている。

朝鮮戦争とは、朝鮮半島を舞台に同じ民族同士が統一をめざして戦った血で血を洗う「民族紛争」だったのか。一つの現実はまさにそうだろう。

今回の核実験で北朝鮮は国連憲章第七章（平和への脅威・違反、侵略行為に対して国連がとる行動に関して述べている章）による制裁（経済制裁）を課せられたが、国連による北朝鮮への制裁はこれが初めてではない。朝鮮戦争時、北朝鮮が戦った相手は、同じ第七章下の安全保障理事会（安保理）決議によってお墨付きを得た米国をはじめとする国連軍である。北朝鮮のとった行動（韓国への攻撃）はこのときも、国際社会に対する平和と安全への脅威とみなされ、武力行使を受けている。

日本で一般的にイメージされる国際連合（国連）は非常にソフトな顔をもつようであるが、集団安全保障体としての国家連合が国連本来の顔である。大戦を再び繰り返さないという理念で創設された国連であったが、第七章のもとで機能した集団安全保障、つまり武力行使は、これまで紛争が世界各地で頻発してきたにもかかわらず、国連史上二度しかない。一つはイラクによるクウェート侵攻を発端とする湾岸戦争時（一九九一年）、もう一つは朝鮮戦争時である。これをイギリスで学んだときの驚愕は今でも忘れられない。ユーラシア大陸の隅っこにぶらさがっている、ちっぽけで豊かとも思えない小さな半島になぜ米国、中国、ソ連など、安保理が動いたのか。しかしそれ以上の驚きは、「二度しかなかったこと」の一因は東西冷戦を反映した安保理における拒否権の乱発によるが、朝鮮戦争時はソ連が安保理を欠席した間に武力制裁が決議されたことである。それによって米国の参戦が実現し、戦火は拡大することになった。

とすると、朝鮮半島にとっての冷戦とは、従来いわれてきた「資本主義対共産主義」という構造をもつものなのか？　たしかに、南北の戦いは米国と中国・ソ連との戦いでもあった。なぜ、これらの国家は戦ったのか？　朝鮮半島北部はロシア・中国と国境を接している。その東西の最前線に位置する地政学的要因が、この戦闘を招いたのか？

介入を決めたアチソン米国国務長官（当時）はこう述べたという（一九五一年）。

> 朝鮮は局地的状況ではない。攻撃を導いたのは朝鮮自体に大きい価値があるからではない。〔…〕共産主義の指導集団が西側のパワー・ポジション全体に加えた圧力の矛先なのだ。〔…〕それはどちらの側もグローバルな目的のグローバルな戦略なのだ。それはどちらの側にとっても朝鮮の戦争ではなかった（和田春樹『朝鮮戦争全史』岩波書店、二〇〇二、一五三頁）。

しかし、現実は、朝鮮半島が戦場となって、南北三〇〇〇万の人口の国で軍人、非戦闘員合わせて死者数だけでも三〇〇万から四〇〇万、そして離散家族を大量に生み出した「朝鮮の戦争」であった（和田、四六二頁）。それ以来、北緯三八度線を境に一つの民族は二つの国家に分かれ、対峙することになってしまった。南北の往来は途絶え、ともに思想締め付けの体制がとられた。そしてその分断は日本に住む同胞社会にも持ち込まれることになった。日本の植民地支配からの解放も束の間、朝鮮半島は自らの運命すら自らで決めることは許されなかった。

私にとっての朝鮮戦争

朝鮮戦争は、私個人からみても、生活苦のために北を出た女性と同様、歴史の教科書上の出来事でも専門家の研究対象でもない。私の家族が離散家族だからである。父方の叔父と叔母に私は会ったことがない。二人とも、朝鮮戦争時北朝鮮の領土内にいたために、それっきり南の地に戻ってくることはなく、今もって生死不明の状態にある。会ったことはないが、叔父の顔を写真で見たことはある。昭和二〇年代の『六法全書』が家にあり、そこに日本の名前が書かれてあって、小さい写真がはさんであった。その人が、「北」にいる叔父だった。

叔父や叔母がなぜ「北」に行ったのかはわからない。父方の故郷は南の地であった。父の家族は、一時期は、叔父は朝鮮戦争で亡くなったと思っていたこともあったらしい。ところが、ある日、北朝鮮の叔母から来た手紙で、叔父は生きていると知らされたのである。そのほか、訪朝した在日朝鮮人の知り合いを通じて、それらしい人物から手紙や伝言がきたこともある。しかし、それがたしかに叔父や叔母と同一人物かどうかは親たちにもわからなかったという。言付かった手紙と伝言の内容は、生活苦のために援助してほしいというものだった。今も生存中であれば、叔父や叔母は八〇歳以上の高齢になっているはずだ。残念ながら、その生死のほどを確かめるすべはない。

対岸の朝鮮戦争

朝鮮半島だけではない。周辺の国々にもその影響は及んだ。日本もその一国である。しかし、当時の日本は、米国海兵隊の輸送や基地提供などの精神的以上の支援によって戦争に「加担」しながらも、対岸の火事をみるごとく、人ごとのようであったようだ。

『朝日新聞』は一九五〇年七月一日付で、「大衆の苦しみには同情を禁じえないが、日本はこの戦争とは「関係なき第三者の立場にある」」、「朝鮮の事態は、あるいはまだ深刻化し、場合によっては、戦闘機の一機ぐらい我が本土に迷い込むことがないとは限るまい。戦火はなるほど近い。が、それはいま日本のかかわり得ないものである」と書いた（和田、前掲書、一六一頁）。

同様に「知識人」たちの眼中にも「朝鮮戦争」はなかった。朝鮮戦争勃発後間もない頃に発表された「三たび平和について」（平和問題談話会／会の中心人物は清水幾太郎）において、朝鮮での戦争は「朝鮮事件」とされ、論点の中心は、米ソの戦争回避、平和共存であった（同右書、一八八～一八九頁）。

「対岸」で朝鮮戦争が行われている間、周知のように、日本はサンフランシスコ対日講和条約（一九五一年締結、五二年発効）で植民地を放棄し、平和条約を一部の国と締結して国際社会に復帰する一方で、在日を日本社会の中の「外国人」として、これも放棄した。六五年に日本は韓国と日韓基本条約を締結したが、北朝鮮とはその後も今日に至るまで没交渉のまま、時が流れた。ただし、日本は朝鮮戦争をきっかけに戦後の経済復興の足がかりをつかんだ。

朝鮮半島とはどこまでも因縁深い国だ。その旧宗主国である日本は、世界初の被爆国でもある。次に、戦後日本の平和のあり方について被爆者問題に焦点を当ててみていこう。

三　戦後の日本にとっての「平和」

日本の「八月」

私は戦後生まれなので、朝鮮戦争も植民地支配当時も知らない。戦闘機が飛び交うような戦闘状況も経験したことのない「戦争を知らない」幸運な人間の一人である。

一九九四年の八月、私はイギリスで一五日の解放記念日を迎えた。日本では終戦記念日、当地では戦勝記念日と呼ばれるこの日、イギリスでは空軍機のデモンストレーション、花火の打ち上げなど、記念というより祝賀のような行事が行われていた。その中で、一人の日本人がこう言った。「戦争を肯定しているかのようだ。私は平和な日本で平和教育を受けてきたから、このような見方には抵抗がある」。

ロンドンの戦勝記念日に行われた英空軍によるデモンストレーション（1995年、撮影：筆者）。

果たして、日本は平和で、そこで行われているのは本当に「平和教育」なのか。たしかに、私は戦闘状態のない、植民地を放棄した日本に生まれ育った。それでも、私は植民地支配——戦前と変わらない排除と抑圧——を実感しながら生きてきた。つまり、植民地主義払拭なき平和ということだ。そこには朝鮮半島に対する視線も過去への反省もない。

「被害者」と「加害者」

戦争には、一方的な「被害者」も「加害者」もない。特に、戦闘員と非戦闘員の区別が明確でなくなってきた現在では、多くは「被害者」にも「加害者」にもなる。そのことを私は民族紛争地のボスニア・ヘルツェゴビナ（以下、ボスニア）で学んだ。私はNGOの職員として、一九九六年から一年間、セルビア人の町で彼／彼女たちとともに暮らしながら「加害者」とされたセルビア人側で人道援助活動に携わった。たしかに、セルビア人勢力がボスニア全土の七〇％を制圧するなど、「加害者」とされたことに理由がないわけではないが、それまで「加害者」たちが築いてきた生活が破壊されたという点では彼／彼女たちも戦争の「被害者」だった。戦闘員、非戦闘員を問わず死者を出した家族、国内避難民、難民にならざるを得なくなった人びと、帰還できても家を破壊された人びとは、セルビア人側にも多数いた。半世紀前の日本も同様だったろう。日本はアジアの人びとに対する「加害者」であり、〝本土決戦〟により生活が破壊された「被害者」でもあった。そしてその日本で、私はセルビア人よりもはるか長く日本人とともに暮らしてきた。だからこそ私は、戦争とは人を「加害者」にも「被害者」にもしてしまうものだ、ということを日本人から学べなかったことが残念でならない。

今回の北朝鮮の核問題に対しては、本来ならば、「被爆国」（被害者）にしてかつての植民地宗主国（加害者）であった日本（人）は在日以上に複雑な立場を自覚していいはずだった。かつて植民地にした国がその被支配に起因する政治的不安定さゆえに核保有に至ってしまったのである。宗主国かつ被爆国として、「加害者」と「被害者」の板ばさみの立場に立たされても当然だったのではないだろうか。しかしながら、その反応は拉致問題のときと同様、まったく傍観者的に、時には悪意としか思えないような反応を在日社会に対して示した。

戦後日本の社会統合は、「被害者」意識を全面に強調することで行われた（細谷千博ほか編『記憶としてのパールハーバー』ミネルヴァ書房、二〇〇四、巻末付録参照）。たしかに、被爆者をはじめ、中国大陸や朝鮮半島からの引揚者、軍人遺族、非戦闘員だった日本人一般に共通して見られる特徴に、自分たちは戦争の「被害者」であるという意識がある。しかし自らを「被害者」とみなしながらも、それでもなお、戦後、日本人は戦争を行った結果国民を「被害者」にしてしまった政府に対して、生活保障を求めることはあっても戦争遂行の責任を追及することはあまりなかった。国家にとっては実に御しやすい国民だったことだったろう。毎年八月になると、被爆、空爆、引揚げ時の苦労話、働き手をなくした戦争未亡人の戦後、食料不足などの戦中・戦後の体験話が語り継がれている。八月は六日の原爆記念日に始まって、一五日を頂点に、「日本人一億総被害者月間」の感すらある。そこには、戦争への嫌悪感というより、「あの頃は大変だった。だから戦争はいやだ」と言いつつもノスタルジーすら感じさせるものがある。

また私は小学生の頃、戦争の話を学校（私は日本の公立学校に通った）で聞くたびに、日本は戦争もしていなかったのに、ある日突然広島に原爆が落とされたと「理解」していた。というのも、原爆投下前後の話を授業で聞かされた記憶が私の中にはないのである。もっとも、小学五年生と六年生のときの担任だった教師は「戦前の日本はこれだけたくさんの領土をもっていたのよ」と誇らしげに語る人だった。

日本人が「被害」を語るときの戦争は、まぎれもなくあの時代に彼／彼女たちが具体的に経験した戦争には違いないが、「戦争は悪いものだ」と語る段階で、その多くは抽象的な一般化された戦争となる。具体的に経験した戦争と抽象化された戦争との間には断絶があり、それら二者をつなぐ、あの戦争の性格を物語る——自らも加担した侵略戦争だった——記憶は忘却されたままだ。それが日本の「平和教育」、すなわち「原爆を投下されて被爆者が被害を受けた、それで日本は戦争をやめた、戦後は「憲法九条」で戦争を放棄した、そして日本は平和になった」という、「平和な日本」で行われてきた「平和教育」の中身である。その「平和教育」においては、そもそもあの戦争は誰が起こしたのか、などという問いは立てられていない。まるで戦争は人災ではなく、ある日突然起こった天災のように聞こえてくる。しかもそこには、当時いたはずの植民地下の「日本人」はいない。

同様に、「外地」からの引揚者が語る物語からは、そもそもなぜ日本人がそこにいたのか、という問いはでてこない。今でも日本政府に対して戦時・戦後の補償・賠償を求める裁判はあとを絶たないが、侵略を受けた中国・台湾、韓国・朝鮮の人びとが原告の場合、それは必然的に、当時の戦争が侵略戦争だったということが大前提となる。ところが、日本人が原告の場合、その多くは国家に対する生活保障が主で、戦争自体を遂行した政府の責任やその行為を人権侵害とみなす視点はあまり前面にでていないように思える。たとえ侵略戦争であれ日本国民は国策で戦争を行った政府に追随せざるを得なかったのだから、それによって「被害」を受けた国民への生活保障はその国の政府がなすべきだ、という主張がほとんどである。たしかに筋は通っているかもしれない。しかしそれを超えて、「戦争は二度と繰り返すべきでない」という視点から、しかもそれを「加害者」の視点から言及しようとしたことはあっただろうか？　やはりそこにみられるのは強い「被害者」意識であると言わざるを得ないだろう。日本人は被害者である。たしかにそうだろう。しかし同時に日本人は「加害者」でもあったのだ。

「唯一の被爆国民」

一九九〇年代初めの八月六日、私は広島にいた。原爆忌を広島で迎えたかった。向かったのは、韓国人原爆犠牲者慰霊碑の前、そこで、原爆投下の時間に合わせて始まる広島市民による平和祭式典を待った。平和祭はつぎのような主張のもと市民の手で始められた。「原爆の体験を世界の人びとに訴えることは、われわれ広島市民のみができることであるといった。〔…〕原子力による戦争は人類の自殺行為になる、と説くものもいた。その結論として、すべてのものが、われわれ広島市民だけが、誰よりもまっさきに、誰よりも強く、世界にむかって「平和」を要求する権利を持っている」（NHK出版編『ヒロシマはどう記録されたか』NHK出版、二〇〇三、三一〇頁、傍点は引用者）。

ただし、私がいた場所は、市民による平和を希求する式典が行われた平和公園内でなく、公園とは川を隔てたところ――まさに、日本人でない私にはふさわしい――だった。日本でもようやく「被害者」だけでなく、「加害者」としての戦争が語られ始めた当時、韓国人原爆犠牲者慰霊碑をめぐっては公園内移設も議論され始めていた。また在日社会では碑文中にある「韓国人」の呼称をめぐる論争が行われていた頃でもあった。

慰霊碑は一九七〇年に広島在住の韓国人有志によって建立されたものである。碑文にもあるが、被爆者の一割は朝鮮人だったのだ。碑は平和公園内で建立するつもりだったらしいが、広島市から公園内設置の許可が下りなかった。理由は公園内に記念碑や慰霊碑が多くなったため、ということだった。そのために、公園の外にある李氏朝鮮王朝の王族が被爆死した跡地に慰霊碑は建てられた。ところが、この慰霊碑建立後も平和公園内には、日本人よる新たな碑が七基も建てられたという。その後、慰霊碑の公園内への移設は一九九九年に実現した。

平和公園内の韓国人原爆犠牲者慰霊碑前で行われた慰霊祭。韓国青年連合会（大邱KYC）と在日コリアン青年連合（KEY）大阪地方協議会の共同主催による「広島平和紀行」にて（2005年1月26日。撮影：宋勝哉）。

「ヒロシマ・ナガサキ」と広島・長崎

人類史上類を見ない被爆に対する哀悼の意と核廃絶に向けての運動に敬意をこめて、「ヒロシマ・ナガサキ」と世界は呼ぶ。そのヒロシマ・ナガサキに対する日本人の評価は非常に高い。小菅信子（戦後和解問題を研究）は、ヒロシマ・ナガサキの取り組みを「哲学的境地にある」と言う（『朝日新聞』二〇〇六年一一月一四日付「政態拝見　星浩」）。また、大江健三郎も「被爆者たちは、被害者としてのみでなく、アジア全体を巻き込んだ戦争の加害者としても、過去と将来を語るようになった。それが核廃絶をもとめる日本人の運動を特徴づけている」（『朝日新聞』二〇〇六年一一月二一日付「忘却とそれに抗する意識」）と評価する。

三度目の投下がない限り再現は不可能といわれるほどの未曾有の被害、その苦難と、投下した米国に対する復讐の念を乗り超えて、平和や核廃絶への運動に発展させていったことは、たしかに、時、場所を問わない、人類普遍の価値をもつ「哲学的境地」といえる。

敗戦後の米国軍による占領統治時代、被爆者たちはその被害について沈黙させられた。占領軍のプレスコードによって、原爆被害についての報道も制限されていた。ようやく広島・長崎の被爆者たちが声を上げることが可能になったのは、占領統治終了後のことである（NHK出版編、前掲書）。それ以後、被爆者たちは自らの被爆経験だけでなく、世界で核実験が行われるたびに、「人類最初の唯一の」被爆者として怒りをこめて抗議をしてきた。

同時にヒロシマ・ナガサキは、原爆投下を正当化する米国に対して、責任をも追及してきた。戦争といえども決してその使用は正当化されない、「人道に反する罪」に価する核兵器を使用し、謝罪もせずにさらなる核実験を繰り返す米国に向けたその行動は、当事者として当然の行為であったろう。またその過程において、米国への怒りや憎しみをどのように乗り超えていくかは、ヒロシマ・ナガサキにとっての重い課題であったろう。

こうしてヒロシマ・ナガサキの主張は必然的に、核の使用は戦争の枠を超えて普遍的に許されるものではないとする「平和」の問題に結びつく。そして本来ならば、それは大江が言うように、「平和」を脅かす「戦争」、さらにはその要因・結果となる「侵略」「植民地支配」の問題にもつながることを意味するはずだ。しかし、被爆者として米国と向き合うときのヒロシマ・ナガサキの視点には、植民地とされ、実際には直接交戦しなかった朝鮮や台湾など、侵略されたほかのアジアの国々の姿は見られない。

また、「唯一の」被爆地である広島・長崎には、「日本人」にされた民族や米国人捕虜など、「唯一の被爆国民」とはいえない人びともいたのである。なぜそこに朝鮮人がいたのか、捕虜がいたのか。朝鮮人たちは日本の植民地の人間であるがゆえに、そして捕虜は日本が戦争当事国であったがゆえに、広島・長崎にいたのである。しかし被爆者が語る原爆をめぐる言説には、彼/彼女らは登場しない。

市場淳子の『ヒロシマを持ちかえった人々』は、ヒロシマ・ナガサキが抱えるもう一つの重い課題、すなわち「加害者」としての広島の隠された姿を伝える。

市場によれば、被爆したとき親戚をたよって広島から避難した日本人がいた一方で、日本に縁者をもたない朝鮮人たちの多くは広島にとどまらざるを得なかった。原爆投下時、広島にいた朝鮮人の多くは、「日本語ができない、あるいは日本人から差別されるなどの理由で、立地条件の悪いところに閉鎖的な朝鮮人集落を形成して暮らしていた。したがって、被爆後、避難できる親戚や知人を広島市の郊外に持つ者はほとんどいなかったのである」。また「朝鮮人だからと救急治療所での治療を拒否された」こともあったという。「その結果、放射線の恐ろしさなど知りえようもないままに、大量の残留放射能に被曝する」という二次被害をこうむることになったのである（以上、凱風社、二〇〇五、三二六頁）。

原爆投下で悲劇が始まる日本人、それよりずっと前の日本の侵略以来、悲劇を被り、被爆によっていっそう苦悩が深まった朝鮮人。戦後もなお同じ被爆者でありながら、朝鮮人被爆者はさらにその上に民族差別も受けてきた。そこにみるのは普遍的な訴えをもつヒロシマ・ナガサキでなく、「植民地支配」を忘却した広島・長崎の姿である。

広島の平和祭式典においてアジアへの「加害」が言及されたのは、ようやく一九九一年になってからだ。大江も認めるように、被爆者たちは「加害者」としての過去を語るようになった。しかし、それでもなお、広島・長崎はほんとうに「哲学的境地」にあるヒロシマ・ナガサキなのかという疑問を、私はいまだに捨てきれないでいる。もし、ほんとうに「哲学的境地」にあるのであれば、今回の北朝鮮の核実験に対して、かつての侵略国として今日の北朝鮮の存在に責任をもつという自覚の中から、被爆者だからこそ過去を乗り超えて訴えうる「核のない、核をもつ必要のない平和」というヒロシマ・ナガサキの声が聞こえてきてもよいはずではないだろうか。私はそれが聞きたい。

では、朝鮮半島の非核化に向けて、どのように考えていけばいいのだろうか。

四　朝鮮半島の統一問題

国家に影響される個人

核問題は国家の安全保障に関わる、高度に外交的なものである。というと、日常生活とはかけ離れた問題にように聞こえるが、実はそうではない。

国家は個人の生き方に大いに影響を与える。在日はそのことを肉体レベルで体感しながら生きてきた。戦前は「日本人」、戦後は「外国人」。祖国が解放されたとはいえ、戦後間もない混乱の中、曲りなりにも生活基盤を日本で築いてきた在日一世にとって、帰国は現実的な手段だったのだろうか？日本に住み続けるというのが現実的な選択だったのではなかったのか。

しかし、彼/彼女たちは日本国籍をもたないために、日本社会で生きていく上でも大きな制約を受けてきた。どの国家の国籍をもつかで、個人の生き方が左右されることがある。私は、自分の生きている環境を自らどのように捉えたらいいのか考える手段として国際関係学を学び、国際政治の現場――当事者でなく力ある者の意向で動く現場――とはどのようなものかを実感したく、ボスニアでのNGO活動に赴いた。そして自分の頭で国際関係の構造を考えることによって自らの位置を確認し、日本での被差別者としての自分を解放する途を模索することにした。歴史家などの学者の研究対象にはなりたくもないし、専門家の批評などもうたくさんである。

統一は最良の途か？

核や拉致問題など、北朝鮮をめぐる一連の事件は、前述のように日本に住む韓国人・朝鮮人の日常に衝撃を与えた。

核問題の根本的な解決は、朝鮮半島の恒久的な安定であることは言うまでもない。二〇〇七年二月一三日に採択された六カ国協議の合意内容をみてもそれは読みとれる（米朝は外交関係樹立のため協議を開始、日朝は国交正常化協議を開始）。米朝間の停戦協定が終戦協定となり、日本との国交正常化が現実のものとなれば、究極的には朝鮮半島の国家体制をどうするかという問題になるだろう。そして、それは果たして南北統一国家の樹立なのであろうか？

朝鮮戦争の起源は朝鮮半島をどのような国家体制——資本主義か共産主義——にするかをめぐっての争いだった。その意味では、未解決である朝鮮半島の真の解決はたしかに朝鮮半島における統一国家の樹立ということになるのだろう。しかし、戦争後の韓国、北朝鮮、そして在日社会をみる限り、統一がすべての解決の到達点とは思えない。

「統一のため」。この言葉によってどれだけ多くの人の人生がずたずたにされてきただろう。何よりも、多くの在日韓国・朝鮮人が「統一のために」踊らされてきた。そして一方で、どれだけの在日がそのことに気づいていただろうか。

一九九九年二月、世界最長期間牢獄にいた政治犯が韓国で恩赦によって釈放されたという記事を目にした（*Guardian*, Feb. 26, 1999）。彼は北朝鮮から侵入したスパイという「罪」で韓国政府によって四一年間刑務所（独房）に入れられた。四一年という期間は南アフリカのネルソン・マンデラが投獄された二七年という期間を上回る長さである。思想・信条を理由にこのようなことを個人に対して行う国家とはいったい何なのか。当時ちょうど修士論文で国家と個人の関係をテーマに取り上げようとしていた私にとって、これは衝撃的なニュースであった。北の脅威に始まって、国家安全保障の名のもと、すべての弾圧の到達点は「統一」をめぐる国内政治の権力争いだった。

朝鮮戦争後の韓国で続いた軍事独裁政権のもとで、国民の言論・思想・信条の自由は大きく制限されていた。その体制に反対の声を上げる人びとは、「共産主義者」のレッテルを貼られ、投獄、死刑判決を受けたりした。ある一時期は、在日韓国・朝鮮人が韓国で政治犯として牢につながれた。私が今も覚えているその罪状の一部は、「マルクスの本を読んだ」だった。一九七〇年代、在日の北朝鮮支持の学生団体は、反体制運動を行う韓国の学生に対して「南朝鮮の学生を支持する」と言った。その支持自体が、反体制運動者を「北のスパイ」「共産主義者」に仕立て上げたい韓国当局の思う壺となるため、実は「迷惑」なことだったのだが。

当時のこの状況は北朝鮮でもよく似たものだっただろう。何しろ、米国と停戦状態にあるだけで、いつ戦争になるかわからない、いわば戦時状態にあったのだから。それ以上に、北朝鮮の場合は政治指導者への個人崇拝を行い、国内で思想の統一を図った。今にして思えば、北朝鮮において「反米国帝国主義」のスローガンは、韓国における「北の脅威」の喧伝と同じような役割を果たしていたのではないだろうか。

北朝鮮の金正日総書記が日本人の拉致を認めたとき、私はまさかとショックを受けた。そして、拉致された日本人が「これは統一のためだからと北朝鮮の工作員に言われた」と証言したとき、それ以上のショックを受けた。

「統一のため」と言いながら、実は南北それぞれの体制を維持するための口実として、この言葉は使われてきたのではないか。それらの現実を冷静にみつめた上で、特に在日は「統一」の意味を頭を冷まして考えていくべきではないか。ところが、現状はどうだろう。あまりにも国家の論理に振り回されてはいないか。国家を相対化する視点をもてずにきたのは、在日が反省すべき点だろう。

「韓国人」「北朝鮮人」などの使い分けは祖国の分断を固定化する、と批判してきたのは当の在日である。朝鮮民族は一つだから二つの呼称を用いるのは分断を固定化するというわけだ。しかし私は、その批判自体が在日社会の分断の固定化を招くと言いたい。あえて言えば、朝鮮半島の国が分断されているのは現実なのだから、「統一」の問題はその分断という事実をみすえることから出発すべきだ、というのが私の主張である。私は、一人の人生を台無しするくらいなら、「統一」など欲しくはない。

しかし、その時代を生きてきた在日の一人として言い訳をするなら、日本社会で生活していく上で国籍は大きな壁だった。在日の友人の一人は、朝鮮半島が統一して、しっかりとした政府ができるなら、私たちの法的地位もよくなるかもしれない、と統一支持の理由を語った。また別の友人は、戦前から連綿と続く植民地支配を正当化する差別構造の中で生きていくには、「統一」という夢でもみないと自分を見失いそうだったと語った。たしかにそうでも思わなければ、個人の努力ではとうてい克服しきれない圧倒的な現実を前にしてそれに迎合し、日本人の中に埋没するしかなかったとも思える。

このように、「統一」に関しては在日それぞれの間で意見は異なる。しかし共通しているのは、日本で在日がおかれてきた状況である。つまりすべての在日が植民地支配の未処理によって大きく影響されてきたということである。

願う、自由な往来を！

日本で生きて半世紀、ようやく私は国家を相対化してみられるようになった。しかしそれでもなお、国家、国籍、民族というものは人生において私の前に立ちはだかる大きい壁であることに変わりはない。そして今思う。なぜ、一民族・一国家でなくてはいけないのか？　もし、朝鮮半島における統一がそれを根拠に行われたら、世界はさらに分裂模様となりはしないのか？

また、以前には「統一」ではなく独立した二つの国家からなる「国家連合」の構想が提案されたこともある。しかし、これについても私はあまり賛成できなかった。分断が長くなり、二つの国家間の往来もほとんどなく、そこから生じる相互不信の深さを日本の在日社会を通してずっとみてきただけに、国家連合のもとで本当に自由な往来が可能になるのか、そんな疑問が捨てきれなかったのである。

「統一」という方向に進んだ場合、今伝えられる北朝鮮の状況からみて、おそらく北朝鮮主導型になるとは考えがたい。また「国家連合」のかたちをとるとしても、飢餓を生み出す北朝鮮の状況は、南への大量移動を引き起こす可能性が大きい。もちろん自由に南北往来ができればいいが、おそらく、移動の自由が北朝鮮によって制限される可能性の方が大きいと思う。

長らく思想・信条の自由を大きく制限されていた韓国では、軍事独裁などの紆余曲折を経て、最近ようやく選挙で文民大統領を選出できる国家として落ち着いてきた。その間、どれだけの人間が血を流し、人生を台無しにされてきたかという思いはある。しかし、六カ国協議の対応にみられるように、半世紀も時が止まったままできたかのような北朝鮮に比べ、韓国では北朝鮮を一方的に敵視することもなくなり、むしろ当事者的な視点で問題に向き合うようにはなっている。

二〇〇六年一一月のある集会で、在日のパネリストの一人が、北朝鮮を「米国帝国主義」と戦った国として評価していた。そうだろうか。北朝鮮が米国から守ろうとしているのは、今でも本当に「民族の独立」なのだろうか。私は最近では、北朝鮮が守りたいのは一部の権力者にとっての「国家」ではないかと思うようになっている。というのは、そのような見方に立てば、共産主義国家では例をみない世襲による事実上の権力譲渡も、それに付随する個人崇拝体制も理解できるように思えるからである。そして、北朝鮮が要求する米国の敵視政策の解除、すなわち体制保証とは、そのことを指すのではないかとも思える。だから私は、六カ国協議で北朝鮮の体制保証がなされることには一抹の懸念を抱く。

今後北朝鮮の国家体制が今の状態で保証されたなら、日本での一時期を私と共に過ごし今は北朝鮮に「帰った」人びと、そして分断によって南から北に渡ったまだ見ぬ叔父、叔母たちに、私が会える可能性はほとんどなくなるだろう。だから、私は拉致被害者家族に心から同情する。国際環境の変化、すなわち米国による敵視政策の解除（体制保証ではない）や日朝国交正常化の実現によって日本との往来が頻繁に行われるようになれば、それは朝鮮半島における政治的安定性の確保に大いなる貢献をもたらすに違いない。もちろんそのときには同時に、北朝鮮も国内での「権力闘争のための政治」をやめることが求められよう。

「統一」であれ「国家連合」であれ、あるいは現在の「一民族・二つの国家」であれ、いずれにせよ南北相互の交流、往来だけは少なくとも自由に行われるようになってほしい。離散家族が特定の場所で、しかも政府のお膳立てのもとでしか会えないというのは尋常ではない。そもそも北朝鮮のように国内ですら移動の自由がないというのは、おかしい。

五　日本と北朝鮮

在日責任論

北朝鮮による核実験が明らかになったとき、私は他の国々が核実験を行ったときとは違う感慨をもった。北朝鮮以外の国々が行ったときには、自分とは関係のない国がしたこと、という無責任感がどこかにあった。だから、核実験を実に簡単に非難できた。ところが、北朝鮮についてはたやすくそれができなくなってしまった。在日責任論が浮上してきた。在日に責任があるとするなら、あるだろう。在日は本国を離れているとはいえ、本国と同様に自分たちの社会をも「南北」に分断して、ときには非難しあってきたし、朝鮮半島の二つの国家を精神的にも物質的にも支えてきた。また、一時期は南の軍事政権の人権侵害があまりにひどかったため、北朝鮮国内の人権侵害がようやく伝わり始める一九九〇年代に入るまで、在日は日本人知識人と同様、北の（個人崇拝）体制をそれほど批判してこなかった。

そして、拉致問題発覚、ミサイル発射が行われ、ついに北朝鮮は核実験実施にまで至ってしまった。北朝鮮が核保有国をめざした動機には米国への脅威があったとも言える。

しかし、私は北朝鮮に関わりなく普遍的に核保有に反対する。私がそのような考えをもつに至ったのは、(ヒロシマ・ナガサキではない)広島・長崎の原爆の犠牲者たちが身をもって核の恐ろしさを語り続けてくれたからにほかならない。

日本の北朝鮮核問題

拉致と核問題をめぐり日本社会がみせた反応は、政府レベルでも民間レベルでも、歴史的経緯を軽視した非当事者的なものだった。

拉致問題発覚時、公立小学校に通う子をもつ在日の友人から、子ども(本名で通学)がいじめを受けるのは日常茶飯事だったが、北朝鮮政府が正式に拉致事件を認めて以降、それがさらにひどくなったと聞かされた。正直なところ、私はこれに驚いた。在日社会においては五世も誕生している時代である。今では私が学生時代を送った一九六〇年代から七〇年代と違って、深刻な差別やいじめを実際に受けた経験はないという若い世代も登場しており(本書コラム1参照)、在日やそれを支持する日本人の長年にわたる運動、それに国際社会の変化によって、在日をめぐる人権状況はかなり改善されてきたと思っていたからだ。

ところが拉致や核問題にみられるように、北朝鮮のことがニュースになるたびに在日社会に対するバッシングが行われるとなると、改めてこの日本という国は本当に北朝鮮が嫌いなのだとため息がで

許すな！警察権力の横暴！大阪府警、小学校に130人の機動隊で乱入

滋賀県草津市在住のKと申します。

　すでにご存知かもしれませんが、本日午前、滋賀県大津市錦織にある朝鮮初級学校に大阪府警の捜査が入りました。「車庫とばし」とかいう軽微な罪の捜査で、朝鮮学校だけでも約70人もの警察官が配備され、朝から半日間、ものものしい雰囲気だったそうです。

　朝鮮総連や関連団体に対し、このような形での捜査がこのところ相次いでいますが、学校にまで足を踏み入れてきたということがあったでしょうか、（あったのに私が気がついていないだけかもしれませんが）。

　1949年の朝鮮人学校弾圧を彷彿とさせます。


　去る1月28日、「車庫証明の不備」と言う理由で、私たちの子どもたちが通う滋賀朝鮮初級学校に70人もの警察人員を動員しての不当な強制捜査が行われました。

　私は滋賀朝鮮初級学校に子どもを送る保護者として、このような蛮行を絶対に許すことが出来ません。

数日が過ぎた今でもあの日のことを思うと、その理不尽さにこみ上げる怒りを抑えることが出来ず、涙が止まらなくなります。

　あの場がいったいどんな場所ですか！

　まだ3歳にしかならない幼児から12歳までの子どもたちが通う「学びの場」です。

　その神聖な学校、在日の1世、2世同胞たちが建てて守ってきた民族教育の場に、100名以上の警官を動員して強制捜査が行われたのです。

　日曜日の朝、一本の電話が和やかな家族の雰囲気を一変させました。

　電話を受けるや否や車で学校に向かうと、そこには見たこともない異様な光景が広がっていました。

　毎日のように訪れるウリハッキョ（私たちの学校と言う意味の朝鮮語）に、一歩も足を踏み入れられなくなっているばかりか、玄関だけでなく子どもたちが遊ぶ運動場の隅々にまで警官がたっているのでした。

　近所の方は異様な光景を見て、「殺人事件でもあったのですか?」と訝しがるほどでした。

　集まった私たち保護者が、いくら声を張り上げ抗議をしても、決して目もあわせず半日もの間学校を占拠した警官たちは、何の権限で私たちの子どもらの学校に強制的に入り、捜査をするのですか？

　あれが日本人の通う学校だったらあそこまでしたのでしょうか？　朝鮮人の子どもたちには人権がないのですか？
・・・・
　ウリハッキョに通う子どもたちは新聞、テレビの報道を見て、不安におののいています。

　私の子どもも、私たちが当日家に帰ると、足にしがみついて、「アッパ(お父さん)とオンマ(お母さん)が、警察に捕まったと思った。」と泣きじゃくり、私のそばを離れようとしないのです。

　また、幼稚園に通う下の娘は、幼稚園で行う誕生日会をあれほど楽しみにしていたにもかかわらず、翌日から「幼稚園行きたくない、警察が来たら怖いから」と言うのです。

　私は母として、娘の小さな心に刻まれた傷を考えると、胸が引き裂かれる想いで涙が止まらなくなるのです。

　朝鮮半島情勢が厳しくなるたび、いつも矛先が向けられるのが、か弱いウリハッキョに通う在日の子どもたちです。

　私たちは母として、そのたびに子どもの通学上の身辺安全が心配でなりません。

　今回の件は、決して滋賀だから起こったことではないと思います。

　今回のようなことが二度と起こらぬよう、全国のウリハッキョの保護者たち、また良識ある日本の方々の声を集め、不　当な強制捜査を行った大阪府警に抗議することを声高に訴えます。

　私は、一時も早く子どもたちの心に受けた傷が癒され、笑いに満ちた学校に戻ることを願ってやみません。

滋賀朝鮮初級学校に
子どもを送る
女性の手紙

日本の警察当局（大阪府警と滋賀県警）による滋賀朝鮮初級学校に対する強制捜索（2007年１月28日）を糾弾する保護者会のビラ。

てくる。相互交流はほとんどないから、相互のことは知りようもないにもかかわらず…。北朝鮮という国の誕生の経緯を多くの日本人は知らないであろう。というより知ろうともしないだろう。こうした姿勢は、戦前から継続する植民地支配構造をまさに温存させたまま現在に至っていることを露呈させるものだといえまいか。この観点からみれば、日本にとっての北朝鮮の核問題は、あくまで核廃絶に向けて反対するという普遍的な価値観の上に立ったものとはいえない。ただの北朝鮮叩きにすぎないと思わざるを得ない。

　しかし実際には、北朝鮮の核問題に日本は人類初の被爆国として、そしてかつての侵略国として、二重の立場で深く関わっている。それが、日本における本来の北朝鮮核問題である。

交流なき国

北朝鮮の核問題に関するマスメディアの分析や発言をみてみると、その多くは、最強の武器である核を北朝鮮が手にしたことで、北東アジアにおける力の均衡や日本の安全保障は今後どうすべきなのか、といったパワーゲームの視点から論じたものといえる。国際社会では国家は生存のためにパワーを求める、という従来の現実主義者の理論からいえば、世界最強の軍事大国米国との「戦争」状態にある北朝鮮が核を求めたのは、無理からぬことと私は捉えている。実際、国際原子力機関（ＩＡＥＡ）のエルバラダイ事務局長も「北朝鮮は生存のために核保有国となった」と発言している（『朝日新聞』二〇〇六年一二月一日付）。しかしマスメディアでこの問題を歴史的観点から検証したものは、今のところあまりみられないように思われる。それだけに、核を放棄させるための六カ国協議で、「日朝国交正常化協議の開始」が合意文書に盛り込まれたというのは評価できる（二〇〇七年二月一三日）。

とはいえ、日朝両国が半世紀以上にもわたって国交がなかったということ自体、実はより深刻な問題ではなかったか。しかも民間レベルにおいてでさえ、異常ともいえるほど往来、交流は限られていた。かつての植民地なら、功罪、正負に関わりなく、いろいろなレベルでの相互交流が国家を迂回するかたちで行われてきたとしてもよかったはずではないか。そうならなかったのは、たしかに冷戦構造も一要因だったかもしれない。しかし、最大の原因を日本の朝鮮半島嫌いとみるのは、あまりにもうがった見方であろうか？　たとえば、たとえ冷戦中であっても、日本は同じ共産主義国家である中国とは国交を回復したではないか。

日本人の「被害者」意識について触れた第三節で「引揚者」について書いたが、一般によく話にでる引揚者といえば「満州」（中国東北部）出身のそれである。なかには少数ながら朝鮮半島からの引揚者もいるはずだが、これについてはあまり聞かない。ある本に「東京生まれと称しているが、実は平壌生まれ」と紹介された人がいる。この人がなぜ本当のことを明らかにしないのかはわからないが、中国と比べたとき、かつて朝鮮半島に住んでいたことを隠したがる傾向が日本人にはありはしないだろうか？

拉致問題をきっかけに、二〇〇二年九月一七日「日朝平壌宣言」が出された。あまりにも長くかかりすぎたが、国家レベルとはいえ、双方が宣言を交わすようになったことはよかった。しかしそれも束の間、拉致問題の進展が膠着する中で両政府が対峙してしまい、この宣言の履行は滞ってしまった。日本と北朝鮮の国交樹立をいちばん願っているのは日本に住む在日であろう。

「右翼」が悪いのか？

一方、拉致問題発覚以降の民間における日本の動きをみたとき、「人権派」の沈黙が気がかりである。ある国際政治学者が、自分をかつて保守的と言った左派の人びとが今は沈黙していると新聞紙上で述べていた。ちょうどそれを思わせるかのような催しがあった。

二〇〇四年の一二月、人権週間に合わせ人権三団体（ピース大阪、ヒューライツ大阪、リバティ大阪）の共催による「拉致問題と東アジアの平和と人権を考える」と題したシンポジウムが大阪で二度開かれた。一回目は拉致被害者家族の講演会で、二回目は三人のパネリストによる討論会だった。一回目の講演会の会場は、シンポ関係者らが受付場所から距離をおきながらじっと遠巻きに参加者たちを警備・監視しているような、ものものしい、思わず緊張させられる雰囲気につつまれていた。講演自体は被害者家族が切々と思いを語り感動的であったが、その感動あふれる語りに続いてでてきたのが、北朝鮮の核問題であった。「このようなおそろしい国が核を持ったらどうなると思いますか！」

二回目の討論会では、パネリスト同士による討論というより、コーディネーターが提議した「北朝鮮の体制崩壊はあるか」「経済制裁は発動してもいいのではないか」などの問いにパネリストが答えるというかたちがとられた。それらの提議が「東アジアの平和と人権」を考える上でどうつながるのか、私には到底理解できなかった。むしろ北朝鮮バッシングに連なる興味本位の議論にしか思えなかった。討論会のあとの質疑応答は極力押さえられ、一回目同様、共催団体のあいさつさえ一切なしの「北朝鮮バッシング」の会に終わった。あとでわかったことだが、二回目の参加者の中には「右翼」と思しき人びともいたらしい。どうやら、「右翼」の動きを恐れて、共催団体は「自己規制」したものと思われる。このように、「東アジアの平和と人権」を考える集会は、外圧に屈し、開催趣旨からはほど遠いものに終わった。ところが、その一方で、同日に大阪市郊外で開かれた拉致被害者家族による会は参加者多数の中、大いに盛り上がったと聞く（その会が「平和」や「人権」の文言を掲げた集会であったかどうかは知らないが）。

後日、三団体に抗議するために文書を送った。その文書の要旨と三団体共同の返答は次のとおりである。（1）コーディネーターの提議が会の趣旨どおりになっていなかった→これについては、北朝鮮が渡した拉致被害者の遺骨が別人のものであったと日本政府が発表した（開催三日前）直後の状況の変化を踏まえて開催されたものであり、会で提起された内容は開催主旨を逸脱しているとは考えていないとみている、という北朝鮮バッシングの世論迎合容認とも受けとれる返事だった。（2）本当の主催者は誰か→これについては、主催はチラシに書かれてある人権・平和団体であり、行政が後援しているとのことだった。（3）行政と三団体はどのような関係にあるのか→これについては、三団体は行政が出資して設置・運営しているので、平素からさまざまな面で協力関係にあるという返事だった。

私はこれらの返答に納得がいかず、再三文書（当初から六度）でさらなる説明を求めているが、その後は現在に至るまで返事は一切ない。

最近よくいわれるのが日本社会の右傾化であるが、果たして「右翼」がその原因なのであろうか。上記の人権三団体は財団法人となっており、運営資金は行政からの出資である。本来ならば、人権のような政治的にデリケートな問題を扱う団体の活動には、政府との緊張関係が求められるはずである。ところが、この集会の後援は行政だった。二回目の集会で質問用紙を回収するとき、会場のあちこちで急に人が立ち上がり始めた。すっと立つ姿を見たとき、私の背筋はぞっとした。思わず、彼女／彼らに監視されていたような気がしてしまったのである。そうと名乗ったわけではないが、そのかもし出す雰囲気で、私はその人たちが「行政の役人」ではないかと直感した。後日の抗議の際に確認すると、やはり彼女／彼らは応援に動員された行政の人たちであったことがわかった。主催者の顔は見えないが、後援者の顔はみえる実に奇妙な集会であった。

しかもそのうちの二団体の運営には、部落解放運動から出発して人権の視点から在日の問題をはじめ数々の社会問題に長年取り組んできたある人権団体が大きく関与している。そのことが何より私を失望させた。本来なら抑圧されることの痛みを十分わかっているはずの団体が、まさかこのような北朝鮮バッシングに加担するかのような会を開催するとは思ってもみなかった。これがもし部落問題に関わる集会であったなら、果たしてどうであっただろうか。私は人権の二重基準ではないかと、この三団体に対して「糾弾する」とした。何より私が耐えがたかったのは、在日も納税している税金が同胞のバッシングに使われたことだ。もっともこの「糾弾」に対しても一切返答はない。

そしてついに、二〇〇六年一二月一〇日から一六日にかけて、政府による「北朝鮮人権侵害問題啓発週間」のキャンペーンが文字通り人権週間の時期に行われるに至った。それほどに日本の人びとは拉致問題のことを知らないのか。知らないのは拉致問題でなく、かつて北朝鮮が日本の植民地であったという歴史だろうに。

運命共同体

自らの政府（日本）が行ってきた植民地支配に対しては日本人に責任があるとするように、朝鮮半島情勢に対しては在日責任論が存在する。しかし、今や在日からみた本国との心理的距離はすっかり遠くなり、日本との関係の方がはるかに近くなっている。日本で暮らす以上、日本人とはもはや運命共同体なのである。被爆者の例でいえば、広島・長崎の地にいた人びとは、国籍・民族を問わず、等しく原爆の被害を受けてしまったのである。

生活を共にしている視点に立てば、日本人と在日の共通の接点はきっと見つかるはずである。在日社会の運動においても、「統一のため」でなく生活に根ざしたものが登場するようになった。

だから、国家の枠にとらわれない脱国家のかたちをとった共通基盤を模索していく途はあるだろう。たとえば、「脱国家の歴史の記憶」というものをつくりあげていくことは可能だろうか（細谷ほか、前掲書を参照）。「戦争反対」という普遍性に対して、「被爆者」「被植民地者」という固有の立場から共に貢献できることはあるだろう。ただし、少なくとも今の日本と朝鮮半島は、国家、個人レベルのいずれをとっても、まだモラル的、構造的に対等の土壌には立っていない。まず日本にはこのことを留意してもらい、朝鮮半島の上を踏みつけている「足」を下ろしてほしい。具体的には、「日本は朝鮮半島を植民地支配した。朝鮮の人びとから独立を奪った」というきわめてシンプルな事実を認識することから始めてほしい。これを踏まえているなら、「韓国は冷静になれ」などといったような論調は今後でてくるはずはない。

おわりに――過去から未来へ

ヒロシマ・ナガサキが過去の被爆体験を語り続けるのは、核の被害がまだ過去になりきっていないからであり、また、未来に向けて核のない平和な世界を構築したいからであると、私は捉えている。しかし、ヒロシマ・ナガサキの中に植民地支配への視点が見られないならば、その未来像においても在日や朝鮮半島は存在していないのではないかと疑わざるを得ない。

歴史問題を前にして日本の政治家はよく「未来志向」と言う。彼／彼女たちが「未来志向」を口にするとき、それは、自分たちに関わりのある不都合な過去を「過ぎ去った」こととして、一方的に不問に付しているにすぎない。その「未来志向」からみれば、「過去」にばかり言及する私は「過去志向」の人間と映るだろう。しかし、過去に目を閉ざすことによって、過去が正当化されることにつながり、それが、現在という時間を経由して未来に続くとき、いったいどのような未来が待ちうけているのだろうか？　具体的に危惧されるのが、過去の侵略行為・戦争を肯定するような価値観をもつ政治家（たち）による「未来志向」である。日本が核のない平和な世界を展望するのであれば、侵略した自らの過去とどう向き合うべきか、またその過去を総括するには現在何をなすべきかを考えればよいのではないか。どうするべきかのボールは日本人の側にある。

未来をみたくとも、過去がまだ過去になっていない現状では、過去はあまりにも大きい障壁となって、少なくとも私の前に立ちはだかっている。未来をみたいから、私の前を暗くしている壁を取り除いてほしい。それが私の日本人に対する願いである。

コラム1　日本と朝鮮半島の関係の中で北朝鮮を捉える

金朋央

ポジション（立場性）はどこにあるか？

二〇〇二年九月一七日、小泉純一郎・日本首相（当時）が平壌を訪問し、初の日朝首脳会談が開催された日。訪朝すること自体当初から驚きの内容であったが、その日に発表された内容、すなわち日本人拉致を金正日政権が認めたことは計り知れないくらいの衝撃を日本社会に与えた。この日のテレビのニュース番組を見た時の衝撃は今でも鮮明に覚えている。もともと日本人拉致問題は「疑惑」として一九八〇年代よりあがり、一九九七年に横田めぐみさんの拉致問題が報道され、国会でも取り上げられて以降本格的に世論の注目を得るようになったが、ずっと否定してきた朝鮮民主主義人民共和国（北朝鮮）政府がまさかその事実を認めるとは…。私自身の認識の甘さを痛感し、また、日本人拉致問題を人権問題としてではなく政治上の駆け引き材料としてしか見ていなかった自身の思想の瑕疵に気付き落ち込んだ。

それから現在に至るまで、日本の中では「北朝鮮＝悪」の大合唱である。テレビをはじめとしたマスコミ報道はもとより、一般の人びとの会話の中でさえ、何か悪いこと、異常なことがあれば「北朝鮮」という単語が使われる始末。私は在日コリアンとしてこれほどまでに生き難いと感じた時期は今までなかった。在日コリアンも人によって境遇が全く異なるが、三世世代で運良く直接的な民族差別も受けずに育ち、大学まで卒業した私は、在日コリアンということで息詰まると感じたことはこれまでなかったのである。日本で生まれ育って、そして韓国籍である私が、北朝鮮のことで心を痛めるのは変と思う人も多いかもしれない。しかし、統一された朝鮮半島を夢見る在日コリアンは三世世代においても多く、私もその一人である。私自身は、生まれてからまだ一度も会ったことのない親戚が北朝鮮にいる。そんな在日コリアンは大勢いる。つまり、北朝鮮を信奉する人にとどまらず、多くの在日コリアンは北朝鮮のことを他人事とは思えないのである。

そんな私たちにとってみれば、この間の北朝鮮バッシングは、それこそ息することをも苦しくさせている状況をつくりだしている。

二〇〇三年九月一七日――日朝首脳会談から丸一年となる日、まさに暗澹たる空気の中で、日本人と在日コリアンの若者たちが共に日本と朝鮮半島の平和をつくりだすメッセージを発信しようと、東京・明治公園で「友」「オッケドンム」（ハングルで「親友」を指す語）を人文字で表すというイベントを行い、約七〇〇名が集まった。開催に際し行われた事前記者会見で私が述べた言葉が新聞記事で紹介された。

「在日コリアンは、拉致被害に心を痛めても、加害国の人間としか見てもらえず、日

東京・明治公園で開催した「オッケドンムしよう！9.17夜　キャンドル人文字」(2003年)。「オッケドンム 어깨동무」は韓国でも北朝鮮でも使われる言葉で、「親友」の意味を持つ。ハングルの「オッケドンム」と漢字の「友」を表すことで、この言葉が理解できる日本、韓国、北朝鮮、中国、香港、台湾など東アジア14億の人びとに、“武力に頼らず問題を解決するために一番必要なのは友人になること”という平和のメッセージを伝えようとした。

本社会への怖れが広がった。この状況を変えたい。東アジアの課題に腰を上げる時だ」（『朝日新聞』東京本社都内版、二〇〇三年九月一五日付）。

このもどかしさは未だに解かれていない。いま行われている北朝鮮バッシング、あるいは米国や日本政府のやみくもな対北強硬政策に異を唱える時、私はいつも気にしてしまう。「親北派の人間だから」と完全に歪曲され、理解されはしないかと。実際、何を言ってもそのように見る人もいる。だから私は北朝鮮に関わることについて何か語るたびに、北朝鮮の政権・政策に対する自らのスタンスや、拉致問題に対する自らの見解について「前置き」をしなければという切迫感に襲われる。不本意ながらも、そうしてしまわざるを得ない。それだけ今の日本の中では、私たち在日コリアンに対する「規定」は荒々しいほど単純化されたものになっているのだ。「親北」「反北」という考え自体が不毛であるのに、そのように人を分類することにどれほどの意味があるというのか。

在日コリアンがいま北朝鮮について普遍的に語ること、それがどれだけ神経をすり減らさなければできないことなのか。単に北朝鮮を一方的に断罪すること、逆に北朝鮮の非をあくまで無視すること、言ってみれば「反北」「親北」いずれかの立場に立つことに思想的困難は伴わない。しかし、この二つの立場は真実から出発したものではないし、そこからは現実を何も変革することはできない。日本と朝鮮半島（しかも南と北）を〝我がこと〟と捉える在日コリアンだからこそ生じるこの苦悩。しかし、この苦悩を超えなければ私たちの希求する平和の未来には到達できないだろう。さらに言えば、国家間関係・国家体制・歴史的経緯・人権問題が複雑に絡むこのような問題は世界中に数多く存在していることから、私たちにとってこの苦悩の解決は、人類史においても大きな歴史的財産となるに違いない。したがって私たちは今、ただ苦しみを受忍しているのではなく、次に進むためには回避できない苦悩の中にいるのである。

私は私なりにその苦悩を解くための実践を積み重ねてきた。このコラムでは、私が以前に実施したワークショップの結果を報告し、そこから「北朝鮮問題」をどう捉えるべきかについて一つのサンプルを提示してみたい。

北朝鮮のイメージを、韓国を通じて客観化する

この数年間の動きだけを見ると、日本の対北朝鮮イメージは最悪で絶対的に固定化され、日朝関係はどこにも出口が見出せない感すらある。しかしそれをもう少し長いスパンで眺めてみたならば、両国関係の改善に向けてもっと冷静な視点を私たちは手にすることができるように思う。それを例証する一事例を紹介したい。

以前「韓国と北朝鮮のイメージ」と題したワークショップを実施したことがある。参加者は約五〇名、そのほとんどは日本人で在日コリアンが数名、年齢層は一〇代から七〇代に及び、男女比率もほぼ半々という構成であった。ワークショップではまず、参加者全員に今（ワークショップを開催したのは二〇〇四年一月）の北朝鮮と韓国に対して持っている率直

なイメージを無記名で書いてもらった。出てきた言葉全部をまとめ分類したものが表１（次頁）である。

北朝鮮に対するイメージを見ると、自由がない、軍事、独裁、飢餓、貧困等と、ほとんどが否定的なものであることは一目瞭然である。イメージを書くよう依頼したにもかかわらず、北朝鮮に対する注文・要求がいくつか見られることも特徴的である。一方韓国に対するイメージを見ると、北朝鮮に対するイメージとは大きく異なり、肯定的なものが多くを占める。北朝鮮のイメージとセットで書いてもらったため、民主化や対北関係といった分類の言葉が比較的よく出ているが、もっとも多い分類は生活・大衆文化である。当時はまだ韓流ブームが席巻する直前であったが、二〇〇二年サッカーＷ杯日韓共催という大イベントをきっかけに進んだ日韓交流の影響がよく表れているのだろう。

この結果に如実に表れている一般法則がある。それは、国家間関係が良好な国、イメージの良い国の場合には文化面での回答が多く、逆に悪い国の場合は政治面での回答が多くなるという傾向である。たとえばフランスに対するイメージを尋ねた場合に、料理や観光名所、有名人物などが出てくることが想像されるが、核保有国や移民差別といった回答が出てくる可能性は、それに関連した話をどこかで聞きかじったか、あるいは常時そのことに関心を持っている人でない限りほとんどないだろう。逆にイラクについて尋ねた場合、イラクの料理や観光名所が出てくるであろうか。おそらくそうはならず、占領や紛争、テロといった単語が多数を占めると予想できることに異議はないだろう。

衣料品不足
緊急支援
脱北者 (2)
国民が苦しめられている

【特有の事象】
作り笑顔
マスゲーム (2)
喜び組・美女軍団 (3)

【日本との関係】
拉致問題
遠い
日本の意見を受け入れない

【注文・要求】
北の宣伝に乗るな、青年よ
近くて遠い国
市民にやさしくしてくれ！
①クーデターが起きて金正日を死刑にする（ルーマニアの様に)、②そうでなければ（このまま放置すれば）北はつぶれる、③そのため北を援助しない

【その他】
寒い (2)
くもり
全く話にならないクレージーな国
万歳
いじめられっ子
綾羅島*
統一国家
わからない

豊か、自由、温和
勢いがある (2)
頑張っている (2)
貧富の差が日本より少ない

【人びとの気質・市民社会の特徴】
日本人よりまじめ
男らしい、正義心がある、強い、熱い
若者のパワー
儒教
気の強い、理屈っぽいイメージ
感情の激しい国民性
未来のことを考える若者が多い
平和の運動が元気

【日本との関係】
友好国
近い国 (3)
日本との文化交流がさかん
ワールドカップ日韓共催
日本とあまり変わらない
昔のことは忘れ日本ともっと接するべき
残念ながら日本人に「うらみ」がある

【対北関係】
北朝鮮との関係で微妙な立場？
受け入れているのに北だけわけわからない
北は信用できない、同ホウと思うな
北（朝鮮）に対して弱い
①北と統一すれば韓国民は莫大な税金を取られるので放置する、②北を援助しない

【その他】
晴れ
悩める子羊
銀行 ATM の指紋
韓国は普通

注：（　）内の数字は、回答者数。分類上の小見出しは筆者作成。
＊綾羅島は平壌の中心部を流れる大同江（テドンガン）の中州。15万人収容できる競技場などがある。

表１　現在の北朝鮮と韓国に対するイメージ（2004年１月実施）

北朝鮮	韓　国
【生活・大衆文化】 冷麺（2） **【教育】** 英才教育 **【民主化】** 自由がない（2） 意見が自由に言えない 国民の情報不足（2） メディア操作 情報操作されている 外部と閉ざされた国 キタ朝鮮は殻にこもっている **【軍事】** テポドン 軍国主義 軍事に力を入れすぎ 核保持国 好戦的 **【国家体制・政治】** 独裁（者・国家）（6） 金正日（2） 金書記の都合主義 金正日王国 金日成 工作員 計画社会主義が崩壊した国 帝国主義（過去の日本の誤りを…と心配する） 政治的なことで大変そう アメリカにいじめられてかわいそう 拘束、恐怖 プロパガンダ **【経済】** 飢餓（5） 貧困（6）	**【生活・大衆文化】** キムチ（4） 食事がおいしい（2） 焼肉（3） オンドル アカスリ 観光地（3） 買い物 商品が豊富で安い サッカーが盛り上がっている（2） 女性がキレイ（3） 美容整形が安い テレビドラマが日本で人気 **【教育】** 受験戦争（2） 教育が盛ん、子どもの受験・通学のため引っ越したりしている **【民主化】** 解放的 民主化（2） 民主国家 民主化のパワー 民主化が定着した 民主的な選挙によって選ばれた大統領、議員によって運営されている 光州 **【国家体制・政治】** 自由主義 アメリカにたよりすぎ まだ規則のある国 開放されつつある国 **【経済】** 経済発展、国力が伸びている（2） 工業先進国 IT 先進国（2）

韓国のイメージとしてもっとも多く出てきた「キムチ」は、北朝鮮の食品でもある（地域の違いによって味付けの違いはあるが）。しかし北朝鮮のイメージの回答には一つもなかった。この違いは何なのか（ちなみに北朝鮮のイメージの回答にある「冷麺」は、韓国でも「平壌冷麺」「咸興《ハムフン》冷麺」（咸興は咸鏡南道の道都）という食堂の看板をよく見かけるほどに有名な北朝鮮料理の一つである）。

論理の単純化かもしれないが、ある国のイメージを形づくるのにその文化面での特徴が大きな役割を果たしていることはやはり間違いない。今の日本のマスメディアから形づくられる北朝鮮のイメージは政治に関連するものがすべてであると言ってもよく、そこに住む人びとの生活や風習についても政治体制や国際関係の有様を表す材料として演出されるのみで、隣国を知る手がかりとしてありのまま報道されることは皆無に近い。このイメージづくりの歪みにまず市民社会が気づく必要があるだろう。

ワークショップにおいてはこのことに触れた後、もう一つの質問を実施した。今から三〇～四〇年前、つまり一九六〇～七〇年代における北朝鮮と韓国に対するイメージを聞いたのである。その時期を知る年配の方々のみの意見になるが、その回答結果が表2である。

三〇～四〇年前の北朝鮮に対するイメージの回答結果をみると、現在の北朝鮮のイメージと変わらない単語もみられるが、これらは現在のイメージの投影として出てきた可能性も考えられる。また「成功」や「豊かな」など現在のイメージにはみられなかった肯定的表現の回答もわずかながら存在する。一方韓国を見ると、自由がない、独裁、軍国主義、貧困…と、

表２　30～40年前（1960～70年代）の北朝鮮と韓国に対するイメージ

（2004年１月実施）

北朝鮮	韓　国
【民主化】 秘密主義 今よりもっと閉ざされていた?? 閉鎖 スパイ活動 **【国家体制・政治】** 軍事独裁国家 金日成（4） 独裁（4） 千里馬運動（2）* 社会主義建設 **【経済】** 社会主義が成功した国 医・教育がタダ 北は当時韓国より社会主義により進んでいた 経済的に今よりも豊かなイメージ 貧富の差がない 経済成長５％以上 金日成ががんばっていた 地上の楽園 理想郷 **【日本との関係】** 帰国事業（2）（理想の国として帰国した人がたくさんいた） 北鮮の虎 **【対南関係】** 38度線 南北に別れた家族の悲しみ **【その他】** 朝鮮大学校 今よりも普通な国 あまり意識してなかった	**【民主化】** 人殺しの国、光州事件 発言の自由がない 弾圧 金大中拉致事件（2） 学生運動の始まり 暴動、革命運動（2） スパイ活動 **【軍事】** 核を持とうとしていた **【国家体制・政治】** アメリカ アメリカの傀儡国家・属国（2） 軍事独裁（3） 独裁（4） 軍国主義（3） 朴正熙（3） KCIA（韓国中央情報部） **【経済】** 田舎 貧困（3）（朝鮮動乱後の貧しさが続いていた、山はハゲ山であった） 発展途上（3） **【日本との関係】** 国交がない 日本の文化を遮断 抗日的 日本に対して厳しい国（多少しつこすぎるほど） **【その他】** 今よりメッチャコワイ 暗いイメージ

注：表現は記載された字のまま。（　）内の数字は、回答者数。分類上の小見出しは筆者作成。
　＊「千里馬」とは一日に千里を走る伝説上の馬。1956年朝鮮労働党が提唱した復興のスローガン。

現在の北朝鮮のイメージとして頻出する表現が重なっている。この結果だけから判断すると、三〇~四〇年前の北朝鮮と韓国を比較するならば韓国の方が悪いイメージであったことが見てとれる。

この三〇~四〇年における韓国のイメージの変化に注目したい。その理由として「韓国が良い国になった」という点を挙げる人が多い。それも間違いなくあるだろう。三〇~四〇年前の韓国は軍部出身者が政権を握り民衆弾圧が激しかった時期であり、また経済は日本との格差が今よりもずっと大きかった。現在の韓国は制度的民主主義が定着し市民社会運動が活発で、また経済発展を遂げ、日本との間で大衆文化の近似性を深めている。しかし、それだけではない。

韓国に対するイメージが変化したもう一つの大きな理由は、日韓の間で人の相互往来が可能となり、それにとどまらず物や情報の相互交流も盛んになったからである。ワークショップに参加した年配の人たちに、韓国のイメージが変化したのはいつ頃かと尋ねると、その多くが一九八八年のソウルオリンピックの頃だと答えている。ソウルオリンピックは経済発展を歩む韓国の象徴的なエポックとして捉えられているようだ。また韓国においてはその前年に大統領の直接選挙制が復活しているが、同じ年の出来事としてもう一つ見逃すことができないのは、海外旅行が自由化されたことである。韓国から日本への旅行客数はそれまで二〇万人台を推移していたが、八八年から急上昇のカーブを描き始め、八九年に五〇万人を突破、九〇年代中盤の横ばいの時期を経て、二〇〇〇年には一〇〇万人を突破し著しい急増傾向に入っている（二〇〇五年は一七五万人）。日本から韓国への旅行者数もほぼ同じ曲線を描くかたちで増加してきた（二〇〇五年は二四四万人）。

先ほど国家間関係の良好度とイメージとの関係について述べたが、現在の日本人が日韓関係に対して抱く肯定的な評価は、韓国の政治的成熟や日韓外交の活発化といった政治面に帰することよりも、人や物、情報の往来による両国間の文化面での相互認識が深化したためだと考える方が自然であろう。政治面においてはむしろ、「昔のことは忘れ日本ともっと接するべき」「残念ながら日本人に「うらみ」がある」といった回答にみられるように、過去の日本の植民地支配に対する責任問題や竹島＝独島《トクト》の領土問題等が存在することで、否定的なイメージを未だ形成・温存する原因として作用していると言える。

このワークショップの結果から明らかになった一番のポイントは、ある国家に対するイメージは国家間関係の状況に左右されるということであり、したがって北朝鮮に対するイメージも日本と北朝鮮との関係性の中で形成されているということである。ならば、いま最悪で変わりがないように見える北朝鮮のイメージもまた、今後の両国間の関係性を通じて変化し得るということではないか。小田川興は「日本は一九六五年に結んだ日韓基本条約に基づいて、もっぱら韓国との関係を深めてきた反面、北朝鮮とは「白紙」（同年一〇月、衆院日韓条約特別委員会で佐藤首相）の関係を通してきた」と述べている（『日朝交渉――課題と展望』岩波書店、二〇〇三）。北朝鮮に対する否定的なイメージは当初から形成されていたものではなく、一九六〇年代の「無」（白紙）、「無知」、「無関心」から出発し、日朝国交正常化交渉の始まる九〇年代頃から形成され始め、第一次の北朝鮮核開発疑惑（九〇年代前半）を経て、テポドン発射（一九九八年）や日本人拉致問題が本格的に取り沙汰される九〇年代終盤から急速に強まり、北朝鮮政府が日本人拉致を認めた二〇〇二年に決定的となったといえるだろう。イメージは悪化の一途ではあるが、北朝鮮への関心度でいえば、当初の「無」から徐々に「有」へと変化してきたことは確かである。

関係改善を考える糸口

現在の日朝関係の改善を考える糸口は何か。日韓関係の歴史を参照すれば、おのずと一つの鍵が見えてくる。ワークショップの最後に「日朝間でこれからすべきことは何か」という質問を行った。その回答が**表3**である。北朝鮮側に変化を求める意見もあるが、それよりも日本と北朝鮮の間の関係改善を求めて民間レベルの直接交流や国交回復を求める意見の方が多く出た。もちろん後者の回答者は、現在の北朝鮮のイメージに関する先の回答ではそのほとんどがネガティブな単語を挙げた人たちである。

いま北朝鮮との関係を捉える際には、核やミサイル、拉致といった問題を避けて通ることは当然できない。しかし北朝鮮という国家全体に対するイメージをそれらのみから構成することは適当だろうか。関係を改善するための鍵を相手側の事象のみに帰するのはやはり独善的で正しい判断とはいえない。そのことをよく表しているのが日韓関係の歴史である。

一九四五年日本の敗戦により朝鮮半島は植民地支配から解放され、日本は占領下に置かれ

表３　「日朝間でこれからすべきことは何か」に対する回答結果

（2004年１月実施）

・日朝（KOREA・JAPAN）友好を結べば良い
・直接取材に行く人が増えること
・直接会う
・民間交流、人と人との交流 (6)
・お互いを知り合う友好ツアーを頻繁に行う
・文化的交流
・自由な行き来 (3)
・政治家だけでなく民衆の顔の見える情報の交流ができること
・姉妹都市をいっぱいつくる
・国交回復 (3)
・韓国も含め３国で交流を持つ
・いろんな情報が知られるように報道の規制をなくしていく
・国際的な食糧援助をOPENすることで情報を得たい
・日本人が歴史を知ること
・戦後補償が第一。日本が非を認めない限りにおいてすべての友好はありえない
・戦後の謝罪・補償と拉致問題が解決し、正常な国交が再開、民間交流が韓国とのようにできるようになること
・まず国交が回復して、拉致も戦後補償も解決して、ビジネスや旅行ができるようになるべき
・北朝鮮も日本も今まで悪い行いをしたことに再度謝罪して、ぐちぐち文句は言わず、これからの世代にうらみを受け継いでいかないで、仲良くしていってほしい
・日本も北も情報操作をやめる。正しい知識を与えてくれることが大事
・北と南が統一し政治が一つになる
・拉致問題の解決 (2)
・金正日体制の交代・崩壊 (2)
・トップ交代
・体制の変化
・核廃止
・北朝鮮そのものが常識ある国になってはじめて

注：（　）内の数字は、回答者数。

た。その時点で日本と朝鮮半島との関係はリセットされ、再構成を開始しなければならない状況となった。そして米国の斡旋の下、日本は南側の韓国との間でのみ国交正常化交渉を開始し、五一年の日韓予備会談から一四年の歳月をかけ、六五年にようやく日韓基本条約を締結することができた。ただし、植民地支配の合法-非合法性と賠償に対する両国の認識が不一致のままで条約締結がなされたため、そのことが韓国・在日コリアンの戦後補償問題を今日まで積み残す大きな原因の一つとなった。その点で国交正常化交渉の過程と合意内容はそれ自体大変大きな問題を残したといえるが、国交正常化がなければ今の日韓関係が存立し得なかったことも否定できない事実である。

日韓関係の歴史が示していること、それは、両国間に意見の不一致があるから国交正常化を行わないとするスタンスは問題を凍結するだけで一歩の前進にもならないということ、そして交渉が存在しなければ両国間の意見の相違すら明らかにはならないということである。日本と北朝鮮の関係を考えるとき、これ以上参考になる歴史的教訓はないだろう。表3の回答結果は、私たちが歴史を冷静に振り返ろうとするプロセスを踏むならば、日朝関係にとっても共通理解は十分可能であることを示してくれているようで、冒頭で述べた苦悩に対して小さな希望を感じさせるものがある。

糸口をつくりだす営みを

民間レベルでの直接交流が必要だといっても、そもそも日朝間ではそれを実施すること自体が無理だと言う人も多いだろう。たしかに現在北朝鮮との間で自由往来はできない。しかしこちら側がそれを志せば直接訪問・交流も十分可能である。このことはすでに多くの実践例が示している。

北朝鮮への人道支援活動がその典型例である。本書コラム２で紹介しているように、人道支援活動やその関連活動で北朝鮮を訪問する例は少なくなく、そこでは、直接出会い、対話を積み重ねることでつくりあげた信頼関係によって互いの変化を促し合い、以前なら困難、不可能と考えられていたことを一つひとつ可能にしてきている。また、大規模な民間直接交流でいえば、国際交流ＮＧＯ「ピースボート」が一九九一年から二〇〇二年にかけて五回にわたり、数百名規模で北朝鮮を訪問するクルーズを実施している。

これらの活動に対し、「それが実現できるのは、北朝鮮の言いなりでいるからだ」という非難も聞かれる。しかしこれは事実を踏まえない発言である。実際に活動を準備した過程を聞けばそうでないことは明らかである（このような非難は北朝鮮に関する言説にありがちな、何の根拠もない勝手な憶測があたかも事実のように語られる典型例であろう）。

たしかに北朝鮮との民間交流においては、意図することが何でも自由にできるわけではない。多くの制約が付されていることは事実である。しかしこれは逆の場合でも大差ない。日本で開催される民間主催行事に北朝鮮の民間人が訪問する場合、日本政府も多くの注文をつけている（二〇〇六年の制裁発動後は訪問自体さえ認定されないケースが続いている）。これが国交のない関係性というものを反映した状況なのである。だからこそ、この不自由さは

北朝鮮・金剛山で開催された「南北海外青年学生統一大会」(2002年10月13日)。

交流の積み重ねによって解消するしかないのである。

民間レベルの直接交流という面でも韓国の実践は大変参考になる。二〇〇〇年六月一三～一五日に史上初の南北首脳会談が実現した後、南北間の交流は政府・企業レベルにとどまらず民間レベルでも大いに進んだ。二〇〇一年に平壌で「民族統一大祝典」が開催されたのを皮切りに、その時々の政治状況に左右されながらも毎年数回(現在は六月一五日と八月一五日の二回)大規模な統一行事が南北で交互に開催され、数百人規模の人びとが南北を往来している。また労働者・女性・青年学生といった分野別の交流実践も行われている。

北朝鮮による二〇〇六年のミサイル

発射と核実験はこれら民間交流事業の推進にも大きな影を落としたが、それでも南北間のこの流れはもはや簡単に消し去ることはできないまでに成長してきている。

南北の民間交流事業には私も数回参加し、北朝鮮の人びとと直接話をする機会を持つことができた。二〇〇二年一〇月に開催された「六・一五共同宣言貫徹と民族の未来のための南北海外青年学生統一大会」のときには金剛山（北朝鮮南東部の名勝地）を訪れた。北朝鮮に住む同年代の青年たちと対話ができたことは、民間直接交流に対する私の考えに具体的な色彩を加えることにつながった。それまでは「出会うことが大切」としか言えず、観念的なレベルにとどまっていたものが、実際に出会うことによってその大切さを体で実感し、挑むべき自分の課題も具体的に見えてきたのである。この統一大会に参加した後、私は次のような文章を認めた。

「私たち海外同胞はどのような役割を果たすべきか？　今回思い当たった一つが、「違うこと」に対して在日同胞が持ってきた視覚である。日本という異文化の中で長年暮らす中で、自己の存在を大切にしながら他者と共に生きる＝「共生」するという経験を在日同胞は少なからずしてきたはずだ。その経験は南北の和解、そして開かれた統一コリアの実現において必ず価値を発揮する」。

書かれた内容は特段新しいものではないだろう。しかしそれは、私にとっては実際の現場を通じて獲得した皮膚感覚であり、その後の私の思考や行動を方向付ける羅針盤の役割を果たしている。おそらくこうした感覚を獲得することが、民間直接交流の持つリアルな価値といえるのかもしれない。

〝出会い・交流・対話・学びのテーブル〟をめざして日本、在日コリアン、韓国の青年たちが集う「〈日本‐在日‐韓国〉ユースフォーラム」という相互交流事業がある。この取り組みに私は一九九七年より一〇年間関わってきた。互いの共通性、あるいはそれ以上に差異を知ることがより深い関係性を築き上げるためには重要なのだということを体験的に学んできた。この感覚は先ほどの南北海外青年学生統一大会で得たものとまさしく相通ずるものである。日韓間では、一九七〇年代から韓国の民主化運動に対する支援をはじめとする日韓連帯運動が行われてきた。そして両国間の市民交流や協同的な市民運動が急速に拡大し始めるのは九〇年代、とくにその後半に入ってからである。その背景には韓国側の民主化の進展や課題別市民運動の隆盛といった大きな動きを見てとることができる。それ以降、戦後補償や環境、人権、平和といった分野での共同実践も活発に行われるようになっている。

着目すべきは、この十数年間の変化によってようやく日本と南北朝鮮は、三つの個別関係（日韓・日朝・南北）すべてにおいて、民間・市民レベルでの直接交流が実践される段階に入ったということである。もちろん三者が共に集う場を実現するには、まだまだなすべきことはたくさんある。言うまでもなく、日韓間、南北間に比べて日朝間のパイプは極端に細い。まずはそこを太くしなければならない。そうすれば、確実にこの地域の情勢は良き方向に流れ、三者はその流れに乗って合流するだろう。

最後に、日本と朝鮮半島の関係性の中で北朝鮮を捉えるとき、もう一つ大変重要なこととして私が考える原則について触れておきたい。それは〈自らの国家・社会に第一の責任を持つこと〉という原則である。つまり、日本人は日本政府・社会に、韓国人は韓国政府・社会に、そして在日コリアンは在日コリアン社会に第一義の責任を持つということである。

私たちが解決しなければならない問題は、まずは自らが所属する国家・社会の中で生起している問題ではないのか。相手側の問題や非だけを指摘し、その責任を相手側だけに帰するといったスタンスを「国益」や「私たちの利益」という言葉で正当化している論調が、国際社会、地域社会を問わず最近強まっているように感じられる。しかし、こうしたスタンスのとり方は往々にして合理性を欠いた一方的な論理を伴うものであるから、相手側は当然これに反発するだろう。そしてその相手も同じ論理で応じるならば、ますます相互理解や合意から遠ざかり、最終的には力関係が働いて、どちらかが苦境に追い込まれることは明らかだ。日本と北朝鮮の関係は、残念ながらそれをもっとも見事に表している例であろう。〈自らの国家・社会に第一の責任を持つこと〉という原則は、外交だけでなく、日本人と在日コリアン、あるいは日本と朝鮮半島の人びととの間の信頼関係をつくる上でもとても大事なことではないかと、この間日々の生活の中で痛感している。

地球環境問題の取り組みから生まれた「Think Globally, Act locally（地球規模で考え、地域で行動する）」という言葉は有名である。〈自らの国家・社会に第一の責任を持つこと〉という原則もまさに同様で、他の国や社会と良好な関係を築くには、その国や社会のことをきちんと理解し、相互のトータルな関係性を視野に入れた上で、まずは足元における自らの国や社会の責任性を明確にしながら行動することが大切である。私もまた、在日コリアン社会に対して第一の責任を持ち、私と日本、そして私と朝鮮半島との関係性の中で「北朝鮮問題」を捉えていくつもりである。

第3章 北朝鮮との向き合い方——「内在的接近」をめぐって

宋勝哉

はじめに——「悪事を働き、裏切る信用できない」北朝鮮？

二〇〇七年二月一三日、北朝鮮核問題をめぐる六カ国協議で合意文書が採択された。合意文書では、（1）朝鮮民主主義人民共和国（北朝鮮）が核放棄に向けた「初期段階の措置」として寧辺の核関連施設を停止・封印し、国際原子力機関（ＩＡＥＡ）の査察官を復帰させる代替として、他の五カ国は重油五万トン相当のエネルギー支援を行う、（2）次の措置として、北朝鮮が核施設を「無能力化」すれば、九五万トンが追加支援され、（3）米国は北朝鮮に対する「テロ支援国家」指定解除と、対敵国通商法の適用終了への作業を始める、（4）五つの作業部会（朝鮮半島の非核化、米朝国交正常化、日朝国交正常化、経済・エネルギー支援、北東アジアの平和・安全のメカニズム）を設置する、などが定められた。

翌日、日本の全国紙は六カ国協議の合意について社説で見解を表明した。朝日新聞は、「国際社会は北朝鮮の約束に何回も裏切られてきた。今回の合意も、このまま実現すると見るのは楽観的に過ぎるかも知れない」としながらも、合意そのものには歓迎する姿勢を示した。毎日新聞は、「六カ国協議、実行するまで信用するな」との題名の下、「核実験を行った北朝鮮に核放棄を迫る第一歩がこの文書である。だが、一九九四年の米朝枠組み合意は失敗に終わった。その苦い教訓を踏まえ、北朝鮮が核を放棄する最後の日まで警戒心を緩めることはできない」と述べた。最も保守的な論調をとることが多い産経新聞は、「一三日の合意は当面の危険を除去する必要からやむをえない面もあったが、結局は北朝鮮が意図的に作り出した核実験を含む「悪事」に対し、五カ国が見返りを与える不条理な図式がまかり通った。遺憾である」と述べた。

私がここで問いたいのは、各紙の社説という客観性を踏まえた主観を表明する場で、主観を表す言葉に、おどろおどろしい単語が使われていることをどう考えるのかということである。つまり、朝日新聞では「裏切り」という言葉、毎日新聞では「信用するな」という表現、産経新聞では「悪事」という言葉がそれである。これらをつなげると「悪事を働き、裏切る信用できない」というフレーズが出来上がるが、これは日本に住んでいる人びとが北朝鮮に抱く一般的イメージと言えるのではないだろうか。この「悪事を働き、裏切る信用できない」北朝鮮というイメージは、北朝鮮の身から出た錆だと大多数の人が思うかもしれない。もちろんその側面があることは否定できない。しかし、それだけで片付けられるほど事実は単純ではない。

一九九四年の枠組み合意など核問題に関するこれまでの合意は、すべて北朝鮮が率先して反故にしてきたという考え方が、日本では一般的である。しかし、九四年の米朝枠組み合意で合意された重油や軽水炉などが北朝鮮に提供されず、北朝鮮側からすれば、米国に裏切られたと受け止められている。そして、この分析・評価は全く根拠のない考え方だと一蹴することは難しい。にもかかわらず、日本では「日本や米国の立場が疑いなく正しく、北朝鮮の立場は疑いなく間違っている」ことが前提のようになっている。北朝鮮の主張の背景を探ろうとする人びとはごく少数のようだ。つまり、北朝鮮に対する一種の「思考停止状態」に陥っているのである。その「思考停止状態」を正当化するのが、「悪事を働き、裏切る信用できない」北朝鮮というイメージなのである。

このような日本の北朝鮮への見方について批判的に捉えるために、本章では韓国で提唱されている北朝鮮への「内在的接近」、そしてその批判から生まれた「内在的・批判的接近」を紹介する。そして、その概念が韓国で提唱されるにいたる背景とその受容度について述べた後に、在日コリアン社会や日本社会におけるその受容について検討する。最後に、韓国での北朝鮮への接近方法の現状から、何を学ぶべきなのかについても検討する。

一　韓国社会における北朝鮮への「内在的接近」

宋斗律による定式化

北朝鮮への「内在的接近」という考え方は、ドイツ在住の韓国人哲学者宋斗律《ソン・ドゥユル》によって提唱された。宋斗律は、社会主義研究方法の変化と成果を土台にして、北朝鮮研究において要求される接近法について、「内在的接近」を主張している。

宋斗律は、一九四四年に東京で生まれた。ソウル大学を卒業後、西ドイツに留学し、七二年に西ドイツのフランクフルト大学で博士号を取得する。宋斗律の青春時代は、韓国では朴正熙《パク・チョンヒ》軍事独裁政権の時代であった。朴正熙軍事独裁政権に反対する民主化運動は韓国国内でも行われたが、表現や政治活動の自由が極度に制限された軍事独裁政権の下では、韓国国外での民主化運動が大きな力となった。韓国国外での民主化運動の拠点となったのは、アジアでは日本であり、ヨーロッパでは西ドイツであった。宋斗律はその西ドイツで学び、学位を取るにいたる。そして、在ドイツ民主社会建設協議会の初代議長につき、韓国民主化運動を展開する。その後、九一年には北朝鮮の社会科学院の招請により訪朝、九四年には、北朝鮮の国家主席金日成の死去に際し、弔問のため北朝鮮を訪朝する。そうした活動の結果、宋斗律は韓国の反共法である国家保安法により処罰の対象となる。韓国が民主化され、二〇〇三年に三六年ぶりに韓国へ帰国するが、そのまま国家保安法容疑で捕まり、二〇〇四年に一部有罪となり、執行猶予判決を受けるにいたる。

宋斗律は、自らの立場を「境界のどちら側にも所属せず、境界線の上に立ち、共に生きる道を探しながらさまよう」存在、すなわち、「境界人」と規定する。韓国で生まれながら、ドイツに住むという経験を通じた宋斗律の「境界人」としての立場が、「内在的接近」を提起させるに至ったのであろう。

ここでは、宋斗律（송두율）の『歴史は終わったのか 역사는 끝났는가』（당대총서、一九九五）か

らその論を整理する。

社会主義分析における基本的な枠組みとしてまず、「全体主義理論」を挙げることができる。この理論は、社会主義体制とファシズム体制を同一の全体主義概念に包摂し、全体主義独裁の特徴を以下の六点、すなわち①単一イデオロギーの支配、②単一の独裁政党支配、③秘密警察、④権力による情報の独占、⑤権力による武器の独占、⑥中央統制経済、に整理している。しかし、宋斗律によると、この「全体主義理論」の分析視角は、民主主義（市民的資本主義）をまず絶対的な価値体系として設定し、社会主義をこれに対立する絶対悪として二分化するそのイデオロギー性の強さについて問題性が指摘されている。また、以上六点の特徴は、いわゆる開発独裁国家にも共有される特徴であるという問題点も指摘されている。

さて、社会主義における第二の分析枠組みとして宋斗律は、「産業社会論」を検討する。宋斗律によれば、この考え方は、産業化が進むに従って政治的イデオロギーの対立は徐々に解消され、二つの体制がお互いに接近ないし収斂するものと主張する考え方であり、この方法による分析は、経済、科学技術を重視し、資本主義と社会主義間の体制比較をその重点的課題とする。

宋斗律はこれら二つの方法論とも、結局、社会主義を「外」から眺めるものであると批判する。この場合の「外」というのは、「先験的な態度」であると規定される。このように社会主義を「外」から眺めるのではなく、社会主義の理念と現実を「中」から、すなわち「内在的に」分析、批判し、社会主義社会が資本主義社会とは異なる理念と政策の上に存在するということを認定し、この社会主義社会の成果を、その社会がすでに設定している理念と照らし、検討批判しようとする考え方を提唱する。この考え方を「内在的接近」と言う。そして、この考え方を北朝鮮分析にも適用するべきであると主張する（以上、宋斗律、同右書）。

「内在的接近」を用いた宋斗律による北朝鮮の分析は、北朝鮮が社会主義の一般的発展論理が強く貫徹する社会主義体制であるという事実を重視しながらも、北朝鮮の指導思想である「主体（チュチェ）思想」が形成された特殊な歴史的条件や、この思想が北朝鮮に及ぼしている絶対的な影響力という観点から客観的に眺めることを勧めている。たとえば、派閥闘争や粛清に対する認識も、北朝鮮社会主義体制が一つの強固な指導集団を持つにいたる過程で展開された政策論争、反宗派闘争、権力闘争などの多様な要素によって結合した必然的な発展経路として見ることを提案する。また、社会主義的国際分業を要求するソ連の圧力に抗し、中ソ紛争と文化大革命という時代情勢の中で守ってきた自主路線についても正当に評価することを求めている。

韓国における「内面化された反共意識」とその克服過程

それでは次に、北朝鮮への「内在的接近」という考え方が、韓国で提唱され、受容されるにいたる背景について考えてみたい。

一九四五年に日本の植民地支配から朝鮮は解放されるが、姜尚中《カン・サンジュン》も指摘するように、日本の敗戦が八月一五日まで延びたために、朝鮮は米ソ両国によって分割占領されることとなる（『日朝関係の克服』（集英社、二〇〇三）。四六年二月以降は、明らかに朝鮮の分断を固定化する方向へと米ソ両国は動き始める。こうした状況の中で、米国は南側地域のみの単独政府樹立方針を確定し、四八年五月に南

朝鮮戦争の影響で寸断された線路とさびた列車。1998年、韓国の江原道鉄原にて。

側地域のみの単独選挙が実施される。そして、同年八月一五日に大韓民国（韓国）が建国、北側地域では同年九月九日に朝鮮民主主義人民共和国（北朝鮮）が建国する。ここに朝鮮半島に二つの国家が出来上がった。

二つの国家はそれぞれ、「米軍を撤退させ、李承晩政権を打倒することによる統一」（北朝鮮）／「北進統一」（韓国）を唱えることで対立を深めていき、一九五〇年六月二五日には、朝鮮戦争が勃発した。朝鮮戦争は、数百万ともいわれる犠牲者、一千万の離散家族を生み出した。韓国では、李承晩《イ・スンマン》政権の脆弱な政治基盤が徐々に強化され、朝鮮戦争前に存在した多様な政治勢力が抹殺された。「結果として、南では強烈な反共主義が韓国社会を支配」（姜尚中、同右書）することとなった。この強烈な反共主義は、韓国に住む人びとの中に内面化され、人の人生まで大きく左右するようになった。

韓国における反共主義はすでに朝鮮戦争前から徐々に形成され始めていた。一九四八年に実施された南側地域による単独選挙に対しては、朝鮮全域で、それが分断を固定化するものであると反対する運動が盛り上がる。代表的なものが、同年の済州島四・三事件である。この事件は、南側地域のみの単独選挙に反対し、済州島で勃発した武装蜂起である。これを武力鎮圧する過程で、当時の済州島の人口の一割に相当する三万人が犠牲となった。そして、この事件の首謀者は「共産暴徒」であるとの烙印が押されてきた。

文京洙《ムン・ギョンス》が『韓国現代史』（岩波書店、二〇〇五）で指摘しているように、済州島四・三事件は済州島民の昔ながらの気風を徹底的に打ちのめし、彼／彼女らの政治や社会に向き合う姿勢を大きく変えた。済州島四・三事件以降の済州島では、誰もが「アカ」の悪霊から自由ではなかった。そして、両親が

罪もなく犠牲になった被害者でもそれが討伐隊の手で殺害された場合には、「暴徒」の家族として子々孫々日陰者扱いをされた。この不条理から逃れるために、被害者の家族の中には、反共団体に身を投じたりする者もいた。

> 民主化以前の韓国では、反共を国是とする一糸乱れぬ「国民」化こそが至上命題であった。済州島では、四・三事件という、そういう「国民」化の軌道からすればこれ以上ない、逸脱の記憶が深い負い目となって人々の自我や情緒を圧し続けてきた。そして、済州島出身者は己の中の済州島的なものを徹底的に根絶しなければならなかったのである。（文京洙、同右書）

済州島の例にも見られるように、国際的な冷戦体制や朝鮮半島の南北分断は、韓国に住む人びとの中に「内面化された反共意識」を作り出した。この反共意識は、「開発」というイデオロギーと共鳴しつつ、朴正煕、全斗煥《チョン・ドゥファン》、盧泰愚《ノ・テウ》と三代に亘る軍事独裁政権の存立基盤となった。

三代に亘る軍事独裁政権に対して、民主化を求める韓国の運動は常に繰り広げられてきた。そして、この民主化運動が結実し、政治的民主化が実現され、韓国に住む人びとの中にある「内面化された反共意識」が変わり始める。特に一九八〇年の光州民衆抗争がそのターニングポイントとなった。

一九八〇年五月一七日、全斗煥を中心とした新軍部が戒厳令を発令し、政権を掌握する。それに対して光州の市民が立ち上がり、空挺部隊との間で攻防が繰り広げられた。この過程で、一六〇〇人以上の市民が犠牲となった。この時米国は、空挺部隊の投入を容認した。

光州民衆抗争を経て、支配勢力に対する韓国社会の認識が深化することとなる。一九八五年に韓国の学生運動組織である全国学生総連合が総括したように、一九七〇年代に広範囲に存在した外交論的発想（つまり米国に頼るという発想）が払拭され、米国はその標榜する自由民主主義の理念とは相容れない政権に対してであっても、自らの国家利益を保障してくれる体制である限り、それを支援するということがはっきりし、米国と韓国軍事独裁政権との間には、葛藤よりも利害の共有という側面のほうがより大きく浮き彫りにされた。ここで、七〇年代の「反独裁民主化運動」から八〇年の光州民衆抗争を経て、「反独裁民主化」と共に「反外勢民族統一運動」の展開が重要な課題として認識されるにいたる。そして、韓国の社会運動では、「反米自主」を旗印とするナショナリズムが台頭し、「反米運動」が本格化する。さらには、そのナショナリズムを共鳴板としながら北朝鮮の文献や思想への接近も進められた。このようにして、「内面化された反共意識」を克服しようとする努力が本格化し始める。

一九八七年六月に「護憲撤廃、独裁打倒」のスローガンの下、一〇〇万人以上の韓国の市民が民主化運動に立ち上がった。結果、大統領直接選挙制を含めた新憲法が制定された（六月民衆抗争）。改憲後の大統領選挙では、野党候補の分裂により、盧泰愚を大統領候補にした与党軍部勢力が再執権に成功する。しかし、六月民衆抗争により勝ち取られた民主化空間は以前に比べて遥かに拡大し、その後、韓国では統一運動が本格的に展開され始める。学生運動では「北朝鮮を正しく知る運動」が展開された。

宋斗律が一九八八年に初めて提唱した北朝鮮に対する「内在的接近」の背景には、このような「内面化された反共意識」を克服しようとする動きが存在したのである。

宋斗律の分析

「内在的接近」の持つ意味について宋斗律は前掲『歴史は終わったのか』において、「北朝鮮社会主義の内在的研究は、今まで私たちの視角を固定させてきたいくつかの偏向を克服しつつ、北朝鮮理解の新たな地平を開きうる」と述べている。このように、「内在的接近」が求められるいちばんの理由は、韓国に存在する北朝鮮に対する固定観念の克服、ひいては韓国に住む人びとの中にある「内面化された反共意識」の克服にあるといえるだろう。

韓国の仁川で開催された「6・15宣言4周年記念　我が民族大会」(2004年)。

宋斗律はまた、『境界人の思索 경계인의 사색』(한겨레신문사、二〇〇二)において、「南北が互いに相手から学ぼうとする精神こそ、私が昔から提起してきた「内在的方法論」の核心だ。北がどのような社会を建設しようとしているのか、まず彼らの目で見て、学ぶ態度が重要だ。同様に、南がどのような社会を建設しようとしているのかまず南の目で見ようとする態度が重要だ」と述べている。

朝鮮半島に存在する「三八度線」という分断線で分けられている他者(南にとっての北、北にとっての南)に対してお互いが不安を感じたり征服をしようとするのではなく、あるいは他者との違いを克服不可能だと絶望するのでもなく、自らの社会への反省や批判をもとに、互いに共存社会を建設していこうとする態度が、「内在的接近」という考え方には表れている。

実際、韓国の民主化の進展の中ではこうした社会建設に向けた努力が着実に進められてきた。二〇〇〇年六月には南北首脳会談が開催され、「六・一五南北共同宣言」が発表された。これにより南北関係は飛躍的な発展を遂げた。民間レベルでの南北の交流運動も積極的に展開されるようになった。姜尚中が言うように、「いわば、「南北関係の克服」が急ピッチで進みつつある」（前掲書）のである。この「南北関係の克服」の歩みと平行して、韓国内の冷戦的な対立状況が生み出したいわば「国内冷戦」の激化に伴うゆがんだ過去の克服へ向けた努力が行われていく。一九九五年から九九年にかけては、「アカによる暴動」とみなされた光州民衆抗争や済州島四・三事件などへの再評価と運動関係者の名誉回復をめざす各種立法が制定された。

「内在的接近」の批判的再構成

ここまで述べてきたような北朝鮮への「内在的接近」は、一方で批判も浴びている。そのうち、建設的な批判について紹介したい。

北朝鮮社会の研究者であり、二〇〇〇年の南北首脳会談にも随行し、韓国の盧武鉉《ノ・ムヒョン》現政権では、国家安全保障会議（NSC）事務次長を経て、統一部長官を務めた李鍾奭《イ・ヂョンソク》（이종석）は、自らの北朝鮮学（북한학）の体系書ともいえる『現代北朝鮮の理解 새로 쓴 현대북한의 이해』（역사비평사、二〇〇〇）において、北朝鮮に対する「内在的・批判的接近」を主張する。彼は自らの「内在的・批判的接近」を宋斗律の主張する「内在的接近」と区別し、宋斗律による「内在的接近」は北朝鮮の論

理に依存しているので、北朝鮮に無批判的に同調し、北朝鮮の体制の肯定的な面のみを強調する傾向があると指摘する。そして、「内在的」理解を前提としつつ、外からの基準による接近も可能であるとし、自らの接近法を「内在的・批判的接近」と名付ける。

北朝鮮の設定した価値を下にして北朝鮮社会に接近していこうという宋斗律の「内在的接近」の考え方は、無分別な反共、反北朝鮮思想に対するアンチテーゼとして大きな意味を持つ。また、北朝鮮という韓国社会にとっての「他者」から学ぶこと、韓国を批判的に見る必要があることを韓国の人びとに認識させるという面でも意味がある。しかし、一方で、北朝鮮に対する批判が弱くなるという傾向があるのは否めない。宋斗律も自らの著書において時に「内在的批判的接近」という言葉を使い、北朝鮮への批判的接近を示唆はするが、彼が実際に分析する北朝鮮は、先にも見たように、その肯定的な側面が主に強調され、その批判されるべき点については暗示されるのみである。

また、「内在的接近」を唱える宋斗律の「境界人」としての立場性に対する社会的な信頼、特に韓国の社会運動圏から寄せられる信頼も大きく揺らいでいる。先に述べたように彼は二〇〇三年ドイツからの帰国と同時に国家保安法容疑で逮捕された。そしてその翌年、彼に対する核心的な「容疑」、すなわち「キム・チョルス」の名前で朝鮮労働党政治局候補委員に選任されたという「反国家団体の幹部またはその他の指導的任務に従事した疑い」については本人の主張通り、無罪判決が出された。しかし、一九七三年の北朝鮮初訪問時、当時の「通過儀礼」（宋斗律）として朝鮮労働党へ入党していたことは事実である（これは二〇〇三年に韓国に帰国した際、本人が認めたもの）。

にもかかわらず注目すべきは、韓国社会、とりわけ韓国の北朝鮮学においては今なお、「内在的接近」の意義が一定の評価を得ているということである。

北朝鮮社会の研究者である金練鉄《キム・ヨンチョル》は、宋斗律が「内在的接近」と言うときの「内在的」とは、英語で言うimmanent、つまり「外在的」に対する「内在的」ではなく、「先験的」に対する「内在的」意味概念としてこれを捉えていることを評価する。一方、李鍾奭は先の『現代北朝鮮の理解』で、「内在的・批判的接近」を、「これまでの北朝鮮研究に欠如していた実事求是〔事実に即して真理・真実を探求すること〕の姿勢を示すものであり、同時に、基礎認識のないまま無分別な理論の導入、一部での無批判的な追従主義とその対称としての盲目的《ママ》な反北主義などに対する反テーゼ」（〔 〕は引用者）として自己評価しているが、これもいわば、観察者による北朝鮮の認識方法の基本的スタンス、出発点を示すものとしての「内在的接近」を評価する見解だとは言えまいか。李鍾奭は自らの北朝鮮への「内在的・批判的接近」を以下のように図式化する。

A．研究対象の現況、内在的論理研究→B．問題点の発見（内在的・外在的あるいは第三の観点からの問題点指摘などすべて可能）→C．北朝鮮の対応追跡→D．対応の限界と展望、課題発見。（同右書）

このように、宋斗律による「内在的接近」は韓国の北朝鮮研究に大きな影響を与え、その後の北朝鮮に関する学位論文では「内在的接近」を利用した分析が数多く登場することになる。そして、「内在的接近」を再構築した「内在的・批判的接近」（北朝鮮を内在的に研究しつつ、批判的に評価する接近法）を唱える李鍾奭などの学者が誕生し始め、韓国政府の統一政策立案において重要な位置を占めるようになる。

一九八〇年代に学生運動を経験したいわゆる三八六世代（一九九〇年代に三〇代で、八〇年代に学生運動に参加し、六〇年代に生まれた世代）は、政治、経済、文化、言論、市民社会運動などさまざまな分野に進出し発言力を持っている。その三八六世代もまた、光州民衆抗争以後の「反外勢民族統一運動」を経験した世代であり、彼／彼女らの大部分が北朝鮮に「先験的」にではなく「内在的」あるいは「内在的・批判的」（以下、「内在的／批判的」）に接近することの重要性を理解する世代である。もちろん、韓国にも北朝鮮に対する不信感から抜け切れない「反共意識」に囚われた言論、運動、市民は存在する。そして、今もなお大きな影響力を持っている。たとえば、韓国の有力全国紙の一つである朝鮮日報はその代表的なものである。このような勢力と北朝鮮に対して「内在的／批判的」に接近しようとする勢力とは、その影響力の面で韓国においては拮抗していると言っても過言ではない。

二　「内在的接近」と在日コリアン・日本社会

在日コリアン社会と「内在的接近」

それでは、「見えない三八度線」があるといわれる在日コリアン社会では北朝鮮への接近はどのように進められているのか。

在日コリアン社会には在日本大韓民国民団（韓国民団）と在日本朝鮮人総聯合会（朝鮮総聯）という組織が存在し、韓国民団は韓国政府を、朝鮮総聯は北朝鮮政府を支持している。朝鮮半島における南北対立を受け、韓国民団と朝鮮総聯との間でも長年反目が続いてきた。そして、在日コリアン社会もどちらの団体を支持するのかで大きく二つに分けられた時代が続いた。特に、在日コリアン一世世代が在日コリアン社会の中心だった時代（大体、一九七〇年代頃）まではその傾向が顕著であった。

その後在日コリアン社会の世代交代に伴い、今では在日コリアン社会を韓国民団、朝鮮総聯という二つのカテゴリーのみで単純に見るのは難しくなりつつある。この二つのカテゴリーに収まらないさまざまな在日コリアンの運動も登場している。とはいえ、今なおこの二つの組織が在日コリアン社会で持つ影響力を考えると、両組織は決して無視できない存在であるのもまた事実である。

二〇〇〇年の南北首脳会談の実現に伴って、長年対立してきた韓国民団と朝鮮総聯の間にも和解のムードが高まり始める。地方レベルでは韓国民団と朝鮮総聯による合同野遊会（両団体が親睦を深めるために行われる野外での食事交流会）などの各種行事が開催された。同じく地方レベルでは、在日コリアンの若者の中からも和解に向けた動きが見られ始めた。たとえば、韓国民団傘下の一団体と朝鮮総聯傘下の二団体を含む六つの青年、学生団体の各兵庫県本部は、二〇〇〇年に兵庫コリアン青年学生協議会という緩やかな協議体を結成した。兵庫県下では、現在もなお、協議会の会合が定期的に開催され、六団体間による共同の公開行事も開催されている。しかし、中央レベルでは和解の動きは見られていない。

さて、二〇〇六年、韓国民団の新団長に河丙鈺《ハ・ビョンオク》が就任する。「在日の和解」を唱えた河丙鈺は団長に就任するや否や、朝鮮総聯との和解に向け積極的に乗り出していく。そして、ついに、同年五月一七日、韓国民団中央団長と朝鮮総聯中央議長との歴史的なトップ会談が東京で行われ、共同声明が発表された（以下「五・一七共同声明」と略す）。中央レベルでもいよいよ和解の時代に入ったという期待が高まった。

しかし、韓国民団内においてこの声明に対する反発が高まり、内部対立が激化、その後北朝鮮によるミサイル発射を境に声明は白紙化され、トップ会談を推し進めた河丙鈺は辞任に追い込まれる。そして新体制となった韓国民団執行部は、トップ会談および「五・一七共同声明」を、「〔朝鮮〕総連との統合を目指すものであったと断じた。それはまた、六・一五共同宣言実践を名目にした北韓〔北朝鮮のこと〕の高麗連邦制統一案に基づく統一戦線に、民団を組み込もうとするものだと指摘し」（『民団新聞』二〇〇七年三月一四日付、〔 〕は引用者）、これを全面否定した。韓国民団新執行部により構成された調査委員会（『五・一七共同声明』にいたる背景を調査）による特別報告（『民団新聞』二〇〇七年三月二八日付）では、一九八〇年以降の韓国社会の変化を以下のように述べている。

一九八〇年五月の光州事態以降、民主化闘争が勢いを増していく過程で、学生・労働者に対する北韓の工作が浸透し、韓国内に北韓の主体思想を信奉する主思派（チュサパ）が増殖したことは良く知られている。書店には唯物史観に依拠した書籍が山と積まれ、「韓国は親日・親米の反民族勢力がつくった国であり、北韓は抗日愛国勢力が樹立した国」というプロパガンダが溢れた。二〇〇〇年六月一五日平壌で、金大中《キム・デヂュン》大統領と金正日国防委員長が「南北共同宣言」に署名、発表した。

この認識は、前述したような光州民衆抗争以降の韓国社会の変化を、「内面化された反共意識」の克服過程と捉えるのではなく、韓国における共産主義イデオロギーの広範化の過程として捉えるものである。このように、現韓国民団中央本部の執行部に見られる認識には、今なお、「内面化された反共意識」が大きな基礎となっていることが見てとれる。ここでは北朝鮮への「内在的／批判的接近」が言下に否定されていることは明らかだ。

もともと韓国民団は一九七〇年代初頭まで、朴正熙軍事独裁政権に対する賛否をめぐり大きな内部対立を抱えていた。韓国民団の傘下団体であった在日韓国学生同盟（韓学同）と在日韓国青年同盟（韓青同）は、朴正熙軍事独裁政権に対して厳しい批判の声を投げかけていたが、一九七二年に韓国民団の傘下団体取り消し処分を受け、韓国民団から排除されている。また七三年には排除された人士たちを中心としたグループによる論議を経て、「在日同胞の民族的権利と人間としての尊厳、生活を守るためには、そして祖国の統一を実現するためには、在日同胞が団結して独裁政権を退陣させ、民主化を実現しなければならないという結論に到達し」（在日韓国民主統一連合（韓統連）ホームページより）、韓国民主回復統一促進国民会議（韓民統）が結成されている。韓民統は、韓国内で展開された民主化運動と呼吸を共にし積極的な「反独裁民主化運動」を進め、光州民衆抗争以降はこれに「反外勢民族統一運動」を加えて積極的な活動を展開した。

このように韓国の民主化運動と呼吸を共にした人びとは、「内面化された反共意識」の克服と、北朝鮮に「先験的／イデオロギー的」ではなく「内在的／批判的」に接近することの重要性を理解する人びとでもあった。

さて、一方の朝鮮総聯は、自らを次のように位置付けている。すなわち、「〔朝鮮総聯は〕朝鮮民主主義人民共和国の国家的、法的保護を受ける海外同胞団体である。朝鮮総聯は、在日同胞が心の支えとしている朝鮮民主主義人民共和国を朝鮮人民の真正な政権として支持している」（朝鮮総聯ホームページ www.chongryon.com/j/cr/3-3.html）。

中央執行部の現在のあり方に反対する運動は朝鮮総聯にも存在する。たとえば、二〇〇四年に「総聯の再生と同胞社会の発展を願うフォーラム21」（総聯再生フォーラム）がインターネットを通じて発表した「二一世紀朝鮮総聯改革と再生のための提言」（www13.plala.or.jp/forum/teigen.html）はその代表的なものである。この提言では北朝鮮と朝鮮総聯との関係をこう表現している。「〔朝鮮〕総聯は共和国〔北朝鮮のこと〕との関係を受動的で一方的な関係から双方向的な関係に転化させる一方、韓国との関係では各界各層との経済、文化、芸術、スポーツなど多方面的交流をより積極的に推進するべきである」（〔　〕は引用者）。

この運動は、朝鮮総聯中央本部から徹底的に批判された。朝鮮総聯の機関紙である朝鮮新報は二〇〇四年三月一七日付の紙面で、「〔今回の提言の〕本質は総聯に敵対する内外勢力の手先となり、〔…〕「提言」を発表することによって、同胞社会を混乱させ同胞たちを祖国と総聯から引き離そうとする」ものだと指摘し、この「提言」の主導的な役割を果たした朝鮮総聯傘下団体所属の活動家が韓国の情報機関である国家情報院と連携していると激しく糾弾した（ちなみに、この記事をめぐっては活動家側が朝鮮新報側を提訴、二〇〇六年の大阪地裁の判決では、朝鮮新報に対して名誉毀損が認定され、損害賠償や謝罪広告の掲載、先の朝鮮新報記事のホームページからの削除など、活動家側の主張が通って完全勝訴となった。二〇〇七年六月現在、裁判は一部継続中）。

この朝鮮総聯の対応から見ても分かるように、朝鮮総聯の内部にとどまりつつこのような立場からの活動を繰り広げることは事実上、困難である。朝鮮総聯の「朝鮮民主主義人民共和国の国家的、法的保護を受ける海外同胞団体である」という自らの組織規定には揺らぎがない。このように考えると、現在の朝鮮総聯における北朝鮮認識は、ある意味では「内在的接近」といえるのかもしれない。北朝鮮社会がすでに設定した理念と照らし、北朝鮮社会を眺めるのが朝鮮総聯の北朝鮮への接近方法であるからだ。

しかし、朝鮮総聯の北朝鮮に対する接近は、「二一世紀朝鮮総聯改革と再生のための提言」が述べるように「受動的」なものであり、批判がない。李鍾奭が言う「内在的・批判的接近」とはなっていない。すなわち、先に挙げた李鍾奭の方法論的図式「A・研究対象の現況、内在的論理研究→B・問題点の発見（内在的・外在的あるいは第三の観点からの問題点指摘などすべて可能）→C・北朝鮮の対応追跡→D・対応の限界と展望、課題発見」における、B以下の接近方法が欠如しているということである。

「内在的／批判的接近」のいちばんの意味を、北朝鮮への「先験的な」接近の排除、そして「一部での無批判的な追従主義とその対称としての盲目《ママ》的な反北主義などに対する反テーゼ」（李鍾奭、前掲書）に置いて考えると、韓国民団や朝鮮総聯の両主流派の現在の北朝鮮への接近方法は、それとは大

き く外れたものであることがわかる。

このように、朝鮮半島における南北分断の影響がさまざまな政治的環境の中でそのままストレートに反映された在日コリアン社会においては、北朝鮮への接近もまた「反北朝鮮」「親北朝鮮」というかたちでイデオロギー的に分断され、「内在的／批判的接近」という基本スタンスは定着してこなかった。

しかし、こうした状況下にあっても、「内面化された反共意識」と無批判の「親北朝鮮意識」との双方を乗り超え、北朝鮮に「内在的／批判的」に接近しようとする在日コリアンの運動は、徐々にではあるが生まれ始めている。

「内在的接近」から日本は何を学ぶか？

では、北朝鮮に対する「内在的／批判的接近」から、日本は何を学ぶべきであろうか。

まずは、その認識の方法論を学ぶ必要があるのではないか。日本のマスメディアでは毎日のようにさまざまな北朝鮮情報が垂れ流されている。しかしその内容は、日本における北朝鮮研究の第一人者、和田春樹の表現を借りると、北朝鮮に対する「反感と憎しみ、嘲笑と罵倒、優越と恐怖をふりまくもの」に他ならない（『北朝鮮――遊撃隊国家の現在』岩波書店、一九九八、二頁）。北朝鮮を「悪事を働き、裏切る信用できない」国と考える「反北朝鮮意識」に囚われた報道が大多数である。日本におけるこの北朝鮮認識は、宋斗律が「内在的接近」を唱える前の韓国社会の状況と似ている面がある。つまり、北朝鮮を「先験的に」分析し、自らの価値基準を一方的に押し付けようとする手法に何の疑いも持たない状態である。

これに対して「内在的／批判的接近」は、これまで述べてきたように、北朝鮮に対する認識方法としては観察者にとっての基本的スタンス、出発点となる。ある意味でこれは、あらゆる異文化を理解する上で「当たり前」の方法論であるともいえる。しかし、北朝鮮を論じたり、研究する時の日本はこのことが「当たり前」になっていないということを忘れてはならない。マスメディアで取り上げられる情報量、マスメディアに登場するいわゆる「北朝鮮専門家」の多さに比べ、北朝鮮を本格的に研究し、資料をきちんと蓄積している大学や研究機関は数えるほどしかない。一方、韓国の諸大学には近年北朝鮮学科がいくつも設置され、北朝鮮研究を専門とする学会も誕生しており、その質と量には目を見張るものがある。この点で日本と韓国は対照的である。

その意味で日本は、「内在的／批判的接近」を生み出すにいたる韓国社会の「過去の克服」からも学ぶ必要があるのではないか。韓国において「内在的／批判的接近」という考え方が生まれ、一定の定着をみた背景には、韓国における「内面化された反共意識」の克服過程があった。一方日本は、北朝鮮認識に大きな影響を与えてきた植民地主義を自ら克服しようとはしてこなかった（この点については本書第1章参照）。日本と他のアジアの人びととの間に生じた過去の歪んだ出会い、すなわち植民地支配や戦争の中で生まれた抑圧者‐被抑圧者としての出会いも克服されてこなかった。これは「過去の克服」という意味では韓国と対照的である。日本における北朝鮮への見方が植民地主義に彩られているのは「過去の克服」がなされていないからである。日本の北朝鮮への新たな接近方法は植民地主義克服の延長線上に浮かび上がるはずだと私は考えている。

南北の和解の阻害要因になる日本社会

先に述べた韓国民団と朝鮮総聯のトップ会談に対して日本社会は複雑な反応を示した。在日コリアンの歓迎の声を報道する一方で、素直には喜べない懸念を表明した。

ジャーナリストの櫻井よしこは、『週刊新潮』二〇〇六年六月一日号に書いた「民団よ日本社会の敵となるのか?」という文章の中で、韓国民団と朝鮮総聯の和解に反対する論陣を張った。櫻井は、韓国民団と朝鮮総聯の和解は「ありえないもの」とした上で、「民団が、民団の一割程度のメンバーしかいない朝鮮総連に事実上、呑み込まれることであり、豊かで繁栄する韓国が、圧倒的に貧しく道義的にも劣悪な、追い詰められた北朝鮮の政権に屈服することを示すものだ」と述べる。続いて、その当時予定されていた、金大中韓国前大統領と金正日北朝鮮国防委員長との二回目の会談を「北朝鮮が韓国を併合して統一する連邦制移行のきっかけにならないとも限らない。その露払いが今回の在日二団体の和解ではないのか」と分析した上で、最後に、「民団は変心し、北朝鮮と結託するのか。自由の国、韓国を裏切るのか。そして日本社会の敵となるのか」と主張する。

この認識には、北朝鮮への不信感と南北統一への警戒感が端的に表現されている。しかも、この認識には、日本に住む少なからずの人びとが同感したと私は考えている。韓国民団と朝鮮総聯の和解のみならず、韓国で進められる対北朝鮮包容政策（いわゆる「太陽政策」）に対しても、それが北朝鮮の政権の延命を助けているという立場からのさまざまな批判的意見が投げかけられているからである（たとえば「〔北朝鮮の〕今の抑圧体制を一刻も早く終わらせる、それに伴う困難、自己犠牲は引き受けるという覚悟と宣言を韓国はしないとだめですよ。今の韓国の太陽政策は卑怯な現状維持です」という産経新聞ソウル支局長、黒田勝弘の発言（黒田ほか『朝日VS産経ソウル発――どうするどうなる朝鮮半島』朝日新書、二〇〇六、一五三頁、〔 〕は引用者））。

現在韓国では北朝鮮に対する「内在的・批判的接近」を主張する李鍾奭のような学者が政権の中核を占め、その考え方に基づく南北の和解政策が進められている。韓国民団と朝鮮総聯との和解も進められた。したがって、櫻井のような言説、そして櫻井と同じような考え方で北朝鮮を評価し、韓国社会や在日コリアン社会の動きを牽制しようとする動きは、「内在的／批判的」に北朝鮮に接近し、南北の和解と共存を通じて朝鮮半島の統一を段階的に進めようとする韓国／在日コリアンの運動や思想、そして政策に対して阻害要因として機能するだろう。

実際に韓国民団傘下のある団体は、韓国民団と朝鮮総聯のトップ会談に対して、「様々な疑念が浮上し」、「その中には民団が日本社会・地域社会で築き上げてきた信頼を根底から揺るがし、「共生」へのメッセージすらもかき消すのではないかと危惧した」（在日本大韓民国青年会中央本部「二〇〇七年度活動方針」）と述べている。この発言は、韓国民団と朝鮮総聯の和解が白紙になった一つの要因として、日本の少なからぬ人びとによる和解への反発があったことを伺わせるものである。

三　核実験に対する「内在的／批判的接近」

北朝鮮における「自主」「民族」の占める位置

北朝鮮社会全般にわたり「内在的／批判的接近」を試みることは私の力量を超えている。そこで、ここでは今回の核実験をめぐる北朝鮮の立場に対して「内在的／批判的」に接近することを試みてみたい。その際、避けて通ることのできない概念が、「自主」と「民族」という概念である。

平壌の社会科学出版社が一九九二年に刊行した『朝鮮語大辞典』によると、「自主」とは、「すべての隷属に反対し、他人に依存せず、すべての問題を自らの実情にあわせ、独自的に規定し、自らの力で処理すること、または、そのような原則。政治においては、自主は民族独立の必須の要求であり、自主独立国家の第一の生命」である。

北朝鮮の公式文書では、「自主」「自主性」「自主路線」など、「自主」に関連した言葉が多用されているが、宋斗律によると、北朝鮮は「自主」を、さまざまな理論紛争を経ながら現在まで放棄できない原則としてみなしてきた。北朝鮮において、「自主」は特別な位置を占めている言葉なのである。

事務局を東京に置き、その規約第二条により「チュチェ思想に関する国際的な学術研究機関」と位置付けられるチュチェ思想国際研究所のホームページ「チュチェ思想Q&A（1）」によると、北朝鮮の指導思想といえる「主体（チュチェ）思想」には、人間中心の哲学思想、つまり人間があらゆるものの主人であり、すべてを決定する主体であるという根本原理が働いている。そして、その「主体（チュチェ）思想」の人間観において「人間の本質的特性」をなすとされるのが、「自主性」「創造性」「意識性」である。なかでも「自主性」は、「社会的存在である人間のもっとも本質的で根本的な属性である」とされる。また、この自主性には（1）あらゆる束縛や従属に反対する性質、（2）世界を自己の意思と要求に即して奉仕させていく性質の二つがあり、「人間はあらゆる従属と束縛を許容しないことにとどまらず、それ〔世界〕を支配していくことにより、自主性をもつ存在、自主的な社会存在となる」（〔 〕は引用者）とされる。そしてこのQ&Aは、「人間は自主的な思想意識をもつがゆえに、あらゆる束縛に反対し全てを自分に奉仕させていく自主的活動を展開し、自主権を侵害し蹂躙する抑圧者に対して、革命的に闘っていくことができます」と述べている（www.cnet-ta.ne.jp/juche/PDF/jq_a01.pdf）。実際、経済における「自立」、南北統一原則としての「自主、平和、民族大団結」などに見られるように、北朝鮮の政治、経済、外交、南北関係においてはあらゆるところで、「自主」という概念が強調されている。

近代民族国家の形成に失敗し日本の植民地となった朝鮮半島の立場、特に日本との植民地解放闘争を闘ったことが自国の正当性の大きな根拠となってきた北朝鮮の立場から考えると、「自主」を享受する主体とは、この国にとっては集団的多数としての「民族」であり、それを代表する国家なのである。

北朝鮮の核実験正当化論

二〇〇七年の年始に発表された北朝鮮の『労働新聞』『朝鮮人民軍』『青年前衛』の三紙による共同社説は、二〇〇六年を「国が堂々たる強国の地位に昇りつめ、民族の尊厳が力強くとどろかされた」年と評価し、核実験による核抑止力の保有については「何人も侵すことのできない不敗の国力を渇望してきたわが人民の世紀的宿願を実現した民族史的慶事」とまで述べた。

二〇〇六年一〇月三日、北朝鮮外務省は核実験の実施を国際社会に予告した。その際の北朝鮮外務省声明を読み解きながら、ここでは核実験をめぐる北朝鮮の正当化の論理について考えてみたい。

まず、朝鮮半島を取り巻く情勢分析について、声明は次のように述べる。

朝鮮半島では日ごとに増大する米国による核戦争の脅威と極悪な制裁圧力策動により、わが国家の最高の利益と安全が由々しく侵害され、わが民族の生死存亡を決する厳しい情勢が生じている。

米国は最近、強盗さながらの国連安全保障理事会「決議」の採択でわれわれに事実上の「宣戦布告」をしたのに続き、朝鮮半島とその周辺で第二の朝鮮戦争挑発のための軍事演習と武力増強策動をよりいっそう狂ったように繰り広げている。

米国はこれと同時に、朝鮮を経済的に孤立、窒息させてわが人民が選択した社会主義制度を崩そうとする妄想のもと、あらゆる卑劣な手段と方法を総動員して朝鮮への制裁封鎖を国際化しようとあがいている。

現在、ブッシュ政権は自らが決めた時限内にわれわれが屈しなければ懲罰すると最後通牒を突きつける境地にまで至った。

米国の反朝鮮孤立圧殺策動が限界点を超えて最悪の状況をもたらしている諸般の情勢のもとで、朝鮮はこれ以上、事態の発展を手をこまねいて見てはいられなくなった。

朝鮮はすでに、ブッシュ政権の悪辣な敵対行為に対処して、国の自主権と民族の尊厳を守るため必要なすべての対応措置を講じていくと宣布したことがある。

ここに見られるのは、米国のブッシュ政権による北朝鮮への圧力が、北朝鮮の、ひいては朝鮮民族の「生死存亡を決する」ものであるという認識であり、それゆえ「国の自主権と民族の尊厳」を守るためには「必要なすべての対応措置」を使ってでも守り抜かなければならないという決意である。そして、「朝鮮民主主義人民共和国科学研究部門では今後、安全性が徹底的に保証された核実験を行うことになる」という文言で始まる第一の項目の中では、北朝鮮の核拡散防止条約（ＮＰＴ）からの脱退も、米国のブッシュ政権が「朝米基本合意文を覆し、朝鮮の自主権と生存権を由々しく脅かしたこと」に起因すると述べ、さらにこう続ける。

自らの頼もしい戦争抑止力がなければ人民が無念にも犠牲になり、国の自主権が余すところなく翻弄されるというのは、今日、世界のいたる所で生じている弱肉強食の流血の惨劇が示している血の教訓である。
われわれの核兵器は徹頭徹尾、米国の侵略脅威に立ち向かって国家の最高の利益とわが民族の安全を守り、朝鮮半島における新たな戦争を防ぎ、平和と安定を守る頼もしい戦争抑止力になるであろう。

つまり、戦争抑止力の強化がなければ「自主権」が侵害されることは明白であり、ゆえに、「平和と安定」を守るためには核開発ひいては核実験が正当化されるという論理である。

この声明はまた、「朝鮮民主主義人民共和国は朝鮮半島の非核化を実現し、世界的な核軍縮と最終的な核兵器撤廃を推進するため、多方面にわたって努力するであろう」と述べ、最終目的は朝鮮半島の非核化であることを明示する。ただし、その非核化は「われわれの一方的な武装解除につながる「非核化」ではなく、朝米敵対関係を清算し、朝鮮半島とその周辺からすべての核の脅威を根源から取り除く」ものであることを前提としている。

ここに挙げた北朝鮮外務省の声明を読むと、二つの点が明らかになる。第一に、北朝鮮が守ろうとしている価値観は「国の自主権と民族の尊厳」であるということ、第二に、北朝鮮は「われわれの一方的な武装解除につながる「非核化」ではなく」との条件をつけて、最終目標を「世界的な核軍縮と最終的な核兵器撤廃」に置いているということである。

「自主と民族」の両義性

北朝鮮においてなぜ「国の自主権と民族の尊厳」が強調されるのか。その背景には、中国、ロシア、米国、日本という周辺四大国の覇権抗争の場となってきた朝鮮半島の歴史がある。

盧武鉉韓国大統領の秘書官として東北アジア時代委員会を担当するペ・ギチャンは、朝鮮半島をめぐる二〇〇〇年の歴史を、「大陸勢力」と「海洋勢力」というキーワードを軸に次のように分析している（『コリア再び生存の岐路に立つ 코리아 다시 생존의 기로에 서다』Wisdom House, Seoul, 2005）。朝鮮半島周辺においては、一六世紀までは「大陸勢力」（ペ・ギチャンによれば、この勢力は万里の長城

を基準に以南と以北でさらに分けることができる）の独壇場であった。朝鮮半島における「大陸勢力」の代表格は、漢、唐、元、清といった国々であった。朝鮮半島の国々はこれらの国々と朝貢関係を結んでいたため、時に抵抗の戦いを繰り広げながらも当時の「大陸勢力」の支配を直接・間接的に受けてきた。

一六世紀に入ると、スペインやポルトガルが海路東アジアに進出し、また、戦国時代が終わりを告げる日本においても豊臣秀吉による「国家統一」によって朝鮮半島への視線が強まるなど、「海洋勢力」が本格的に登場し始める。一五九二年と九七年に豊臣秀吉による朝鮮侵略がなされる。いわゆる「文禄・慶長の役」である。こうした「海洋勢力」も「大陸勢力」と同様に二つの軸に分けることができる。一つは日本であり、もう一つはポルトガル、スペイン、オランダ、イギリス、米国などのいわゆる欧米勢力である。「海洋勢力」登場以降の朝鮮半島は、「大陸勢力」と「海洋勢力」による勢力争いの場となった。

近代以降は、一八七五年の江華島事件を皮切りに、日本が朝鮮に武力で触手を伸ばし始める。一八九四年には日清戦争、一九〇四年には日露戦争が勃発した。これらの戦争もまた「大陸勢力」（清やロシア）と「海洋勢力」（日本）との朝鮮半島をめぐる争いであった。そして「海洋勢力」日本はこの二度の戦争に勝利することで朝鮮に対する覇権を確固たるものとした。その後、日韓議定書と三度にわたる日韓協約によって、大韓帝国（一八九七～一九一〇年）の外交権・財政権は剥奪され、軍隊も解散させられた。一九一〇年には日韓併合条約が結ばれ、日本は朝鮮半島を自らの植民地にした。

日本の敗戦（一九四五年）後、朝鮮半島における「海洋勢力」は米国に移り、「大陸勢力」はソ連となった。この二つの勢力による国際冷戦という時代背景の中で、朝鮮半島は南北に分断された。そして一九九一年のソ連の消滅に伴い、朝鮮半島における「大陸勢力」はソ連・ロシアから中国へと変わりつつある。実際、中国はこの数年来朝鮮半島の南北双方における存在感を増してきている。

このように、朝鮮半島の二〇〇〇年史はさまざまな覇権勢力における戦いの舞台となってきた。とりわけ近代においては、「大陸勢力」としての中国、ロシアと、「海洋勢力」として日本、米国の複雑な力学によって、その運命が規定されてきた。だからこそ、今回の六カ国協議の参加国もまた、朝鮮半島の南北の国家と日本、米国、中国、ロシアなのである。このような朝鮮半島の歴史を考えた時、宋斗律の述べる次のような指摘には一定の当為性を認めることができる。

「外勢」の干渉なく、わが民族（朝鮮民族のこと）が「自主性」の原則に立脚し、統一を推進しなければならないと始終一貫して強調してきた北朝鮮の立場は、「私（Ich）」の絶対的な自己同一性と自己肯定性から、「私」ではない「他者」との関係を説明する「自主性」の理解であると言える。特に歴史的に強大国の隙間で苦しめられてきたわが民族が統一という自己完結的な状態に到達するために、「私」を強調――西欧の哲学者から、特に「後期構造主義」と「解体主義」によって強く批判されているが――することを、古い認識論的な枠組みに閉ざされているとのみ見ることはできない（宋斗律『境界人の思索』前掲書、〔　〕は引用者）。

北朝鮮における「国の自主権と民族の尊厳」の強調には、北朝鮮ひいては朝鮮半島全体の生存への

瀋陽で開催された「南北海外青年学生代表者会議」（2004年）。

欲求から生まれる当為性があった。抑圧から解放された朝鮮半島を建設するために、そして特に、日本による植民地主義や米国から向けられた軍事的圧力に抵抗するために、この概念が必要だったという歴史的な事実を忘れてはいけない。

自らの生存を守るためにこの概念に共感する北朝鮮の人びととの状況に対して、それを無視したまま北朝鮮を批判する言説は、「生存」を脅かす力としてのみ作用するだろう。また、抵抗のためにこの概念に結集しようとする北朝鮮の人びとの現実に対して、その構造を克服する意思と方向性を欠いたまま北朝鮮を批判する言説は、「抵抗」を無力化する力としてのみ作用するだろう。

しかしながら、抵抗の精神的源泉として働く「国の自主権と民族の尊厳」というこの概念が、国境線の内側にいる自民族の解放のみをめざす「側（サイド）」の発想」（姜尚中「失敗する神々に抗して」E・W・サイード『知識人とは何か』解説文、平凡社、一九九八。巻末文献参照）となり、国境線の外側にいる同じ民族や異なる民族に対する排他的かつ抑圧的な概念として作用してしまう可能性も無視するわけにはいかない。このことを「国の自主権と民族の尊厳」という概念が持つ両義性と名づけておく。

たとえば、南北統一運動における事例をもとにこのことを考えてみる。二〇〇四年に、南北の国内外のコリアン青年学生団体の代表者が中国の瀋陽に集い、「南北海外青年学生代表者会議」が開催された。私も参加したが、その際発表された「南北海外青年学生代表者宣言」には次のような記述がある。

私たちは五〇〇〇年の長い歳月、一つの血筋を引き続けてきた才知と才能、優秀性を持った単一民族の子孫として生まれたことを誇らしく思う。〔…〕私たちは五〇〇〇年の民族史を開拓してきた強靭な民族の息子、娘にふさわしく、我が民族が第一だという誇りと自負心、他人のことより私たちのことをより貴重に思う愛国愛族の気持ちを、より大切にしていくだろう。私たちはいつも自主的で民族的なすべてのことを誇りにし、民族の尊厳と利益を徹底的に守っていかなければならないだろう（宣言文全文の日本語訳は www.key-j.org/program/doc/tongil/04nbk_kaigi2.html を参照。因みに私は「優秀性を持った単一民族の子孫」――この言い方自体が虚偽であるが――であることを全く誇らしく思わない。このようなことを堂々と主張することを恥ずかしく思う）。

この宣言文では、「国の自主権と民族の尊厳」という概念に関わる言葉の強調が、「抑圧からの解放」という文脈から切り離されており、概念そのものが「優秀性」や「単一民族」といった言葉で目的化されている。これではもはや抵抗概念とはいえず、排他的・抑圧的な概念へとたやすく変化する可能性があると言わざるを得ない。

「国の自主権と民族の尊厳」を守るために核実験を正当化する北朝鮮の立場は、「核抑止論」に立脚するものである。「核抑止論」とは、「相手を殲滅しうる物理的な力を維持することが自らの生存に不可欠であるという思想の反映」（川崎哲『核拡散』岩波書店、二〇〇三）を示すものである。一言でいえば、自らの生存のために他者の抹殺を前提とするような立場である。北朝鮮という国家の生存のために東北アジアに住む多くの人びと（自民族を含む）の死を前提とするようなこの考え方を、「抑圧からの解放」の思想として正当化することができないのは明らかだ。

北朝鮮が「非核化」に戻るために

さて、先に紹介した北朝鮮外務省声明に立ち戻ってみる。この声明では、「国の自主権と民族の尊厳」のために核実験の必要性を主張したわけだが、それに加え、最終目標として「世界的な核軍縮と最終的な核兵器撤廃」を謳っていることに注意しなければならない。これはあくまでも北朝鮮の逃げ口上に過ぎない、という見方が日本では一般的かもしれない。しかし、ここまで見てきたような北朝鮮自体の考え方を純化するならば、声明の内容はあくまで「国の自主権と民族の尊厳」およびそれを守るための「戦争抑止力」＝核実験という主張だけにとどめて良いはずのものを、あえて「世界的な核軍縮と最終的な核兵器撤廃」と語っているのである。このことを私たちは重視しなければならないだろう。北朝鮮は、「世界的な核軍縮と最終的な核兵器撤廃」に対して閉ざされているわけではないのである。実際、朝鮮労働党の機関紙『労働新聞』は、「朝鮮半島の非核化は、金日成主席が初めて打ち出し、朝鮮政府が堅持している一貫した立場である」（二〇〇五年七月二四日付）と述べている。

すでに北朝鮮による朝鮮半島の非核化構想は四半世紀前よりさまざまなかたちで打ち出されてきた。一九八一年に朝鮮労働党と日本社会党との間で発表した「東北アジア地域の非核、平和地帯創設に関する朝鮮労働党と日本社会党間の共同宣言」では、「東北アジア地域に展開されているすべての核兵器を撤去・破棄しなければならない。この地域の核兵器と生物化学兵器の開発・実験・生産・所有・運搬・貯蔵・持ち込みおよび使用を一切禁止しなければならない」と謳った。その後八五年一二月一二日に北朝鮮は核拡散防止条約（ＮＰＴ）に加入した（韓国は七五年、日本は七六年加入）。八六年六月二三日には、北朝鮮政府は声明を通じて、「（１）核兵器の実験、生産、貯蔵、搬入を禁止し、核基地を含むすべての外国基地を撤廃するとともに、外国のすべての兵器の朝鮮の領土、領空、領海通過を認めない、（２）米国は今後、南への核兵器搬入を中止するとともに、すでに搬入したすべての兵器を段階的に削減して、最終的にはすべて撤収させる」べきことを発表した。さらに同年一二月六日には、民間団体として朝鮮非核平和委員会が結成され、非核地帯創設に関するさまざまな行事が行われた。

もちろん、ソ連の「核の傘」に守られていたという一九八〇年代までの状況を無視して、北朝鮮の「非核化」のスタンスを肯定的にのみ評価してはならない。九〇年の韓ソ国交樹立に際しては、北朝鮮はソ連に、「われわれはこれまで同盟関係に依拠していた若干の兵器も自分のために調達するための対策をたてざるをえなくなるであろう」（環太平洋問題研究所編『韓国・北朝鮮総覧』vol. 3、原書房、一九九三）という覚書を送り、自らの力による核開発を暗示した。つまり、八〇年代までの北朝鮮は「核兵器という思想」から自由であったわけではないのである。もちろん北朝鮮による「非核化」攻勢は、核戦争を想定した韓米合同軍事演習チームスピリットや韓国における核開発の可能性に対する対抗策という側面もあったであろう。しかし、八〇年代までの時点で北朝鮮が自力で核開発を行わなかったことは無視できない事実である。

結局、北朝鮮は、「核問題の解決に向けたわれわれの努力はどれ一つとして実を結ばなかったし、日ごとに朝鮮に対する米国の核の脅威は増大していった」(『労働新聞』二〇〇五年七月二四日付)と考えるにいたり、核開発計画を本格化させていく。そして米国による核の脅威を主張しつつ、核開発問題を利用した瀬戸際外交を繰り広げながら核実験へと突き進んで行ったのである。

守るべきいちばんの価値は「国の自主権と民族の尊厳」であり、それを守るためにはあらゆる手段を行使する。これが今日まで変わることなく保ってきた北朝鮮の立場である。しかしながら、先述のように、国際的な「非核化」の努力に加わり、朝鮮半島および世界の「非核化」を実現することで、自らの「国の自主権と民族の尊厳」を守ろうと考えていた時期もあった。また、核実験直前の北朝鮮外務省声明が明らかにするように、「世界的な核軍縮と最終的な核兵器撤廃」という立場は今なお、公式的には捨てていない。北朝鮮が核開発や「核の傘」によってではなく、朝鮮半島の「非核化」や世界的な核廃絶・核軍縮を通じて「国の自主権と民族の尊厳」を守るという道は残されているのである。

ただし、それには条件があるだろう。

まず日本が、北朝鮮に対して植民地支配の過去を清算することである。そして同時に、関係各国は、朝鮮半島における構造的な敵対関係といった、北朝鮮にとって脅威となる原因を緩和することである。つまり、「核兵器」に依拠しなくても自らの「国の自主権と民族の尊厳」を守ることができる、と北朝鮮が考えるようになることである。北朝鮮の「非核化」のために、日本の植民地支配の清算や朝鮮半島をめぐる敵対構造の根本的な転換が求められる理由はここにある。

二〇〇七年二月一三日に合意された六カ国協議の共同文書は、この意味で示唆的である。特に、本章の冒頭でも示した五つの作業部会、すなわち（1）朝鮮半島の非核化、（2）米朝国交正常化、（3）日朝国交正常化、（4）経済・エネルギー支援、（5）北東アジアの平和・安全メカニズム、が設置されたことは、北朝鮮核問題の解決はひとり北朝鮮による核開発の放棄のみでは解決せず、朝鮮半島を取り巻く国際関係の改善なしにはありえないことを各国が認めた点で特筆すべきである。

「自主と民族」の変容の可能性

南北海外青年学生代表者会議による「南北海外青年学生代表者宣言」に盛り込まれた「優秀性を持った単一民族の子孫」という表現に対しては、すでに私の気持ちを一言述べた。この大会に参加して、私は改めて、「民族」という概念がなぜ今でも大切であるかを知ると同時に、この概念が持つ排他性についても考えさせられることになった。本節のテーマに引きつけて言うならば、「国の自主権と民族の尊厳」の持つ両義性について考えさせられたのである。その時の私の考えは「海外同胞の経験を統一に活かすということ」という一文にまとめてある（www.key-j.org/program/doc/tongil/04nbk_kaigi3.html）。やや長くなるがここで紹介してみたい。

今回の代表者会議は、私が持つものの見方・考え方との相違点を感じる場でもあった。参加者の発言のなかで、「我が民族〔朝鮮民族のこと〕の優秀性」を強調する発言が多々行われた。また、檀君〔朝鮮の始祖とされる伝説上の神〕民族末裔の単一民族であることも多々強調されていた。合意文などにも多々含まれている。しかし、このくだりには私は何かざらざらとした違和感を感じた。我が民族は統一しなければならないし、朝鮮半島での戦争を防ぐためにも南北海外の同胞〔同じ朝鮮民族という意味で「同胞」という言葉を使っている〕間の出会いと交流協力が活性化されなければならない。しかし、そのことを主張するのに、あえて「我が民族の優秀性」や「単一民族」であることを主張する必要があるのであろうか。

私にとって、民族に優秀性はない。どの民族にも優劣はない。だからこそそれぞれの民族が尊重されなければならない。私が民族にこだわるのは自分のルーツにこだわるということであって、それ以上のそれ以下の意味もない。そして、私が統一が大切だと思うのは、分断されていることによる様々な痛み、そして社会のゆがみが存在するからであり、統一することが朝鮮半島の平和のみならず東北アジアひいては世界の平和に貢献するからである。私たちが単一民族かどうかは関係がない〔…〕。

海外同胞は居住国で少数民族として、多数民族との関係性の中で生きてきた。在日同胞などの場合は、多数民族に排外され差別政策を受けることもしばしばだった。その様々な経験の中で私たちが感じたのは、多数民族による少数民族に対する差別の深刻さであった。日本社会の歴史を見ても分かるように、「大和民族の優秀性」と「日本の単一民族国家性」を強調する思考は、他民族に対する差別・排外思想を生み出す温床となった。

私たちは日本社会における、そして居住国における差別と排外政策をなくすために努力してきた。そして、その中で否定されてきた自らのルーツを大切にすることの重要性を実感してきた。自らのルーツを尊重しながらなされる、様々な民族的背景を持つ人々との「共生」の重要性を実感してきた。社会が開かれた「多民族多文化共生社会」にならなければならないことを実感してきた。

私が望む統一された朝鮮半島は、そのような、開かれた「多民族多文化共生社会」としての統一朝鮮半島である。そのためには、時には差別・排外の温床となりうる「我が民族の優秀性」や「単一民族」を強調しながらなされる統一ではなく、様々な民族的背景を持った人々がともに生きるということの必要性が強調される統一が大切であると考える。

少なくとも南側〔韓国のこと〕には我が民族のみではない様々なマイノリティが生活している。南側の外国人差別の問題は非常に深刻である。そのようなマイノリティに対しての差別が維持されたままの統一ではなく、マイノリティへの差別がなく、開かれた「多民族多文化共生社会」としての統一朝鮮半島が実現されなければならないと私は思う。

海外同胞の持っている経験は、そのような統一朝鮮半島に象徴される、より豊かな統一された祖国を実現する上で必要不可欠な経験である。私たちの持つこのような視点を、今後の南北海外青年学生交流事業の中で、他の南北海外の同胞たちと共有していくことの必要性を私は強く感じた。

本書第1章のテーマと重ねた時、右の文中における「多民族多文化共生社会」という言葉の安易な使用は批判される点であろう。しかし、「民族」／「国の自主権と民族の尊厳」という概念が持つ両義性をどのように克服していくべきなのか、その点についての私の苦悩がこの文章には含まれていると思う。

さて、北朝鮮が「非核化」に戻るためには、周辺環境、特に日本の植民地支配の清算と朝鮮半島における構造的な敵対関係の緩和がポイントとなることを述べた。

この周辺環境の変化によって北朝鮮が「非核化」に立ち戻ることは、北朝鮮自身のみならず、北朝鮮の「国の自主権と民族の尊厳」に対する他国の理解にも大きな変容を及ぼすのではないかと私は考えている。

今の時点では、「非核化」に北朝鮮が立ち戻ったとしても、北朝鮮にとっての最大の価値が「核抑止論」に基づく「国の自主権と民族の尊厳」であることに変化はないだろう。あくまでも、「国の自主権と民族の尊厳」自体を目的化した「非核化」になるはずだからだ。しかし、「他者」の「死」によって守られる「国の自主権と民族の尊厳」（核実験／「核の傘」の下での「非核化」）と、「他者」と「共に生きること」で守られる「国の自主権と民族の尊厳」（「非核化」／すべての核兵器の廃絶）とでは、同じ「国の自主権と民族の尊厳」を最大の価値とするにしても、その持つ中身が大きく異なってくるのではないか。

もちろん、後者の場合の「非核化」が前者の場合のそれと大きく区別されるための前提は、国際社会を広く覆っている「核兵器という思想」からの完全な脱却である。つまり、問われているのはひとり北朝鮮だけではないということである。しかし、一九八〇年代までの北朝鮮の「非核化」はソ連の

「核の傘」を前提としていた意味で、「他者」の「死」によって守られる思想であった。それは、「他者」と「共に生きること」で守られる「国の自主権と民族の尊厳」という考え方ではなかった。

「核の傘」を否定し、「非核化」に北朝鮮が戻ることで、北朝鮮の主張する「国の自主権と民族の尊厳」は、多様性の中から共通項をつくりだそうとする努力によって発見されるはずの「普遍性」に向けて、さらにその内容を進化させ、広く国際社会にも受け入れられていくものになるのではないか。いや、そのような方向に北朝鮮が歩み始めて欲しいというのが私の願いである。私はそのように願いつつ、私のできることをしながら北朝鮮と向き合い続けたい。

おわりに――「側（サイド）の発想」ではなく

北朝鮮の核実験を受けて、自民党の中川昭一は、日本の核保有論について、「選択肢として核ということも議論としてある。議論は大いにしないと」と述べ、「非核三原則はあるが、憲法でも核保有は禁止していない」と強調した（二〇〇六年一〇月一五日、テレビ朝日の討論番組より）。現在、日本には非核三原則（作らず、持たず、持ち込ませず）はあるが、「持ち込ませず」についてはすでに有名無実化している。核兵器の開発は行っていないかもしれないが、日本は米国の「核の傘」に守られている。そして、日本が核再処理工場を建設し、大量のプルトニウムを抽出しようとしている中、周辺各国は日本の核保有について常に疑いの目を向けている。これらを見ても明らかなように、北朝鮮の核実験を批判する日本も「核兵器という思想」から脱却してはいない。結局、日本では、核兵器が問題なのではなく、北朝鮮の核兵器だから問題であると考えられているようだ。米国の核兵器について問題視する声は年々少なくなりつつあるという実感が私にはある。そして、このような二重基準が生まれる背景には、自国／自民族中心思想、言い換えるなら、「側（サイド）の発想」があると私は考えている。

「側（サイド）の発想」に彩られ、それが当たり前になっている日本の北朝鮮への向き合い方に対し、本章で取り上げた「内在的／批判的」接近は鋭い批判を投げかける。それは、北朝鮮を「内在的」に理解し、かつ、そこに「批判的」接近を加えながら、「普遍性」の下に北朝鮮が開かれていく可能性を探ることの必要性を説くものである。

「悪事を働き、裏切る信用できない」北朝鮮、という日本の主要新聞紙上による概ねの評価は結局「側（サイド）の発想」であり、世論の「反北朝鮮」感情を煽るだけのものである。それは日本に住む大多数の人びとにとっては心地よいフレーズかもしれない。また北朝鮮との対立が存在することをよしとする人びとにとっては好都合なことかもしれない。

しかし、私たちはそうではない。核問題を解決し、北朝鮮と日本を含む周辺国が核のない東北アジア地域で「共に生きる」道を探っていかなければならない。その際、「内在的／批判的」接近という方法は私たちにさまざまなことを気づかせてくれるだろう。

コラム2 国際協力NGOと北朝鮮

寺西澄子

日本の国際協力NGOが朝鮮民主主義人民共和国（北朝鮮）に関わるようになったのは、一九九五年に大雨洪水の被害を受けた人びとに対する緊急人道支援が発端である。それまで、歴史研究や韓国の民主化、在日コリアンの人権など、日本と朝鮮半島の問題に対してはさまざまな切り口からのアプローチがあった。けれども、北朝鮮に住む人びとに直接関わるというのは、全く新しい試みだったのではないか。それまであまり関心を払われず、まさに未知の国であった北朝鮮が、初めて一般の目に触れるようになった。

だが、その後知られるようになったのは、日本で暮らす私たちのものさしでは到底はかることのできない北朝鮮像であった。一九九八年の「テポドン」発射では、ミサイルが日本上空を越えたということで不信が一気に高まり、二〇〇二年の日朝首脳会談では、日本人拉致の事実が明らかになって日本社会だけでなく在日コリアン社会にも大きな衝撃をもたらし、二〇〇六年の核実験は、日朝間に止まらず世界的な問題として深刻に受け止められた。いまや日本では、「北東アジア地域の平和と安定」を望むという、誰もが共有できたはずの未来像さえ大きくゆらいでいる。

北朝鮮をめぐる情勢がこれほどまでに複雑で困難であるにもかかわらず、現在も北朝鮮に関わる日本のＮＧＯが存在するのはなぜか。それは、ＮＧＯが支援を通じて北朝鮮という「国家」ではなく、北朝鮮に暮らす「人びと」に一歩でも近づこうとしているからである。その過程は決して容易ではないことも強く実感しているが、その難しさを生んでいる一因が日本にもあることを知っている。だからこそ、現在のように国と国との関係が進まないとき、市民と市民との関係から小さな波動を起こし、状況を動かしていくことは不可能で無意味なことだろうかと模索しつづけているのだ。

このコラムでは「自分たちの住む北東アジア地域において、足元からの平和をどのようにつくっていくのか」という課題に向き合ってきた、日本の国際協力ＮＧＯの取り組みを紹介し、「小さな波動」の可能性を問いたい。

北朝鮮への人道支援

難民への支援、災害への支援、紛争地での支援――ＮＧＯの活動は「困っている人の力になりたい」という非常にシンプルな思いが行動に移されることで成り立ってきた。北朝鮮への緊急人道支援も、そんな気持ちから始まった活動のひとつであった。情報の非常に少ない地域ではあったが、同じように国交がなくとも一定の成果をあげた一九八〇年代のカンボジアなど、世界各地での経験を持つ国際協力ＮＧＯ、そして多くの市民団体が支援に取り組んだ。最も近い隣国だからこそ、支援に取り組むべきだ――日本では当時、このような訴えが当然のこととして受け入れられる土壌があった。

活動に取り組む過程で、支援団体は多くの壁にぶつかることになった。まずは、現地情報が少ないことによる難しさである。思った以上に厳しい北朝鮮国内における制約（＝透明性の問題）、インフラの整っていないことで起きる輸送の問題、さらには外国人に馴染みのない現地の人びととの関係性などは、現地で活動を始めていた国連機関や国際ＮＧＯとも共有できるものであった。「ＤＰＲＫ（北朝鮮）人道支援国際ＮＧＯ会議」（一九九九年に米国ＮＧＯの主導により北京で開催され、その後第四回まで継続）などにおける情報交換は何よりも重要な場となった。

だが、日本からの支援団体にとって何よりも大きかったのは、植民地支配という歴史が生んだわだかまりである。日本人へのとりわけ強い警戒心と不信感は十分に予想されるものだったが、実際に直面してみると、数回の訪問型の限られた緊急支援でつきあう中ではとうてい解決できない根深いものだということがわかった。駐在型の活動も検討されたが、日本人・韓国人・アメリカ人はダメ、というのが当時の通説だった。

さらに、日本側からの反発も次第に起きてきた。現地の状況が少しずつ知られるようになるなかで、本当に支援が届いているのか、政治体制がどうしても受け入れられない、という声が大きくなった。そのうちに北朝鮮から「テポドン」が発射されて一気に反北朝鮮感情が高まり、支援を募るどころか「北朝鮮」という単語さえ発するのがはばかられる状況になった。

相手の顔を見なくても済む大規模な支援を実施しているならば、こうした日朝間の「相互不信」もさして問題にはならないかもしれない。しかし、北朝鮮に人道支援を行うＮＧＯは、政府資金がつくわけでもなく、大企業からの支援が受けられるわけでもないので、ごく小規模の支援を、志のある日本の人びとから受けとり、顔の見える北朝鮮の人びとにきちんと届け、また日本の支援者に報告することが求められる。つまり、支援の実施以前に関わる者同士の間でなされる信頼関係の構築こそが何よりも大切になってくるのだ。

一九九六年から現地支援に取り組んできた「ＫＯＲＥＡこどもキャンペーン」（二〇〇六年現在、アーユス仏教国際協力ネットワーク、地球の木、日本国際ボランティアセンター（ＪＶＣ）の三団体で構成）は、現地への直接のコメ支援（一九九六年）、世界食糧計画（ＷＦＰ）経由の子ども向け食糧支援（一九九七、八年）を行いながら現地訪問をくり返してきた。これは、必要な人びとに支援が届いていることを確認すると同時に、「私たちは北朝鮮に暮らす人びとのことを気にかけている」というメッセージを伝え、信頼醸成を図っていく過程でもあった。同じ場所をくり返し訪問し、慇懃ではあるが頑なだった現地の人びとと話をする時間を増やしていった。

協同農場の託児所に太陽光発電支援（二〇〇〇、二〇〇一年）を行ったときには二日にわたって現場に通い、それまで見えにくかった農場の様子やそこに暮らす人びとに接する機会を十分に持つことができた。こうした相互理解の場を、「点」の関係ではなく「面」へと広げていくことこそ重要なのだが、支援自体が困難になっているいま、そこまでには至っていないのが実情である。

絵画展の取り組み

一九九九年二月に東京で開催された「北朝鮮人道支援日韓NGOフォーラム」も、北朝鮮での活動の経験を共有する場であった。歴史的経緯こそ異なるものの、当時、北朝鮮に人道支援をしようとする日本と韓国のNGOは、似通った立場にあった。朝鮮戦争以来、相互に敵視政策をとってきた南北間には対話のパイプがなく、支援のために韓国のNGOが北朝鮮を訪問しても、行動範囲は他国の支援団体と比べて非常に限られていた。九八年に就任した金大中大統領が南北対話の道を模索していたものの、韓国には北朝鮮との接触を禁じる国家保安法が厳然としてあった。同胞である北朝鮮の人びとを見捨てることはできないが、政治体制は決して認めないという「反北」「反共」の空気が強い中で、支援に対する市民の理解を得るのは容易ではなかったはずだ。

この会議において韓国NGO「南北オリニオッケドンム」(以下、オッケドンム)による絵画交換の取り組みが紹介された。「オッケドンム」とは肩を組みあう仲間という意味で、半世紀以上も隔てられてきた南北の子どもたちの「背の高さ」(栄養状態による差)と「心の背の高さ」(異なる政治体制において教育を受けているために生まれる差)を同じにしようという願いが込められている。特に、朝鮮戦争以降「敵対する相手」として事実と異なることを教えてきた教育を改め、相互理解を深めなくてはならないとする姿勢には共感が集まった。現在行き来することはできないが「いつかは出会う未来のともだち」に宛てて南北

2001年より東京都児童会館で毎年開催されている「南北コリアと日本のともだち展」の様子（2006年6月）。

の子どもたちが自画像とメッセージを送りあう。韓国NGOによるこうした活動にヒントを得て、日本においても一九九九年から「KOREAこどもキャンペーン」などが中心となって日朝の子どもたちによる絵の交換を始めることとなった。

絵画の交換のためには、まず北朝鮮側の受け入れ機関に「何のために子どもの絵が必要なのか」という意図を説明し、実際に絵を描く学校や幼稚園の先生、子どもたちを説得してもらう必要がある。ただでさえ不信感を持っている日本に絵を渡すことは相当の抵抗と葛藤があったと、交流先のひとつである平壌市ルンラ小学校の校長先生がのちに語っている。実際、そうした不信感の中でやっと手渡された作品は、お手本を写す臨画教育の傾向が色濃く、北朝鮮の子どもたちが描く「子どもらしい」絵を日本で紹介することで少しでもこの国を身近に感じてほしいと考えていたこちらの意図とは、かけ離れたものがほとんどだった。本当に子どもが描いているのか、確認するのもためらわれる状況だった。

描かれる絵が少しずつ変化してきたのは、日本の子どもたちの絵を持参し、それぞれの絵に込められた子どもたちの思いを伝えるようになってからである。こちらが先生に向かって

真剣な顔つきでメッセージを読む平壌の子どもたち（2006年８月、平壌市内の小学校にて）。日本での絵画展では、会場に来られない平壌の子どもたちにメッセージを送っている。

「こんな絵を書いてください」と言葉で注文するだけでは通じなかったのが、日本から絵を持参して実際に見てもらい、ある時は先生や子どもの前で日本側のスタッフが実際に描いて見せることで、やっと双方向の交流の第一歩が踏み出せるようになった。日本から届いた絵の中に共通点を見つけ、歴史教育で習う「日本」とはまた一味異なる「もうひとつの日本」に親近感を抱き、それに応えようとする雰囲気が、先生そして子どもたちの間にも波及していった。

二〇〇一年からは「南北コリアと日本のともだち展」というタイトルで、韓国と北朝鮮と日本に住む子どもたち（在日コリアンの子どもたちを含む）の絵画を展示する試みも始めた。東京での絵画展をメインに、ソウルでは「オッケドンム」主催の行事に参加、平壌では協力関係を築いてきた小学校の協力を得て、毎年継続している。拉致、教科書問題、靖国参拝、竹島＝独島、経済制裁、核実験…阻害要因には事欠かないが、それでもこの絵画展は途絶えることなく継続してきた。これは相手の依頼にきちんと応え（できないことを安請け合いせず）、積み重ねてきたひとつの信頼関係のかたちではないかと思う。

どのような未来像を持つか

最後に、この「ともだち展」をするなかで出会った在日コリアンの子どもたちについて触れておきたい。朝鮮半島にルーツを持ちながら日本に暮らす在日コリアンは背景も立場もさまざまだが、韓流ブームから核問題まで、氾濫する昨今の朝鮮半島報道に一喜一憂し、敏感にならざるをえないのは皆同じだろう。「ともだち展」では韓国学校や朝鮮学校、そして日本の学校に通うコリアンの子どもたちにも参加を呼びかけてきた。最初は「日本人が何のために」と不思議がられ、訝しがられたが、特に朝鮮学校の子どもたちには平壌を訪問してもらい、平壌の子どもたちに同じ目線で「ともだち展」を伝える役目を担ってもらうなど、現在は大いに活躍してもらっている。

初めてソウルを訪問した朝鮮学校の子どもからは、「今までみんな敵だと思っていたけど、今日会った人たち（絵画展に関わる韓国人や日本人）は優しかった」という言葉を聞いた。

また、韓国人の母を持つ子どもは「韓国はいいところです。韓国を悪く言わないで、もっといろいろ知ってください」と感想を書いている。自分の内にある多様な文化を認めながら成長していくべき子どもたちが、北朝鮮バッシングの洪水にさらされて不安を抱きつつ、息をひそめながら生きていかなくてならない状況が垣間見える。

この空気をこのまま再生産し続けていて良いのか、この道がたどり着く未来を私たちは本当に求めているのだろうか。私たちが求めるのは、たとえば日本と在日コリアンの子どもたちが韓国に出かけたとき、在日コリアンの子どもたちが「韓国語のわからない日本の子に、通訳してあげました」と誇りを持ち、日本の子どもたちが「言葉ができてうらやましい」「私も言葉を習いたい」と感じ、韓国の子どもたちが「日本で生まれて育っているのに、私たちの言葉を勉強して喋るなんてすごい」と在日の存在を知る、というように互いを認めあえる雰囲気ではないだろうか。日本と北朝鮮という非常に難しい信頼醸成、共生のモデルは、こうした小さな出会いの積み重ねを通して日本国内でもつくっていくことができる。

日朝関係が進んでいく道は、非常に険しい。現在の日本は「北朝鮮の態度が変わるまで、北東アジアに平和も安定もない」と対話を放棄し、制裁を加えながらひたすら相手の変化を待ち望んでいるように見える。だが、「いつミサイルが飛び、戦争が起こるかわからない」という不安の中で待ちつづけるのではなく、不断の対話の努力を続けることで、積極的に顔の見える関係をつくりながら前進していくこともひとつの道ではないのか。人道支援や交流を続ける中で、小さな歩みではあるが一歩ずつ前進してきたＮＧＯの実感である。

第4章 制裁ではなく、協力を

越田清和

はじめに――「嫌いな国」

大学で「NGO論」などの講義をする時、学生に「好きな国・嫌いな国」の名前と、その理由を短く書いてもらっている（西川長夫の『増補　国境の超え方――国民国家論序説』（平凡社、二〇〇一）にあったものを真似して行っている。「好き・嫌い」という二分法の問題点は自覚しているつもりだ）。ここ数年、「嫌いな国」のトップは朝鮮民主主義人民共和国（北朝鮮）。ダントツである。

二〇〇六年度の後期（一一月）に行ったアンケート結果（大学三年生が対象）では、出席者一〇六人のうち、五二人が北朝鮮を挙げていた（二位は米国二九人、以下、中国一一人、日本五人、ロシア三人、その他、と続く）。嫌いな理由は、「何をするのかわからない」「危険な国」「独裁」「自由がない」「キム・ジョンイルが嫌い」「核」「拉致」「将軍様」などである。また「日本のマスコミの情報操作なども考えると一概にこの国だけが悪いのではないと思うが、軍事力で国際取引をしたり、日本を侵略してくるのではと考えると、どうしても良いイメージをもてない」というやや冷静な意見もあるが、これはごく少数である。多くの学生は「危険な国」「世界の平和を脅かす」といったイメージを、北朝鮮に対して持っている。

ここに紹介した学生たちのイメージが、新聞やテレビから毎日流される北朝鮮についての「ニュース」によって植え付けられたものであることは言うまでもない。日本社会に広がっている「北朝鮮」観・「反北朝鮮」ムードと学生のイメージはほぼ重なっている。

こういう仮定は良くないが、もしこの「好きな国・嫌いな国アンケート」を北朝鮮でやったなら、おそらく「嫌いな国」のトップは日本（か米国）になるのではなかろうか。というのも、日本‐北朝鮮の国家間レベルでの敵対的関係は、両国に住む人びとの意識にも大きな影響を与えていると考えるからである。本当ならば国家間の意思とは無関係につくられるべき人間同士の関係までもが「敵対」させられる状況、これが二〇〇二年九月の日朝首脳会談で北朝鮮が日本人拉致と認めて以降、それまで以上に強くなっている。こうした状況をどう変えていくか。

私がアンケートを真似させてもらった西川長夫は、世界地図がもつイデオロギー性について、こう述べる。「世界地図は、地球が国家によって色分けされ、色分けされた国民が存在するという固定観念をわれわれに与えている。そして国家と民族と文化が一致するという偏見。ナショナル・アイデンティティの神話。それを失うことの恐怖、それに背く人びと、「非国民」への反感」（同右書、一七頁）。

この「地図のイデオロギー性」がもっとも露骨に表れているのが、現在の北朝鮮に対する日本社会の「空気」ではないだろうか。北朝鮮の支配体制とそこに生きる人びととを分けて考えようという最低限の原則さえ、なかなか主張しにくい。まして「北朝鮮への制裁を止めよう、人道援助を再開しよう」という声がマスメディアに出ることもない。そのような報道をすれば、「お前らは北朝鮮の手先か」という大合唱が返ってくることを十分に予測しているからだ。北朝鮮の主張に耳を傾けようという人間は、今の日本社会における「非国民」なのかもしれない。

私の中にも、「何を考えているのか、よくわからない国」「金正日体制は軍事が突出している体制」という北朝鮮に対するネガティブな気持ちがある。だからといって「北朝鮮は敵だ」「金正日体制を転覆しよう」とは、私は考えない。「よくわからない国」を知るためにはどうすればいいのか、「軍事が突出している体制」だとしても外部の体制や人間がそれを変えていいものだろうか、もし内部の人間がその体制を変えたいと願っているのなら何ができるだろうか、と考える。北朝鮮にも、私と同じような考え方をする人たちがきっといるはず、と思っている。

ところが、この考え方でさえ今の日本社会では、なかなか受け入れられない。そこには、核やミサイル、拉致などの高く厚い壁がある。この高い壁をどうやって低くするか、北朝鮮を「敵」ではなく「隣国」と見る視線をどう広げていくか。今のところ、私には学生たちのイメージに変化をもたらすような言葉や考え、具体的な提案はない。それでも、北朝鮮の人びとと手をつなぎ、助け合うようになるためにどうすればよいかを考え、それを声にすることだけは続けていきたい。本章では、民衆による国際協力=民際協力という視点から、北朝鮮の人びとと手をつないでゆくためには何が必要かを考える。

「よくわからない国を知ろうとする」こと、そして、もしそこに住む人びとが困っているなら何かできることはないかと考えること、これは広い意味で国際協力の考え方と言ってもよいだろう。ところが、日本人の行う国際協力は、政府もＮＧＯも、長い間、北朝鮮を無視してきた。国際協力や「援助」の相手とは考えてこなかった。政府としては、国交を結んでいないのだから協力活動はできない、というのが「当然」の態度かもしれない。あるいは北朝鮮が「自力更生」路線を歩まず、国際社会に対しても広く「協力」を求めてこなかったのだから協力したくてもできない、と言うかもしれない。

しかし、北朝鮮が国際的に食糧支援を求め始めた一九九五年以降でさえ、この国に対して何かできることをしようという積極的な声が――限られたＮＧＯ以外からは――出なかったのは、日本政府や日本の市民社会の中に北朝鮮を正面から支援しようという姿勢がなかったためではないのか。そして、その理由は、日本が朝鮮半島を植民地支配していた事実やその責任性に対する無関心・無意識が、ＮＧＯを含む日本の市民社会に今も根強く残っているためではないのか。このような無関心・無意識をどうやって変えていくか、その手がかりはどうやって見出すべきか、これが本章のもう一つの課題である。

一　政府による国際協力と戦争責任

戦後賠償と旧陸軍エリート参謀

　政府開発援助（ＯＤＡ）を軸とする日本の国際協力はフィリピンやインドネシアなど東南アジア諸国への戦後賠償（賠償と準賠償）からスタートしたと言われている。日本が戦争責任を果たす手段の一つである賠償は、本来、国際協力とは全くの別物である。しかし、日本をアジアの「物品供給地」にしようという米国の冷戦戦略によって、日本の戦後賠償は日本企業が海外に進出する足がかりとしての「経済復興の論理」を優先するものとなった。「賠償」として実施された発電所やダム建設は鹿島建設や間組などの建設ゼネコンが受注、また建設資材の調達は日綿実業や東綿、伊藤忠、兼松など総合商社が受注し、東南アジアに進出する機会となった。これにより日本の侵略戦争による被害者への賠償が国家レベルでの「経済協力」に姿を変え、商社とゼネコンが大型プロジェクトを受注するという日本のＯＤＡの原型が準備されたのである（内海愛子・村井吉敬「戦後賠償からＯＤＡ大国へ」村井編『徹底検証ニッポンのＯＤＡ』コモンズ、二〇〇六を参照）。

　そしてこの原型はまた、インドネシアと韓国への賠償が典型的に示すように、日本の政治家、商社（例・伊藤忠商事）、「右翼」（例・戦時中、上海で「児玉機関」をつくり、アヘンの密売などで巨利を得た児玉誉士夫――戦後、児玉はその資金を使って政界に食い込み、右翼や暴力団の「黒幕」として君臨した——）と、賠償受け取り国の権力者（スカルノ大統領や朴正熙大統領）とを結びつける「汚職の構造」の原型でもあった。

もう一つ忘れてならないのは、この「原型」づくりの背後に、東南アジア侵攻の戦略を考え、敗戦後も「大東亜戦争を侵略戦争とする論議には絶対に同意できません」と言い続けた瀬島龍三のような旧陸軍エリート参謀（軍事テクノクラート）がいたという事実である（共同通信社社会部編『沈黙のファイル——「瀬島龍三」とは何だったのか』新潮文庫、一九九九、一〇頁）。

旧陸軍参謀本部作戦課に所属していた瀬島は、シベリアでの抑留から帰国後、伊藤忠商事に入社し、インドネシアと韓国での賠償ビジネスに深く関わった。インドネシアとの賠償ビジネスでは、彼はスカルノ大統領夫人となったデヴィ（日本名は根本七保子、今は「デビ夫人」という名前の方が有名になったが、誰の「夫人」だったかは忘れられている）の「後見人」と呼ばれる東日貿易社長、久保正雄を通じて賠償絡みの仕事を紹介してもらい、裏で一三％の手数料（そのうち一〇％がスカルノに入り、三％が東日貿易に入った）を支払っていた。また、韓国との賠償ビジネスでも、児玉誉士夫の紹介で、朴正熙軍事政権の実力者である韓国中央情報部（ＫＣＩＡ）の金鍾泌《キム・ジョンピル》などと知り合い、日本が受注したプロジェクトにおいて巨額の手数料を支払っており、それが朴政権を支えるための政治資金となっていた（共同通信社社会部、同右書、第一章「戦後賠償のからくり」を参照）。

瀬島はその後も政界と財界に強い影響力をもち、中曽根政権下の一九八一年には第二次臨時行政調査会に入り、電電公社や国鉄などの民営化を進めた。彼は敗戦後も日本の東南アジア侵略を「アジア解放の戦争」と考え続けた人間の一人である。こうした人間たちが日本の国際協力（とくにＯＤＡ）

のスタート時に深く関わり、その後も政権の中枢部に影響を与えていたわけである。これらは、敗戦によってスタートした戦後日本が国家としての戦争責任問題を全く考えずに、いかに賠償を「戦後処理」としてのみ考えてきたかを示す一つの証拠といえよう。

その一方で、戦後日本国家は、旧日本人兵士やその家族など「日本国民」のみを対象とする「国家補償」を次々と拡大していった。一九五一年のサンフランシスコ対日講和条約の締結後すぐに制定された「戦傷病者戦没者遺族等援護法」をきっかけに軍人恩給が復活し（連合軍総司令部（ＧＨＱ）の指示で、四六年二月より重度戦傷病者以外の軍人恩給は廃止されていた）、一九六〇年代になると補償対象は「戦没者等の妻」「戦没者の遺族」などへと広がった。しかし、台湾や朝鮮半島など「旧植民地」出身の「元日本兵」は今もその対象とはされていない。

一九五二年度から九〇年度までの「日本国民」のみを対象とする「国家補償」の国内支出総額は、三〇兆八九八四億円になるという。一方日本が東南アジア諸国に対して一九五五年から七六年にかけて支払った賠償・準賠償の総額は約六五〇〇億円足らず。そのうちわけは、賠償が三六四三・四八八億円、無償資金協力が二七一一・六七六億円、各種請求権（戦前からの債務支払、連合国財産の補償・返済、日本軍による捕虜虐待への補償）が二一〇・七六五五億円である。日本国籍を持つ戦争犠牲者への支援総額約三一兆円と比べると、その差があまりにも大きいことに愕然とする（田中宏「日本の戦後責任とアジア——戦後補償と歴史認識」三谷太一郎編『岩波講座　近代日本と植民地8　アジアの冷戦と脱植民地化』岩波書店、一九九三）。

日本国籍をもつ旧軍人への恩給と日本人戦没者・戦傷病者およびその家族への過剰に手厚い個人補

償、そして日本企業の海外進出とセットで行われた東南アジア諸国への賠償、これが日本の「戦後賠償」の実態である（戦没者の妻に対する特別給付は一九六三年から制度化され、一〇年おきに五回実施されている。支給額も二〇万、六〇万、一二〇万、二〇〇万と増額されている）。

アジアの至るところで膨大な死者（そのほとんどは一般の住民）を出しながらその正確な数さえ調べようとせず、自国の戦争犠牲者についてのみに調べるという戦後日本国家の「戦後処理」は、自分たちがアジアで行った戦争に目を背けるものだったと言ってよい。戦争によって自国が与えた莫大な損害（死傷者や国土の破壊、人びとの混乱と対立、内戦など）についての事実の把握、謝罪の気持ちが伴わなければ、賠償などできないはずである。しかし、日本の戦後賠償は謝罪とは無関係なものとして、侵略の事実を認めない意識の下で実施されたのである。

「賠償」が終了した一九七六年以後、日本政府はODAを計画的に増額し、東南アジアへの経済進出を積極的に行うようになっていく。このプロセスでは東南アジア諸国との相互信頼が強調されたため、戦争責任をめぐる問題が政府間で取り上げられることはなくなっていった。しかし一九九〇年代に入ると、アジア各地の戦争被害者から日本政府に対して謝罪と補償を求める声が次々とあがり、戦後補償を求める裁判は現在まで八〇件以上起こされている（現在全国で三〇の裁判が継続中）。この声をどう受け止めるかも、民衆の国際協力にとっての大きな課題である。

転換点にある日本の国際協力

「賠償」を日本のODAの原型と考えると、日本の国際協力は、「日本の戦争は侵略戦争ではなかった」という意識を、何の疑いもなく前提にしてスタートしたと言えるだろう。問題は、この意識が敗戦から六〇年以上たった今の日本社会にも根強く残り、それが再び広がり始めているということである。

一九九〇年代に広がったアジアからの戦後補償を求める声に対して、日本国内では「新しい歴史教科書をつくる会」を中心に、歴史教科書から「従軍慰安婦」に関する記述の削除を求める動きが急速に広がった。この動きには「日本だけが植民地支配と侵略をしたのではない」「すでに賠償を支払っている」「近隣アジアの声に惑わされず正しい国家の歴史を書こう」などの主張が入り交ざっている。より深刻な問題は、この主張がマスメディアを通じて、若い世代を中心に一定の影響力を持ったということである。

一方、同じ時期、この「従軍慰安婦」問題をきっかけに日本による戦争被害の実態を調べる人びとが増え、戦時下の女性への暴力は戦争犯罪でありその責任者は処罰されるべきだという考えも広まった。その大きな成果が二〇〇〇年一二月に東京で開かれた「日本軍性奴隷制を裁く女性国際戦犯法廷」である。この民衆法廷では、民衆の道義的責任に基づき、国家（日本）が裁こうとしなかった戦争犯罪として昭和天皇裕仁に有罪判決を、また「慰安所」制度運営については日本に国家責任があるという判決を下した。一方、国際協力NGOの存在が日本社会にも広く知れわたり、国境を越えた協力の主体として「政府」ではなく「市民」がクローズアップされ始めたのもこの時期である。

「つくる会」を中心とした「国家観づくり」の動きと市民を中心とした国際協力活動の動き、この二つの動きは、日本という国家が国際社会の中で長期的にどの方向を選択するのか、といった点で現在の日本社会の揺らいだ状況をさし示していると言ってよい。一部の人間が示した「正しい国家像」にもとづく社会をつくるのか、それとも国家を相対化し市民が主体となった社会をつくるのか。あるいは日米関係をより強めるのか、それともアジアとのパートナーシップを重視するのか。単純化して言うと、日本社会は今、こうした二つの大きな流れがせめぎあっているのである。

国際協力活動の世界は、この渦中にあって大きな転換点に立っている。日本は二〇〇三年にODA大綱を改定し、ODAの目的に「我が国の安全と繁栄に資すること」すなわち「国益」の重視を加えることで、「テロ予防」や「平和構築」などに力を入れていく方向を示した。また、二〇〇六年には、インドネシア政府に対して「マラッカ海峡のテロ・海賊対策」のためのODAとして巡視船艇三隻の無償供与を決定した。こうした流れを見ると、軍事的用途には使わないという本来のODAの歯止めが利かなくなり、「ODAの軍事化」が進んでいる状態にあると言ってもよいだろう（この点については、越田清和「「反テロ戦争」下の援助——軍事化する援助」村井、前掲書を参照）。

しかし、まだ、この流れを食い止めることはできるはずだ。日本の植民地支配についての責任を日本人がはっきり認めた上で、歴史を直視しながら国境の壁を低くしていくことは、「民衆による国際協力＝民際協力」が担うべき大きな課題の一つだと私は考える。また、そうした流れに変えていくには、（1）日本国憲法前文に銘記された「平和的生存権」に基づき、政府による国際協力の中に植民地支配に対する責任を果たすための基金を組み入れ、（2）NGOなどによる国際協力の重要な柱に、過去の植民地支配や現在に続く植民地主義の克服を加え、（3）この二つを往復しながら、民衆間の連帯的関係を基礎とする「民際協力」をつくりあげていくことが大事だと考えている。あとはそのやり方である。

北朝鮮との間で「民際協力」を進めようとしても、冒頭に書いたように、私たちの前には高く手厚い壁が立ちはだかっている。しかし、まずはその壁を低くしなければ一歩も進まないことは明らかだ。

二　植民地主義を克服する国際協力

日本が求めた制裁

二〇〇六年一〇月に北朝鮮が核実験を行うと、安倍政権はすぐに、（1）すべての北朝鮮船舶の入港禁止、（2）北朝鮮からのすべての品目の輸入禁止、（3）北朝鮮籍者の入国禁止、などの制裁措置を発表した。一九九八年にインドとパキスタンが核実験を行った時には、両国に対する新規ＯＤＡを停止しただけである。また、一九九五年のフランスによる核実験の際には、国会の反対決議のみで済ませている。それと比べると、北朝鮮に対するこの措置は異常なほどの厳さであることがわかる。被害の及ばぬ遠い国の話と、核ミサイルがいつ飛んでくるかわからない隣国の出来事とは訳が違うという意見がすぐにでも飛び出しそうだが、本当にそう言ってしまってよいのだろうか。日本の対北朝鮮制裁は突出しすぎていないだろうか。

この制裁措置の発表以前にも、日本政府は北朝鮮に対する制裁措置を発動している。一九九八年八月の「テポドン・ミサイル発射」の時には食糧支援の中止、二〇〇六年七月の「ミサイル発射」の時には、万景峰九二号の入港禁止、北朝鮮当局職員の入国禁止、北朝鮮船舶乗務員の上陸禁止、北朝鮮への渡航自粛、国連安保理決議第一六九五号に基づく資金の移転防止措置（一六企業を指定）などを行った。また、北朝鮮が発した九五年のアピールに応じて国際社会が行ってきた食糧支援（表参照）に対しては、日本も同年から数度にわたり実施したが、二〇〇四年の一二万五〇〇〇トンのコメ支援を最後に停止している。

今回の措置はこれらをさらに徹底させ、北朝鮮との細いパイプさえも断ち切り、北朝鮮の孤立化をすすめ、政権転覆への圧力となるものである。そしてその口実として「拉致問題」が使われた。「拉致問題」が解決しない限り、制裁措置は解除しないという主張は今も繰り返されている。二〇〇六年六月には「北朝鮮人権法」が成立し、「拉致問題」に進展がない場合には外為法の適用による送金停止などの制裁措置もとれるようにした。また安倍政権が発足した同年九月には首相を本部長とする拉致問題対策本部が設置され、拉致問題が一気に国策の正面に踊り出た。こうした動きにタイミングを合わせるかのように、北朝鮮は核実験を行ったのである。

日本政府は国連安全保障理事会（以下、安保理）でも、米国とともに、国連による軍事的措置を含む国連

表　北朝鮮への国際的支援（2004～2005年）

援助供与国・機関	援助額（米万ドル）
米国	3200
欧州共同体（EC）	2500
イギリス	2000
世界食糧計画（WFP）	800
ドイツ	600
スウェーデン	500
ノルウェー	500
アラブ諸国	500
イタリア	500
国際農業開発基金（IFAD）	400

注1：北朝鮮への支援総額は、2003年度＝1億6800万ドル、04年度＝1億9600万ドル、05年＝8100万ドル。
注2：二国間ＯＤＡの約80％が緊急援助である。
出典：経済協力開発機構（OECD）のホームページ www.oecd.org/dataoecd/62/57/1878219.gif

憲章第七章の下で行動する北朝鮮制裁措置決議（第一七一八号）の採択に力を入れた。しかし中国などがこれに反対したために、最終的には第七章第四一条に基づく「非軍事的措置」という限定がつき、加盟国は、（1）北朝鮮への戦車などの通常兵器、核・弾道ミサイル・その他の大量破壊兵器関連物資、ぜいたく品の供給、売却、移転の阻止、（2）北朝鮮の核・ミサイル計画関与の個人・団体の在外金融資産の凍結、（3）北朝鮮に出入りする貨物の検査を含む協調行動、（4）安保理の全理事国による委員会を設置し、履行状況を検討、（5）必要に応じて追加的措置をとる、ことで合意した（二〇〇六年一〇月一四日決議）。

今回の安保理決議では第四一条に基づくという限定がついた。しかし、そもそも米国と日本が求めていたのは、「第四一条に定める措置では不充分」と安保理が認めた場合に適用される第四二条（「軍事的措置」！）を含む決議だった。日本政府は、この四二条を含む制裁措置を強く望み、国連で活発なロビー活動を行った。安倍首相は「厳しい措置を含む決議を何とか成立させたい。基本的に強制力を持つものがふさわしい」と発言し、北朝鮮への軍事的制裁にこだわり続けた（『読売新聞』二〇〇六年一〇月一一日付夕刊）。経済的関係を一切遮断するという非軍事的圧力だけでは物足りず、武力行使の可能性をちらつかせて、北朝鮮の現体制を崩壊させたいという意図である。

しかし、憲法によって交戦権の保持を認められていない日本が、軍事的措置に関する国連憲章第七章第四二条に基づく安保理決議を提案などしてよいのか、という根本的な問いがあるはずだ。ところがメディアからも野党からも、こうした疑問は全くあがらなかった。

もし米国や日本が提案する安保理決議が通っていたなら、安倍政権はタイミングをねらって軍事的制裁を口にしていたのではないか。さらに言えば、決議を見越して、それ以前から国連平和維持軍（ＰＫＦ）への参加についても検討していたのではないか。推測に過ぎないとしても、そう言わざるを得ない背景があるのも確かなのである（たとえば、制裁措置にある公海上での北朝鮮船舶に対する臨検について、海上自衛隊と米軍が協力するために「周辺事態法」の適用が取り沙汰されたことなど）。

日本政府の謝罪を原則にした政策

では、政府によるこうした態度を変えさせ、北朝鮮との間で「平和的生存権に基づく国際協力」を推進していくためには、どのような原則を立てればよいのだろうか。何を言っても「北朝鮮の味方か」という反論しか返ってこないような社会状況の下で、どんな切り口があるだろうか。

一つは、とても常識的なことである。アジア太平洋戦争を侵略戦争と認めた、一九九三年の日韓首脳会談における細川首相（当時）の談話を皮切りとする政府談話をきちんと守ることである。敗戦五〇年にあたる九五年には、村山首相（当時）が次のような謝罪の談話を発表している。

わが国は、遠くない過去の一時期、国策を誤り、戦争への道を歩んで国民を存亡の危機に陥れ、植民地支配と侵略によって、多くの国々、とりわけアジア諸国の人々に対して多大の損害と苦痛を与えました。私は、未来に過ち無からしめんとするが故に、疑うべくもないこの歴史の事実を謙虚に受け止め、ここにあらためて痛切な反省の意を表し、心からのお詫びの気持ちを表明いたします。また、この歴史がもたらした内外すべての犠牲者に深い哀悼の念を捧げます。

二〇〇二年の日朝平壌宣言でも、小泉首相（当時）がこれらの談話を継承するかたちで、「日本側は、過去の植民地支配によって朝鮮の人々に多大の損害と苦痛を与えたという歴史の事実を謙虚に受け止め、痛切な反省と心からのお詫びの気持ちを表明」したのである。一〇年以上にわたって日本の歴代政権が認めてきた植民地支配についての謝罪と反省を、日本の具体的な国際協力政策、たとえばODA政策に生かしていくことが必要だ。

これまでODA改革を主張していたNGOは、残念ながら、この視点をODA政策に反映させようとはしてこなかった。村山談話が出された二年後の一九九七年、外務省はODA予算の減額に対応するために「二一世紀に向けてのODA改革懇談会」をつくり、「ODA改革」を進めるための意見を求めた。懇談会のメンバーは一〇人だったが、そのうちの一人はNGOからの「代表」だった。私はその時、NGOや市民でつくる「ODA改革連絡会」のメンバーとして、NGOの意見をまとめ、懇談会に反映させようとしていた。しかし、私たちがODA政策に反映させようとしていたのは、ODAを貧困根絶など「地球的規模の問題」の解決に使うことや、憲法前文の精神を重視することなどにとどまり、村山談話を前提とする植民地支配の反省に基づいたODA改革案を提出することはしなかった。私たちの頭の中にその頃まだ、そういう発想がなかったのである。

二〇〇七年三月、「アジア女性基金」の解散により、日本の植民地支配についての責任を具体化した政府機関は全くなくなった（「アジア女性基金」とは、元「慰安婦」への償いのため一九九五年一二月に設立された「女性のためのアジア平和国民基金」の略称。しかしこの基金は国民から募金をつのって「償い金」を支払う制度で、日本政府による補償ではなかった）。また同年四月二八日、最高裁判所は強制連行に遭った人たちや元「慰安婦」など中国人を原告とする五件の戦後補償裁判に対して、原告による上告をすべて棄却した。最高裁の解釈は、一九七二年の日中共同声明に基づき、中国国民が日本の政府や企業に対して損害賠償を求める権利は消滅した、というものである（『北海道新聞』二〇〇七年四月二八日付）。この判決は、現在の日本の法体系の下では裁判によって戦後補償を求める人たちに救済措置を施すことは可能性だとするものだが、被害者の賠償請求権そのものは残っていることを認め、被害者の「精神的・肉体的苦痛」の大きさについて言及していることから、裁判によらない政治解決の途は残したことになるようだ。もしそうだとすれば、被害者に対していま政府ができる一つの方法としては、ODAを使った救済が考えられるのではないだろうか。たとえば、ODAの中に「戦争被害者への社会正義基金」をつくり、被害者に対する補償を行うというやり方である。

もちろんその場合には、「アジア女性基金」が被害者女性の多くから拒否された事実をきちんと検証する必要がある（多くの「慰安婦」被害者たちは、日本政府からの正式な補償金でなければ尊厳は回復されないと、受け取りを拒否した（「アジア女性基金」をどう評価するかについては、和田春樹・西野瑠美子「「慰安婦」問題の一五年をどうみるか」『インパクション』一四八号、二〇〇五を参照））。また、すでに議員立法として提出されている「戦時性強制被害者問題の解決の促進に関する法律案」（www.shugiin.go.jp/itdb_gian.nsf/html/gian/honbun/houan/g 15002009.htm）との整合性をどうするかという問題も同時に考えていく必要があるだろう。

ＯＤＡ予算に関していえば、先に記したインドネシアへの巡視船艇の供与（約一九億円）など「テロ対策」に使う無償資金七〇億円をはじめ、見直すべき資金がかなりある。また、ＯＤＡ以外に目を向けると、一九七八年に六二億円でスタートし、それ以来毎年平均で二〇〇〇億円以上も支出されながら誰が見ても納得し難い在日米軍に対する「思いやり予算」がある。あるいは、旧日本人兵士とその家族への高額な「国家補償」（軍人恩給など）の一部を使うこともできるだろう。とにかく、議論がなさすぎる。ＯＤＡ予算全体の見直しを含めて真の補償問題を考える必要がある。

植民地主義に対する国際的な反省

北朝鮮との「平和的生存権に基づく国際協力」を進めるために必要なもう一つの原則は、国際的に定着し始めている「植民地主義と人種差別主義に対する謝罪と補償」という視点に立つことである。

二〇〇一年八月に南アフリカ・ダーバンで国連主催の「反人種主義・差別撤廃世界会議」（ダーバン会議、参加国一六三）が開かれた。この会議は人種主義をつくった責任の所在を正面から問う画期的なものであった。ＮＧＯ代表としてこの会議の政府代表団に入った武者小路公秀は次のように述べる。

〔…〕いったん歴史がどうなっているかが問題にされると、やはり、人権を口にしてきたヨーロッパと米国の人たちが奴隷制を推進したし、植民地支配を確立したその結果として、いろいろな人種主義の問題が出ているということが問題にならざるをえない。この歴史的な問題把握の必要性は、アフリカの国々、民衆だけでなく、政府が強く主張した。これがダーバン会議の主題になったわけである」。（「グローバル化と反テロ戦争に起因する諸差別との闘い――ダーバン反人種主義・差別撤廃世界会議とその後」『部落解放』増刊号「反人種主義・差別撤廃世界会議と日本」五〇二号、二〇〇二、八頁）

もちろん、植民地支配の責任を問うこの会議が、望ましい合意の下に終わるわけはなく、「謝罪と補償」や「パレスチナ問題」をめぐっては激しく意見が対立したようだ。とくに植民地支配や奴隷制についての「謝罪と補償」をめぐっては、会議の準備段階からこれを宣言文の中に盛り込むことを要求していた側の意見が通らず、会議終盤に出されたダーバン宣言案では採用されなかった。そのため、宣言案に反対するアフリカおよびカリブ海諸国政府と、賛成する旧宗主国（とくにＥＵ・日本・米国・カナダ・オーストラリア・ニュージーランドなど）とが激しくぶつかり合った。会議の準備段階から「謝罪と補償」および「パレスチナ問題」への言及に強く反対していた米国は、イスラエルとともに会議途中に代表団を引き上げた。こうして最終的な宣言では、両者が妥協するかたちで、植民地支配と奴隷制が人道に対する罪であることは認めるが、謝罪と補償はしないという内容となった（上村英明「ダーバンへの長い、そして差別撤廃の未来への視座――二〇〇一年にとりくまれた国際社会の大きな課題」、ならびに前田朗「植民地支配、奴隷制で日本を追及――在日コリアンと反人種主義・差別撤廃世界会議」いずれも前掲『部落解放』を参照）。

ダーバン宣言は、植民地主義がもたらす被害についてこう述べている。

植民地主義が人種主義、人種差別、外国人排斥および関連のある不寛容をもたらし、アフリカ人とアフリカ系人民、アジア人とアジア系人民、および先住民族は植民地主義の被害者であったし、いまなおその帰結の被害者であり続けていることを認める。植民地主義によって苦痛がもたらされ、植民地主義が起きたところはどこであれ、いつであれ、非難され、その再発は防止されねばならないことを確認する。この制度と慣行の影響と存続が、今日の世界各地における社会的経済的不平等を続けさせる要因であることは遺憾である。（「宣言」総論一四）

とてもわかりにくい文章だが、この宣言では植民地支配の被害者である「アフリカ人とアフリカ系人民、アジア人とアジア系人民、および先住民族」がいまもその被害を受けていることについては各国政府が認めている。

そして行動計画では「これらの歴史的な不公正が世界各地の多くの人びと、とくに発展途上国の人々が陥っている貧困、低開発、周縁化、社会的疎外、経済格差、不安定及び秩序の不安の原因となったことは否定しがたいと認識する」（「行動計画」一五八）と述べ、連帯と相互尊重の精神に基づいたパートナーシップの枠組みによるプログラムを提案している（ダーバン会議の「宣言」と「行動計画」はwww.hurights.or.jp/wcar/J/govdecpoa.htm より引用）。

ここでも植民地支配が過去のものではなく、現在の不平等をつくりだす原因になっているという認識が示されている。たしかに「謝罪と補償」という言葉こそ使ってはいないが、このダーバン宣言では植民地支配が人道に対する罪であることを認め、債務救済や貧困根絶に取り組むことが国際的な公約となったのである。その責任をどう果たすかが、日本やヨーロッパ諸国、米国などに求められている。しかし、この政府間会議の「宣言」と「行動計画」が、先に引用したような曖昧な表現をとって「しぶしぶ」植民地支配に対する道義的義務を認めたことには変わりない。

一方、政府間会議と平行して行われたＮＧＯ間会議に基づく「ＮＧＯ宣言・行動計画」の主張は明確だ。アフリカ人とその子孫に対する国家の責任について、「奴隷保有国家、植民者、占領国は、自らが奴隷化し、植民地化し、またその土地を占領されたこうした人びとの犠牲の上に、不正に経済的な豊かさを享受してきた」と、犠牲者への「正当かつ公正な賠償」を求めている（「ＮＧＯフォーラム宣言」七一項〈www.hurights.or.jp/wcar/J/ngodecpoa.htm〉）。これは「アフリカ人とアフリカ系人民」に対する奴隷制を念頭においた文章だが、日本にも共通する問題である。

日本では、奴隷制は米国やヨーロッパの話で自分たちとは無縁だと思いがちである。しかし、いま私が住んでいる「北海道」と呼ばれる島のことを考えても、奴隷制の問題が浮かび上がってくる。たとえば、一八世紀前半に確立した場所請負制度（アイヌ民族との交易を行う商場の経営を商人に任せた制度。一九世紀に入り蝦夷地が江戸幕府の直轄地となってもこの制度が継続し、場所請負人によるアイヌ支配はいっそう強くなった）の下でアイヌ民族を強制的に漁場に連行したこと、あるいは日本の侵略戦争にともない朝鮮人を北海道内に強制連行し強制労働に就かせたことなどは、奴隷制という視点から語られるべき問題である。

祖父が日本人によって三〇〇キロも離れた漁場に強制連行された萱野茂（アイヌ人の研究者・活動

家、一九二六〜二〇〇六。一九九四〜九八年まで参議院議員）は、「和人の奴隷だった祖父」という見出しをつけた文章の中で、自分の住むコタン（共同体村）から男女を問わず住民の半数が強制連行されたことを書いている（『アイヌの碑』朝日新聞社、一九八〇）。この見出しは「強制連行」と「奴隷」の同義性を示すものである。私たち日本人が、「奴隷」を「強制連行」と言い換えているだけなのだ。

朝鮮半島からの強制連行も同じであることは言うまでもない。二〇〇二年一一月、北海道内で死亡した朝鮮人労働者と推定される一〇一名分の遺骨と名簿が東本願寺札幌別院で発見された。侵略戦争時代に強制連行された人たちである。この発見をきっかけに「強制連行・強制労働犠牲者を考える北海道フォーラム」が結成され、遺骨発掘の調査と返還（身元のわかった遺骨は遺族のもとに還すことが原則）は今も続いている。二〇〇六年夏には、韓国・在日・日本の多くの若者が参加し、旧日本陸軍の飛行場建設（道北の猿仏村浅芽野）に強制連行され死亡した人たちの遺骨調査も行っている。

こうした例は、日本のいたる所にある。自分の住む地域の歴史を見つめなおすことで浮かび上がってくる植民地支配の事実。この事実から出発して、グローバルなレベルでの謝罪・補償を求める動きをもっと広げていくことはできないだろうか。そうした動きがダーバン会議のフォロー・アップや、日本政府に対する具体的な取り組みにもつながっていくのではないだろうか。

「平和的生存権に基づく国際協力」

先に述べたように、日本の「戦後賠償」は植民地支配という事実を認めることなく実施された。それが最もはっきり示されたのが、一九六五年の「請求権及び経済協力協定」に基づく韓国への「準賠償」（経済協力）である。

韓国への「準賠償」（無償資金三億ドル、有償資金二億ドル）は、日本によって収奪された地金・地銀、日本政府の対朝鮮総督府債務、韓国からの送金、法人の在日財産、さらにすべての被害者（法人および自然人）の持つ日本国債・公債・日本銀行券・未収金・保証金など、八項目にわたる請求権を韓国側がすべて放棄する代わりの、「経済協力」のための資金であると、日本側は位置づけた。そしてその交渉過程では、日本政府は一貫して韓国に対する植民地支配の責任を認めようとせず、韓国側が強く主張する請求権も無視しようとしてきた。この協定を含む日韓基本条約の最後の交渉にあたった第七次交渉団の代表、高杉晋一（三菱電機相談役）が一九六四年に述べた次のくだりは、交渉に臨んだ日本側の姿勢を見事に示している。「日本は朝鮮に工場や家屋、山林などをみんなおいてきた。創始改名もよかった。朝鮮人を同化し、日本人と同じく扱うためにとられた措置であって、搾取とか圧迫とかいうものではない」（高崎宗司『検証日韓会談』岩波書店、一九九六、一六一～一六二頁）。

ところで、北朝鮮との間で交わされた今回の日朝平壌宣言（二〇〇二年）では、日本は植民地支配について謝罪したものの、国交が正常化した後には日本が「無償資金協力、低金利の長期借款供与及び国際機関を通じた人道主義的支援」ならびに「国際協力銀行等による融資、信用供与」などの経済協力を行うこと、そして両国およびその国民のすべての財産と請求権は放棄することが明文化されている。この「経済協力方式」と「請求権の放棄」の組み合わせは、先の韓国への「準賠償」と同じである。つまり、「両国およびその国民のすべての財産と請求権」を放棄したのだから、戦争被害者個人への補償はしないということである。政府間の解釈としては、そこで終わるだろう。

しかし、先に見たダーバン会議での国際的な「謝罪と補償」に関する動きを視野に入れると、日本政府が約束した北朝鮮に対する「経済協力」にも、植民地支配とその後の植民地主義に対する「道義的責任」は含まれていると言える。たとえ政府間レベルではこれが否定されるにしても、民衆運動の側からは、一日も早い日朝交渉の再開と国交正常化への要求とともに、この「道義的責任」を実質化し得るような経済協力活動がめざされるべきではないだろうか。

旧植民地に対する経済援助は、本来ならばその「道義的な責任」を果たすことを含んで行われるはずであるが、往々にして旧植民地からの資源や原材料を確保する手段へとすり替わっていくことが多い（David Sogge, *Give & Take：What's the Matter with Foreign Aid?*, Zed Books, 2002, pp 44–45. John Degnbol-Martinussen and Paul Engberg-Pedersen, *Aid：Understanding International Development Cooperation*, Zed Books, 2003, pp. 8–9を参照）。これでは責任を果たしたことにならない。来たるべき北朝鮮に対する「経済協力」が日本企業の利権（とその裏側にある北朝鮮権力者への利権）につながらないよう監視することは、日本の市民社会にとっても重要な課題になっていくだろう。

もちろん、植民地支配の責任を果たすために最も必要なのは、謝罪にともなう補償である。謝罪と補償は切り離すことはできないし、ODAのような国際協力はその代替物ではない。それが原則である。その原則をふまえた上で、たとえば元「従軍慰安婦」だけでなく、強制連行・強制労働による犠牲者なども含めた「戦争被害者への補償法」が成立するまでは、先にあげた「戦争被害者への社会正義基金」をODAの中につくり、その基金を戦争被害者やその家族への医療・福祉補助、真相究明のための調査に使うことは考えられるだろう。「平和的生存権に基づく国際協力」とは、こうした提案を出しながらつくりあげられていくものではなかろうか。

「平和的生存権に基づく国際協力」という考え方は、二〇〇四年一〇月に東京で開かれた国際シンポジウム「アジアの人びとと語る日本のODA五〇年」（アジア太平洋資料センター（PARC）、国際協力NGOセンター（JANIC）、上智大学アジア文化研究所の共催）において、PARCによる提言「日本のODAの進むべき方向性」の中で打ち出されたものである。また、フィリピンやインドネシア、パキスタン、バングラデシュなどのNGOが参加してこのシンポジウムの直前に行われた「援助の現実ネットワーク・アジア太平洋会議」でも、「人びとの信頼と支持を得るODAを目指して」と題する声明文の中で、日本国憲法の前文と九条にふれながら「平和および調和の実現、全ての人びとを対象にした繁栄の実現、公正で民主的な社会の実現」という目的を日本のODAの基本理念とするよう求めていくことが確認された。これらは日本国憲法前文にある「平和的生存権」の考え方が国際的にも重視され始めていることを示すものでもある（村井、前掲書、第八章を参照）。

このような提言をより具体的なものとするために、私は一〇年程度の中期的目標として、憲法前文に即した国際協力のアウトラインを提案した。この提案は北朝鮮を念頭においたものではなかったが、「紛争の真相究明および犠牲者への支援」という項目を入れている点で北朝鮮との接点がある。大事なのは、日本政府が「平和構築」や「人間の安全保障」といった口当たりのよい言葉で重点的に推し進めようとしてる「軍事をともなった国際協力」と、私たちがめざす「平和的生存権に基づく国際協力」とをはっきりと区別し、政府の唱える「平和」との違いを明確にしていくことである（この点については、越田清和「市民の平和協力」ピープルズ・プラン研究所編『シリーズ「改憲」異論3　九条と民衆の安全保障――国家の論理を超える平和主義』現代企画室、二〇〇六を参照)。

三　民衆による国際協力への途

ここまでは、ODAをどう変えていくかについて考えてきた。しかし、それだけでは全く不十分だ。私たちが支援をしようと考える国や地域の人びとと、私たち自身が住む日本との間にどんな歴史があったのか、少なくとも近現代史における最低限の常識を私たちは改めて批判的に学ぶ必要がある。そしてそこからもう一度、植民地支配の犠牲となった人たちの権利回復とは何か、自分にできることは何かを考えていく必要がある。それは、国家が隠してきた歴史の空白を取り戻すきっかけとなる作業でもある。その上でなければ、対等な関係に立った国際協力活動はできないだろう。

かつて堀田善衛(一九一八〜九八)という文学者は、ラス＝カサス(被征服民族であるインディオの人権を擁護し続けた一七世紀スペインの聖職者・歴史家)とフランツ・ファノン(反植民地主義運動に生涯を捧げた二〇世紀の黒人革命家・医師)を通じて植民地主義の「暴力的な本質」について考察し、次のように述べた。

植民地主義は、その開始の瞬間の、ほんの四〇年間にすでに、もっとも典型的なかたちで、その暴力的な本質をむき出しにしているのである。だから、その後の四〇〇年にわたる否認のための努力は、専ら植民地主義そのもののもつ暴力的な本質の否認に注がれることになる。〔…〕私たちは〝開発〟だの、〝発展〟だの、〝援助〟だのという、二〇世紀が発明した植民地主義の多くのビラビラについて関心をもつときにも、その基本と核心についての認識を見落としてかかってはならないのである」。(「第三世界の栄光と悲惨について」『堀田善衛全集　九』筑摩書房、初出は一九六八、五七二～五七七頁)

私が関心を持つ〝国際協力〟も、堀田の言う二〇世紀が発明した「ビラビラ」の一つである。それを自覚しながら行う国際協力とは何かを、ここでは考えたい。

戦争責任を具体化する動き——私たちの中の空白をうめる

一九九二年九月、フィリピンでマリア・ロサ・ヘンソンさんという六〇代の女性が「自分は日本兵にレイプされ、監禁されて、性的な奴隷とされた」と声をあげた。私が先住民族の支援と調査のためにフィリピンのケソン市とサンバレス州を往復していた時のことである。

その前年の一九九一年は、韓国で元「従軍慰安婦」の女性たちが声をあげはじめた年である。これに連動して、フィリピンでも女性団体が中心となり、「恥ずかしがらないで、立ち上がってください、声をあげてください」とラジオなどで呼びかけを行うようになっていた。ロサさんはその呼びかけを聴いて、五〇年近くの沈黙を破ったのである。ロサさんに続いて、五〇人以上の女性が日本軍によって「性的奴隷」にされた過去を語り始めるようになった。九三年四月、この女性たちの中の四六人の原告が日本政府に補償を求めて東京地方裁判所に提訴した（「フィリピン従軍慰安婦」国家補償請求訴訟。しかしこの裁判は二〇〇三年一二月に最高裁で上告棄却された）。

私は、提訴前に弁護団が行った女性たちへの聴き取り調査に通訳として協力し、何人もの女性から話を聞いた。どの話も「衝撃」などという言葉では語り尽くせないほどショッキングなものだった。抗日ゲリラによる強い抵抗運動があった占領地フィリピンでは、日本軍によって家族を殺され若い女性だけが拉致されていくケースが多かった（女性たちの証言と表情をまとめたものとしては、伊藤孝司『破られた沈黙――アジアの「従軍慰安婦」たち』風媒社、一九九三を参照）。

もう一つショックだったのは、フィリピンについて少しは知っているつもりだった自分が、実はフィリピンと日本との関係を考える時の核となる事実について何も知らなかったということだ。「バタアン死の行進*」などフィリピンにおける日本軍の暴虐については知っていたが、朝鮮半島のみならずフィリピンでも日本軍の「性的奴隷制」があったことは想像もしていなかった。もっとも、日本社会全体がこの事実について知らなかった（あるいは無視してきた）。しかし事実を知り、被害者たちの要求をじかに聞いたかぎりは、たとえ微力でも自分にできることを何かしなければと思った。

＊一九四二年四月、バタアン半島に立てこもり日本軍の侵攻に抗戦していた米軍が降伏した。日本軍はフィリピン兵七万、民間人四万、米国兵一万を約一〇〇キロ徒歩で歩かせ、延べ二万人近くの死者を出した。

こう書くと、特殊な体験をした一個人による、しかもかなり心情的なレベルでの決断だったように聞こえるかもしれない。たしかにそれもあったが、しかし、自分の中にはそうした心情倫理的なものとともに、ある種の責任倫理も働いていたと思われる。一九九〇年代は日本社会の中で、韓国やフィリピンをはじめアジア各地の女性被害者たちの声に応えるかたちで、これまで明らかにされてこなかった事実を調べ、アジア太平洋戦争とは何だったのか、戦争責任とは何かを捉えなおす動きが広がった時期でもあったのである。

戦争責任について高橋哲哉は、責任（レスポンシビリティ）には「応答可能性」という意味があり、「他者の呼びかけを聞いたら、応えるか応えないかの選択を迫られる、責任の内におかれる、レスポンシビリティの内におかれる、このことについて私は自由ではない」と述べたうえで、「戦後責任というものを、応答可能性としての責任」と考えることの妥当性を論じている（『戦後責任論』講談社、一九九九、二三一～二三三頁）。

一九九〇年代を通して日本社会に広がった戦争責任を問いなおす動きは、たしかに高橋の言う「応答可能性」という考え方から説明できるかもしれない。しかし、その動きは同時に、私たち日本人が自分自身の生き方を被害者の生き方と重ねながら、日本国家が隠してきた歴史の空白を被害者と共に取り戻し、被害を及ぼした原因と被害者に対する責任を問うことで、自分たち自身もエンパワーする（力をつけていく）運動としても捉えられた。「性的奴隷制」の原因と責任を明らかにするこの運動には、「被害者」から直接話を聞いた人たちだけでなく、メディアを通してこの問題を知った数多くの人びとが世代を超えて参加していったのである。先に触れた「日本軍性奴隷制を裁く女性国際戦犯法廷」は、この運動の大きな成果であり、連帯に基づく国際協力の一つの姿と言える。

地域とのつながり——ピナットの例から

「国際協力NGO」の多くは、実際にはその活動目的の一つに戦争責任の追及を組織として掲げているわけではない。もちろんこの問題に関心を持つスタッフは少なくない。しかし、NGOの「プロジェクト」にはなりにくい、あるいは会員から支援されるだろうか、NGOの「中立性」は守れるだろうか、などの不安から、組織として取り組むこと（あるいはそう提案すること）をためらっているものと私は推測している。おそらくこれは、NGOという組織が持つ特性、すなわち会員からの会費・助成金によって成り立つ不安定な経営基盤と、それゆえ支援者に対してはつねに目にみえる成果を提出しなければならないという性格から生じる問題かもしれない。

この問題を乗り超える手がかりとして、フィリピンの人たちとの間で一五年以上にわたり国際協力活動を行っている日本の小さなNGOの先進的な例を紹介してみたい。

フィリピン北部ルソン島のピナツボ火山大噴火（一九九一年）で難民化した先住民族アエタの人びとを支援する目的でつくられた「ピナツボ復興支援むさしのネット（ピナット）」（東京・三鷹市）というNGOがある。このNGOはいま、フィリピンに関わるNGOや市民グループと連携して東京の三多摩地域でフィリピンの元「慰安婦」のおばあさんたちとの交流・支援なども行っている（元「慰安婦」支援ネット・三多摩（ロラネット））。ロラはフィリピンの公用語タガログ語で「おばあさん」の意）。そのきっかけは、「この問題を深く理解し、慰安所とされた状況やその被害に目を向け、加害責任を自覚して…、という順番ではない。たまたま友人の紹介で、交流の場と宿泊を提供した折に一人のおばあちゃんの人柄にふれて」というものだった。

空き時間に縫い物をし、おだやかに人の話に耳を傾けるそのおばあさんが、交流の場では「自分の被害を言い募るわけではなく、「今も戦争や紛争のあるところ、必ず女性が被害を受けています。若い人たちがそんな犠牲にならないよう手助けをしましょう」と添える」。その「想像力の深さとやさしさに感動し」、「ごく普通のおばあちゃんに、このように言わせている日本とは？　しかもこんな女性たちがアジアにたくさんいるのだ。怒りとやるせなさと恥ずかしさを覚えた」と、ピナット代表の山田久仁子は言う（以上、「フィリピンのあるおばあちゃんとの出会いから――日本軍慰安婦とされたロラ（おばあちゃん）たちの裁判と私たち」三好亜矢子ほか編『平和・人権・NGO――すべての人が安心して生きるために』新評論、二〇〇四、三七三頁）。

ピナットは、東京の郊外、三鷹という地域をベースに活動する「小さな」NGOである。しかし、その活動はユニークだ。ピナツボ山噴火の被害者の中でも、とくに先住民族アエタの人たちへの支援に力を入れてきた（最初に出会ったのが偶然アエタの人たちだった）、地域に住む外国の人たちに日本語教室を開いている、国際理解教育の教材をつくりワークショップを開いている（その中には「従軍慰安婦」問題についてのキットもある）、事務所のある敷地にはピナット発足前から仲間同士で運営しているビル清掃会社や保育園（0歳から学童保育まで）があり、保育園の隣りはカフェになっているので、老若男女毎日いろんな人が出入りしている、などなど。

ピナットが自然なかたちで「従軍慰安婦」問題や戦争責任の問題に取り組むようになったのは、地域とのつながりがあったからだと私は考える。子どもからお年寄りまでさまざまな年代・考え方の人たちが出会う場だったからこそ、そこに来たフィリピンのおばあさんに対しても、ごく普通に接する

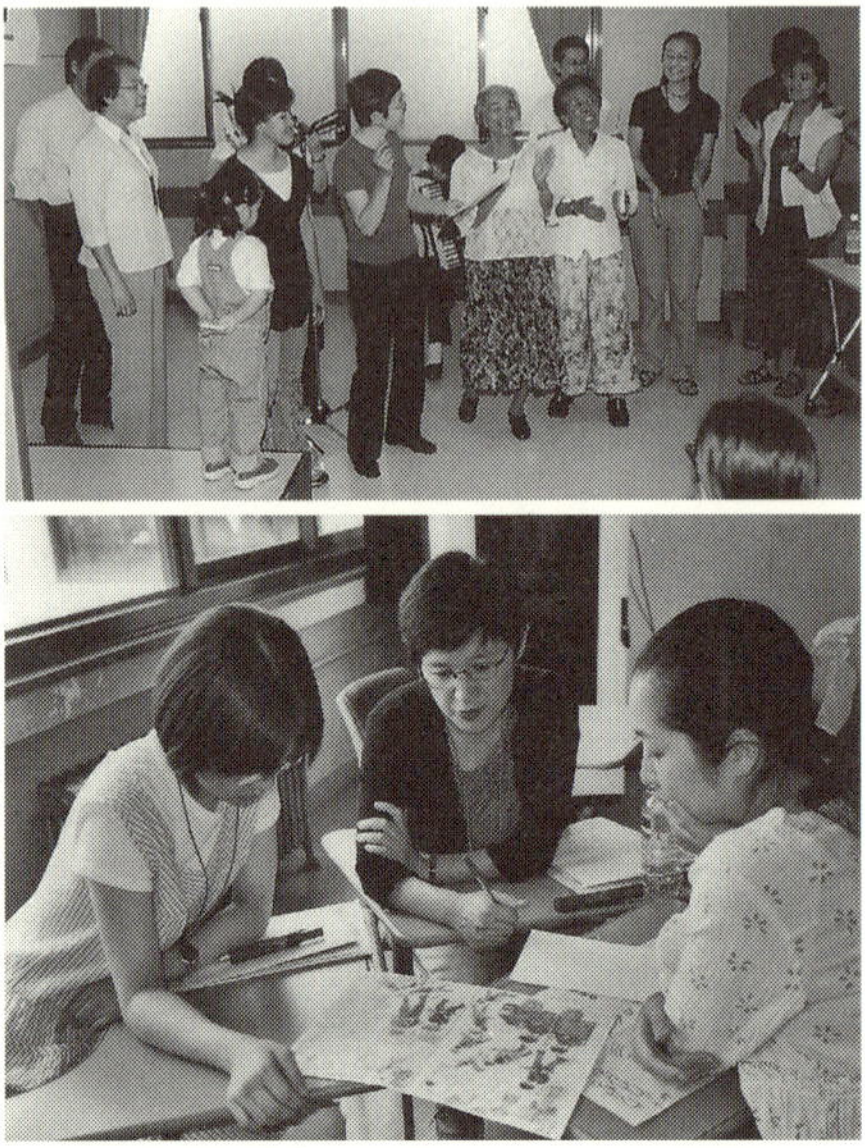

［写真上］2004年6月。元「慰安婦」の女性たちとの交流集会会場で。［写真下］ワークショップの風景。元「慰安婦」の女性が14歳の自分の体験を振り返ってスケッチしたものを題材に、参加した大人たちは同じ頃の自分を、子どもたちは現在の自分を重ね合わせてみる。（写真提供：フィリピン元「慰安婦」支援ネット・三多摩（ロラネット））

ことができた。また、それゆえにこそ、おばあさんの、言葉にできない苦しさや悲しさ、人間の最も深いところから発せられる言葉を感じとることができたのだろう。前述したように、裁判は棄却されたが、ピナットはその後もこうした共感をもとに開発教育の教材をつくり、「従軍慰安婦」のことをよく知らない人たち（とくに若い世代）に、まずこの問題を考えてもらうきっかけをつくろうと今も活動を続けている。

　こうした地道な活動を外部の人間が理想化して語るのはよくないが、しかし多くの国際協力ＮＧＯにいま最も必要なのは、いろいろな世代や経歴、国籍、視点、声を持つ人たちがゴチャゴチャと出入りする、まさにピナットのような〈場〉をつくりあげていくことではないだろうか。そして、そのような〈場〉で生まれる人と人とのつながりを通じてこそ、私たちは他者の人生を自分の身に置き換えながら思考することを学び、国境の壁を越えた共通の感覚（「これは許せない」「こんな状況をつくりだした構造を変えていこう」など）を育み、わからないことをわかろうとする態度を身につけていくようになるのではなかろうか。

ピナットのような活動を手本にしながら、もう一度、北朝鮮の人びとと手をつなぐためには何が必要か、考えてみる必要がある。その関係性づくりのあり方自体が、人びととの連帯に根ざした「民際協力」の価値を決めると言っても過言ではないだろう。

国際協力ＮＧＯの可能性と現実

日本の国際協力ＮＧＯの多くはアジアを中心に活動している。しかし、先に述べた次の三つの理由で、日本の戦争責任を問題化したり、戦争被害者への支援を行っているＮＧＯの数は少ない。すなわち、（１）テーマが「抽象的」で具体的なプロジェクトになりにくく、その成果も見えにくい、（２）戦争責任のような「政治」的課題に関わると会員からの支持や資金提供が得られにくい、（３）重要な政治問題に対して意見を言うことはＮＧＯの「中立性」を損なう、という三点である。

もし国際協力ＮＧＯという組織が、会員や支持者、資金提供者からの資金をスムースに運用するだけのために「国際協力という仕事」に就き、国と国との間で行われる協力活動の補完役としてのみ存在するなら、ここにあげた理由も理解できる。しかし私は国際協力ＮＧＯを、「国際協力という仕事」をするだけの組織とは考えない。なぜなら、国際協力と呼ばれる領域で、助けたり助けられたりという対等な関係に立った至極当然な活動を続ける時には、どうしても国家とは違う考えや視点が必要になってくるはずだと考えるからである。

たとえば、その地域に住む人びとの言葉や歴史を知ろうとする、あるいは国際協力活動の標語のようになっている「対等なパートナーシップ」についてその地域に住む人びとと共に考えようとする、そして「貧困の現実」を知ってその地域の人びとと共に何とか解決策を見出そうと行動する、これらはすべて今日の国民国家がつくった枠組みを超えたところでの活動であり、そこに国家の論理や国益が入り込む余地はないはずである。私の周りにもいるが、たとえば青年海外協力隊に入って「途上国」へ行き、そこで人びとの暮らしにじかに触れるうちに、外から持ち込まれる開発プロジェクトのあり方に疑問を持つようになったという人は意外と多い。国際協力NGOには、そうした人たちの受け皿として開かれている面も実際にはあるのである。

抽象的な言い方をすると、国際協力NGOとは本来、青年海外協力隊の「隊員」に求められるような「国家の意識」（その前提としてこの「隊」には日本国籍を持つ者しか応募できない）よりも、「現地の人びとの声」に説得力を感じることの方が多く、しかし、その「声」に直接応えようとしながらも、一方では自国の社会の中ではなかなかそうした考え方が受け入れられにくい状況の中で、つねに両者の間を調整しつつ活動する組織だったのではないか。国際協力NGOがこの現実認識に立たず、難題にチャレンジすることを諦めるのなら、自らを「グローバル市民社会」の一員などと称することはできないだろう。

しかし、私の「願望」とは裏腹に、実際のNGOによる国際協力はどうもそうなっていない。そこが問題なのだ。「国境を越えた活動」を売り物にしてきたはずの日本の国際協力NGOが、実は国家を超える原理を持っていない。政府から独立した存在であることを強調してきたはずの日本の国際協力NGOの活動が、実は国益に左右されている。こうした問題が最もはっきり現れているのが、北朝鮮との国際協力なのである。

日本政府は二〇〇〇年のコメ支援以降、北朝鮮に対する食糧支援を完全にストップし、徹底した圧力政策を採っている（ただし二〇〇四年四月の龍川における列車爆発事故に際しては国連機関を通じて一〇万ドル相当の緊急医療物資を援助）。マスメディアも北朝鮮バッシングを続け、多くの人びとに「北朝鮮＝悪・怖い」というイメージを与えている。こうした状況の中では、日本の国際協力NGOが政府の見解やマスコミの論調と正面からぶつかる人道支援を行うことは難しい。会費や募金などを資金にして支援活動を行う国際協力NGOは、世論の支持を必要とするため、どうしても「少数者」になり切れない。政府に反対の意志を表明することはこれまでもよくあった。しかし、政府とマスコミが一体となって行っている今回の「北朝鮮バッシング」のようなキャンペーンに対しては「ノー」と言いづらいのである。マスコミの政権批判力がこのように弱まっている現状では、その影響を受けがちな世論の動向を気にして、いっそう批判的な動きがとりづらくなっている。

この状態をそのままにしておくことはできない。

北朝鮮について「国論一致」のような状況になってしまったのは、政府、マスコミの問題だけでなく、そもそも私たち日本人自身が「よくわからない国」「最も近い隣人」を知ろうとしてこなかった結果でもある。それは、「国境を越えて」という国際協力の原則から北朝鮮の人びとと在日朝鮮人を排除していたということである。民衆による国際協力＝民際協力は、この事実から出発する必要がある。日本人はもっと隣人を知るための努力（楽しい努力）をしなければいけない。その最も身近な隣人とは、在日の人たちである。

在日朝鮮人の子どもたちが学ぶ朝鮮学校では今、子どもたちやその家族に安心した学校生活、日常生活を送ってもらうために、「地域との連携」に力を注いでいる。札幌にある北海道朝鮮初中高級学校では「日本の学校の教員が授業を行う日朝友好促進交換授業」や「アンニョンフェスタ（学校の紹介、朝鮮文化に対するふれあい体験、フリーマーケット、朝鮮食品の販売）」を行い、自分たちを知ってもらおうとさまざまな活動に取り組んでいる（移住労働者と連帯する全国フォーラム実行委員会編『第六回移住労働者と連帯する全国フォーラム・北海道報告集』同フォーラム実行委員会、二〇〇七、五六頁）。

このような動きに、日本人の側がどう応えていくか。私の所属するさっぽろ自由学校「遊」では、二〇〇六年一〇月に「ジェネレーション・ネクスト――私たちがつくる東アジアの新しい時代」というディスカッションの場を持った。「靖国神社」や「ナショナリズム」などをテーマに、国籍の異なる若者が集まり、率直に自分の考えを出し合い、疑問をぶつけ合おうという試みだ。「正しいこと」を言いたがる「オヤジ」の私は参加できなかったが、こういう小さな試みがあちらこちらで自発的に生まれていくことが大事である。こうした〈場〉がいくつもできあがれば、大きな広がりへとつながっていく。一人ひとりが自分に素直になって、何ができるかを考えるようになれば、それが植民地支配に対する責任や今に続く植民地主義の克服について考えるきっかけとなり、国家の壁を低くするための出発点となっていく。

先に述べた「国際協力分野における北朝鮮排除」の問題を、人道支援を例に考えてみよう（本書コラム2参照）。一九九五年九月、国連人道問題局は国際社会に北朝鮮への食糧緊急支援アピールを出した。穀物に甚大な被害を及ぼす豪雨が北朝鮮を襲ったのである。これを受けて、日本政府は同月、前年に続き第二次コメ支援として二〇万トンのコメを一〇年の据え置き期間を含む三〇年の延払い方式で供与した。

この時、少数だが日本の国際NGOや組合、市民団体も支援に動き出した。日本国際ボランティアセンター（JVC）と農協青年部、日本青年団協議会、ピースボート、リサイクル市民運動市民の会が「食糧支援共同キャンペーン」を開始し、米六一トンを一〇カ所の集落で配布したのである。しかしその後も北朝鮮に対する支援は続けてきたものの、一九九八年八月の「テポドン打ち上げ」以降は募金が思うように集まらず、小規模支援にとどまっているとJVCの熊岡路矢は報告している（「北朝鮮の食糧問題と人道支援のあり方」姜尚中ほか編『日朝交渉――課題と展望』岩波書店、二〇〇三）。

たしかに北朝鮮への人道支援については、「援助物資がほんとうに食糧不足に苦しむ人々の手に届いているのか、軍隊に流れているのではないか」「援助は現在の体制を延命させることにつながる」という強い批判があり、こうした批判に根拠があることも事実だろう。たとえば熊岡は、国連世界食糧計画（WFP）による「ノー・モニター、ノー・ディストリビューション（配給確認のための訪問が認められない地域では、食糧配給は行わない）」という原則を紹介し、「歴史的に形成されてきた外国人（とりわけ日本人）への強い警戒心、いくらか緩んだとはいえ統制の多い社会での、現場への自由な訪問への規制などに困難をかかえている」と述べ、WFPの原則と北朝鮮政府の対応との不一致の中で行われている人道支援の現状も報告している（同右論文）。

しかし日本の国際協力にとっての最大の問題は、「北朝鮮敵視」という政策によって人道支援の原則と意義が捻じ曲げられていること、それに対して国際協力ＮＧＯから強い批判が出ていないことだろう。「生命の権利を脅かされている人たちを平和的な方法で援助する」というのが人道支援の原則であり、その活動を通じて「生命の権利を脅かす原因を世界に知らせ、長期的な平和に貢献する」ことが人道支援の意義ではないのか（人道支援について、わかりやすく、かつ深く考えさせるものとしては、ジャッキー・マムー『子どもたちと話す人道援助ってなに？』山本淑子訳、現代企画室、二〇〇三を参照）。北朝鮮に対する人道支援の困難さを乗り超えるために必要なのは、先の「食糧支援共同キャンペーン」の実践が示すような、国家とそこに住む人びとを分けて考え、あくまで人びとの生命と権利を守るという、国境や政府の壁を乗り超えた連帯の精神と論理である。

日本では「北朝鮮敵視」「金正日体制転覆」というマスコミの論調が異常に強く、人道支援を行おうとするＮＧＯでさえ、北朝鮮の人びとと国家体制とを分けて考えるという最低限の原則を主張できなくなっている。また、多くの国際協力ＮＧＯは、日本社会に広がる「反北朝鮮感情」に配慮してか、あるいは政府の政策に反した活動は差し控えたいのか、それとも初めから北朝鮮への人道支援など念頭にないのか、とにかく北朝鮮への人道支援には声をあげない。

こうした現状はおかしい。地震、津波、土砂崩れなどの災害や、紛争による破壊、難民、飢餓などが起きると、日本の国際協力ＮＧＯはそれが世界のどこであれ真っ先に何らかの行動を起こそうとしてきたはずだ。しかし北朝鮮だけは、この「国際協力地図」には載っていないような印象を持ってしまう。

二〇〇六年七月に発生した北朝鮮での大洪水の被害を、韓国の人権団体 Good Friends はこう伝えている。

今回の洪水によって一三〇～一五〇万名の水害被災者が生まれたものと推算される。現在登録された行方不明者だけでも四〇〇〇名に達するが、最終集計では、行方不明者と死亡者は一万名余になると見られる。一方、大洪水以後、七月末からは、老人と子どもたちが疾病によって毎日多くの人が亡くなっている。医療支援や貿易対策が全くなく、死亡者はより増えるものと見られる。（*United Voices*, Boomerang Net, vol. 2）

日本では二〇〇〇年、欧米のＮＧＯに負けない質の高い緊急支援を行うため、ＮＧＯ、経済界、政府が一体となってジャパン・プラットフォーム（ＪＰＦ）という人道支援機関を設立した。ＪＰＦは、緊急支援の対象を決めるための「出動条件の目安」を設けている。それによると、旱魃や洪水などの被災者支援は「予想される被災者が三〇万人以上」の場合となっている（http://w3.japanplatform.org/work/0401.html）。ＪＰＦに参加するＮＧＯがこの条件を満たした災害に対して支援を希望し、その支援計画書が常任委員会（旧称は評議会。外務省・経団連・民間団体・学識者・ＮＧＯで構成）で認められれば、ＪＰＦとして支援を行うことになる。

「被災者が三〇万人以上」という目安からすると、二〇〇六年の北朝鮮の大洪水は当然支援対象になるはずだが、ＪＰＦに参加するＮＧＯから支援の声はあがらなかった。ＪＰＦに対してはその設立直前から、「北朝鮮が援助の対象から外されていることは、ＮＧＯの活動への制限」になるのではないかという疑問が出されていた。しかし、ＪＰＦの理事をその後務める原田勝広は当時こう反論した。「プラットフォームの援助の対象は、政治的信条、宗教、人種、国籍にかかわらず、世界の難民、被災者すべての人々であり、北朝鮮だから行かないなどということはあり得ない。〔…〕どこへ行くかは、ＮＧＯが判断すべきことで誰にも干渉されない」（『「こころざし」は国境を超えて――ＮＧＯが日本を変える』日本経済新聞社、二〇〇一、二五五頁）。

正しい発言である。これは人道支援の一般原則を明言したものとして正しい。しかし考えるべきは、この発言から六年後、北朝鮮で被災者数一三〇万とも言われる大災害の報告があったにもかかわらず、実際にはＪＰＦに参加するＮＧＯからは何ら支援の声があがらなかったことである。そして「誰にも干渉されないＮＧＯの判断」によって、北朝鮮でのこの大災害が支援対象から外されてしまったことである。

では、その「判断」とはどのような理由に基づいて下されたものであったのか。その理由は正式には表明されていない。人道支援の一般原則だけでは、なぜ北朝鮮の洪水被災者が支援対象にはならなかったかを説明することはできない。これには何か特別な要因が働いているのではないか。そういった疑問も生じてくるだろう。私は、「出動条件の目安」にはどこかで国名が影響しているのではないか、人道主義の原則が「拉致問題の完全解決」（さらに言えば、北朝鮮の現体制転覆）という政治目標によって歪められているのではないかと考えている。

もちろんＪＰＦに参加しているＮＧＯにもそれぞれ独自の活動条件があるだろう。ただ、それぞれのＮＧＯの動きを鈍くしている要因には、もともと北朝鮮の人びとや在日朝鮮人との関係が希薄であるために、「あそこにも友人がいる」といった素朴な想像力が日常レベルにおいて働いていなかったという面もあるのではなかろうか。いずれにせよ、歴史的にも古くからの隣人である朝鮮半島の北半分の人びとが目に入らないのは、ＮＧＯによる国際協力が、国家による国際協力から完全に独立していないことの反映なのである。

おわりに――民主化と平和、植民地支配の責任をつなげる

韓国では一九九六年に宗教界や市民団体などの参加により「わが民族助け合い運動」がスタートし、北朝鮮支援の「募金運動を展開し、赤十字を通じて援助を実施し」た。九八年の金大中政権の発足以後は、「対北朝鮮の窓口も多元化して、直接支援することが可能になった。これにより初めは物資の提供レベルだった支援活動が、持続的な農業技術支援などへと発展し、技術者を定期的に派遣するようになっている。北朝鮮支援を目的とした民間組織の連合体「対北協力民間団体協議会」には、二〇〇六年現在で四八団体が所属し、「医療設備、農業技術・設備、児童施設などの支援を行っている」（以上、韓興鉄「核危機と韓国市民社会」『月刊オルタ』二〇〇七年一月号）。

韓国で行われているこうした動きを紹介すると、「同じ民族なのだから、積極的に協力するのが当

たり前だ。日本と比べるのはおかしい」という反論が返ってくるかもしれない。しかし一九九〇年代初めまでは、韓国と北朝鮮は政治的「敵対関係」にあり、韓国では「北」からの脅威に対抗するための「国家安全保障」が政府の最重要課題となっていた（本書第3章参照）。韓国社会が大きく変化し、「統一」を前提とした支援が急速に広がったのは、わずかこの一〇年ほどのことなのである。

韓国の平和研究者フランシス・リー・デーフンによれば、この変化をもたらしたのは冷戦の解体と南における民主化であり、それは「分断という目的のために作られた世界観が大きく溶けていく過程だった」（「帝国の無知と傲慢――朝鮮半島には底部から深い変化が起こっている」武藤一羊訳『季刊ピープルズ・プラン』23号、二〇〇三）。彼の見解につけ加えて言えば、この変化を準備したのは、民主化と統一の問題を平和の実現とつなげて考えてきた一九八〇年代の民衆のたたかいである。

一九八九年三月、「非合法」に平壌を訪問した韓国民主化運動のリーダー文益煥《ムン・イクファン》牧師は、その五年前にこう述べている。「分断を克服し、民族を核戦争の危機から救う道が、民族主義の道であるならば、その道は平和志向的でなければならない」「平和志向的でない民族主義は、この民族を戦争へ、否破滅に駆り立てる」と（『民衆による平和と統一』矢野百合子訳、新教出版社、一九八六、八六頁）。

こうした思想と行動の上に立って、韓国の市民社会はいま、米国と韓国の両政府に対して「北朝鮮問題を安保化するな」と求めている。これについてフランシス・リー・デーフンは、「自称安保問題専門家たちは、脅威を基準に物事を考える。脅威から始めて、その源を特定し、それを「敵」とか「悪」とか呼ぶ。しかし朝鮮半島の人びとは、自分たちは和解できるし、平和的な紛争解決を達成できる、外からの余計な干渉さえなければ、と信じている」と述べている。つまり、米国こそが地域の

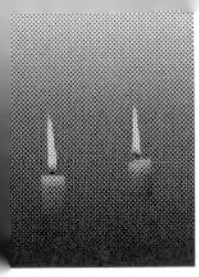

平和への脅威であるという考え方が、朝鮮半島の人びとの主流になっていると言うのである（前掲論文）。果たして、韓国におけるこのような動きは日本の状況と無関係だろうか。

「北朝鮮がミサイルで日本を攻撃する」「中国の軍事拡大は日本の脅威だ」「増え続ける外国人犯罪が日本中を不安におとしいれている」などなど、脅威の強調やその元凶探しから出発する議論がいま日本国中を覆っている。そして、こうした「脅威」を取り除く手段として「安保」が強調されている。

かつて、韓国では北朝鮮を敵視し、反共政策を最優先させる軍人が政権をとり、何十年にもわたり統一と民主化を求める民衆運動を弾圧し続けた。いま日本政府は、米国に寄り添って北朝鮮を敵視し、「拉致問題の解決」を国策の最優先課題とし、「テロ対策」に力を入れている。また、中国経済の急成長をそうした「脅威論」の中に落とし込んでいる。政権の座にあるのは軍人でこそないが、しかし安倍晋三、麻生太郎、中川昭一などは、近代日本が行ってきた侵略と植民地支配の事実をねじ曲げようとしてきた人間たちである。韓国の民衆は、米国の傘下で北朝鮮敵視の軍事政策をとり続けてきた軍事独裁政権を自らの手で倒し、民主主義を原理とする社会をつくった。そして、その民主主義をさらに広げようと懸命に努力してきた。そのような民主化プロセスがあったからこそ、いま韓国では、北朝鮮との和解・統一へ向かおうとする動きに賛同する声が民意の主流となっているのである。北朝鮮政府が行った核実験も、この動きを後退させることはできなかった。

いま私たちに必要なのは、こうした韓国の人びとの努力から学ぶことだ。隣国を敵視する「安全保障最優先」の思考から抜け出すことである。そのためには、米国が名づけた「テロ国家」というレッテルで最も激しい北朝鮮攻撃を行ってきた日本（人）の内側を変え、北朝鮮の人びととの連帯に基づく関係づくりを立ち上げていくことが大事である。韓国社会の変化を視野に入れ、私たちも平和を最優先する原則に立ち、北朝鮮との関係づくりを進めていこう。それは、北朝鮮と韓国との和解を支えるための協力であり、北東アジア地域における平和への脅威を弱めていくための協力であり、そして日本の侵略、植民地支配に対する責任を果たすための協力である。

その入り口となるのが、北朝鮮への人道支援だ。この入り口から、国家から自立した民衆のイニシアティブが生まれてくるはずである。この人道援助は、日本政府による「制裁措置」と正面からぶつかるものでもあり、多くの困難をともなうものだが、北朝鮮とのつながりを復活させ、それをさらに太くし、多様なものとしていくためには必要なことなのである。

一九八九年に文益煥牧師（とそれに同行した日本在住の同志、鄭敬謨《チョン・ギョンモ》氏）が「非合法」に平壌を訪問し、連邦制統一を含む「四・二声明」を発表したことが、朝鮮半島の民主化と統一を願う人びとに勇気を与え、いま広がりつつある「市民参与型統一」（武力や一方の勢力のみが強化されるような併合ではなく、民衆の参加による平和的な統一をめざす運動）の原型となった（白楽晴「韓（朝鮮）半島式統一とは何か――市民、海外韓民族ネットワーク、日本それぞれの役割」『季刊・環〈歴史・環境・文明〉』vol.28、二〇〇七、冬号、藤原書店）。このとき文益煥牧師らは、金日成主席と二度にわたって会談し、それまでタブーとされていた「共存の原則による連邦制統一」や「韓米合同軍事演習チームスピリットの中止」などをこの声明によって初めて盛り込んだのである。

民衆が主体となったこのような大胆な協力と、その意志の声を北朝鮮の人びとに届かせようとする地道な努力を、私たちは今こそ思い起こす必要がある。

第5章 安保を無みし、〈平和〉を紡ぐ

中野憲志

はじめに――奇妙な国、日本

日本という国は、奇妙な国だと考えてきた。「あいまいな国」でも「美しい国」でもない。奇妙な国である。国の最高法規であるはずの憲法が「国のかたち」を決めることができないからである。それればかりか、憲法が国の安全保障戦略を律することもできない。日本国憲法は、その根本理念に反する日米安全保障条約と、この条約に基づく在日米軍および自衛隊を憲法違反であると裁定することができない。いや、法理論上はいくらでもできるし、地裁レベルの下級審もそうしたが、最高裁が違憲判決を下すことができなかったのである。ここに、法を超えた安保の政治性がある。

この奇妙な安保、というよりは奇妙な憲法と安保の関係が、一九五一年以降の奇妙な日本の「国のかたち」を形作ってきた。法に反し、しかも法を超える安保を日本の歴代政権がこの国の体制《レジーム》としてきたのである。それは戦後憲法の制定の後にサンフランシスコ対日講和条約（一九五一年締結、五二年発効）によって日本が国家主権を回復し、それと同時に憲法違反の旧安保条約をも締結したことに原因がある。

日本は主権の回復以前に、占領期の一九四七年年頭に発表された「トルーマン・ドクトリン」によって、米ソ対立の国際政治構造の中に叩き込まれることになる。以後、「西側の一員」として米軍の世界戦略の一翼の担う前線基地となり、自らもなし崩し的に再武装を開始する。「国民主権」を謳う非戦・非軍事の憲法を持ちながら、その憲法に反する一連の政治決定において、「主権」を有するはずの「国民」の意思は一度として反映されたことがない。これほど、奇妙なことがあるだろうか？

日本の再武装のはじまりは、中国革命（一九四九年）とその翌年の朝鮮戦争の勃発にあった。そしてその完成も、（1）北朝鮮の「暴発」＝朝鮮有事、（2）中華民国（台湾）の主権と独立を認めない中華人民共和国（中国）の二国間で「想定」される有事、そして（3）「テロリズム」によると「想定」される有事、これら三つの有事（「周辺事態」）に備える日米の軍事戦略上の分担（パワー・シェアリング）を通じてなされようとしている。在日米軍の海軍がカバーする地域が、遠くアフリカ大陸の東海岸にまで及んでいることからいえば、「周辺事態」に即応する日米安保の対象領域が「シーレーン防衛」を遥かに越えて、地球の東半球全域になるのは避けられない。解釈改憲をくり返してきた日本政府によって、今またこのようなことが、「国民」不在のままで強行されようとしているのである。

厳密にいえば、日本の「戦後」は講和条約が旧安保条約と同時に締結された一九五一年で終わっていた。壊滅的な敗戦からわずか六年にして、日本の「戦後」は終わっていたのである。朝鮮戦争によって朝鮮半島に展開した「連合軍」（在日米軍）が日本で果たしていた軍事上の役割、すなわち日本国内の「内乱・騒擾」の抑止という治安目的のために、後の自衛隊の前身たる警察予備隊、そして警察予備隊を改編した保安隊が創設される。一方、日本列島と復帰前の沖縄は、米軍の前線兵站・補給基地となった。日本の経済復興は、米国からの「復興支援」とともに朝鮮戦争特需が「神武景気」となって恩恵をもたらし、これによって活性化し、その後の一九六〇年代の高度成長の礎を築くことになる。日本の高度成長は、朝鮮戦争抜きにはありえなかったのである。朝鮮戦争の恩恵をもっとも受けた国、それが日本である。

憲法と安保の乖離、その乖離によって可能となった経済活動が、これまで私たちが「戦後民主主義」と呼んできた、安保の下での日本の「平和と民主主義」の土台を形作ってきた。つまり日本は、憲法によって「平和」を国内化し、安保によって戦争を国外化し、経済を世界化することによって「自由と繁栄」を謳歌するという「戦後民主主義」の社会経済基盤を構築してきたわけである。「戦後民主主義」は、「海の向こうの戦争」を遮断しながら、海に囲まれた国境線の内側の「平和」を慈しむという平和ナショナリズムを国民意識の中に醸成してきた。この意味において、私もまた「戦後民主主義」は虚構であり、これを守ることを中心に政治的言説を発することは欺瞞にもなると考えてきた人間の一人である。

けれども、事態は激変している。二〇〇一年の「九・一一」以後における日米同盟の再編は、日本の核安保戦略を新たな段階へと押し上げ、これに対応する国家の統治機構の再編（執行‐行政権力の強大化）と一体となって押し進められている。だから、ただ「戦後民主主義を守り、護憲を」と言うだけでは、またそれが虚構であり欺瞞だと言うだけでは、質的に転換している核安保戦略と新たな政治権力、そしてその支配の政治力の両方に抗しえなくなっているのである。本章は、この「激変する事態」の基本構造を捉えることを第一の目的としている。

国会では、明文改憲に向けた国民投票法案が衆参両議院で可決（二〇〇七年四月二七日と五月一四日）され、改憲に向けた動きがあわただしい（「国民投票」の問題性については、本章では触れない）。しかし、これまでの改憲／護憲論議において、どれだけ安保そのものが取り上げられ、「国民」の間で議論されてきただろう。安保の下で核軍拡を進めながら、自民党の「新憲法草案」が言うどのような「平和主義」がありうるのか、二〇〇六年度版の『防衛白書』が言うどのような朝鮮半島・東アジア地域の「平和と安定」が想像できるのか。安倍政権の登場以降、こうしたことが一度でも国会で審議され、マスメディアを通じて「国民的議論」の俎上に上ることがあっただろうか。朝鮮半島と日本、東アジアの〈平和〉に対し、その最大の脅威となっている安保をめぐる諸問題が不問にされたまま、北朝鮮の「非核化」と拉致問題のみが取り沙汰されてきたのである。

「北朝鮮問題」の真っ只中において、いよいよ政治日程にのぼろうとしている改憲問題を議論する前に、日本は一体いつまで安保を自動延長し続けるのか、私はこのことがまず問われねばならないと考えている。北朝鮮を含む東アジア地域のすべての人びとの〈平和〉や〈核と戦争の恐怖からの自由〉のためには、北朝鮮が仮に完全非核化したとしても、また拉致問題が解決することがありえたとしても、それだけはどうしようもないからである。六カ国協議の利害関係国《ステイク・ホルダー》である米国とロシアは核強大国であり、中国も核保有国である。日本と韓国は「米国の核の傘」の下での安保体制を強化し、軍事の最新鋭化を米国と共同して進めている。〈核と戦争の恐怖からの自由〉は六カ国の国家安保の「協議」の枠組みにおいては実現されようもないのである。

安保の存在理由をいま一度問い直し、憲法と安保との乖離を、安保の側から無みすることを考えたい。軍事と経済の両面から戦略化された〈体制としての安保〉にからめ取られることなく、安保そのものを政治・社会・経済的に無みする新たな思想と行動を模索したい。それ抜きに憲法九条すら守れるはずもないし、核安保戦略によって復元不能なまでに壊されてゆく、東アジアの〈平和〉を紡ぎなおすことはできないだろう。しかし、そのためには一九七〇年以降一年刻みで行われてきた安保の自動延長を許さないたたかいを、いまから「主権者」としての私たちの手で構想することが欠かせない。改憲／護憲を安保問題として議論しなおし、東アジアのそれぞれの国の安保を無みする民衆の〈連帯〉を志向したいと思うのである。

どんなに早くとも、明文改憲は二〇一一年以降になる。もしも力及ばずして改憲がなされ、国家の側の「戦後の総決算」が完了するとしても、私たちの「戦後の総決算」は安保を無みするまでつづくのである。安保こそが「戦後」を表象する象徴であり、その遺物だからである。

一　安保と改憲——「北朝鮮バッシング」の背後に潜むもの

安保・国防・愛国心——「日本民族主義」の逆説

「戦後」、日本は米国以外の国と同盟関係を結んだこともなければ、安保から離脱したこともない。二〇〇七年三月の「日豪安保共同宣言」も日米安保あってこその、米国を軸とした日豪間の安保協力協定であり、同盟宣言ではない。超核軍事大国、米国ともう一度全面戦争し、その戦争に勝利し、日本が米国に代わる世界の覇者とならない限り、日本という奇妙な国は安保から自立した安全保障戦略など、これからも持つことはないだろう。この事実を踏まえるならば、日本において「国を守る」とは、現実的には安保を守ることになる。

安倍政権が好んで使うフレーズ、「国民の生命と財産を守る」という「美しい国」の「自衛軍」は「国民の生命と財産」を守るのではない。安保のために、安保の軍事的指揮権を有する米国の世界戦略を担い、米国の国益を共同で守り、その限りにおいて日本の国益と体制を守るために戦うのである。だから私は、安倍政権はもとより、日本という奇妙な国を信じない。もちろん、安保も信じない。有事の際に日本の国家が、そして米軍や「自衛軍」が、私や私の大切な人びとの「生命と財産」を——奪うことがあるとしても——守ってくれるとはとても思えないからである。

また、広島・長崎への原爆投下以降、安保はその始まりから核安保である。核と安保は切り離すことができない。旧安保条約を締結する以前の連合軍による占領統治の時代より、日本の国家も天皇制も、米国の核軍事力抜きには存在しえなかった。よって、安保をそのままにして日本から核を廃絶することも、朝鮮半島や東アジアにおける地域的な非核化を実現することも、現実的にはありえないのである。

「国を守る」とは安保を守ることであり、安保とは核安保である。だから、「戦後」における日本の愛国心とは、実際には天皇制国家日本を通過し、「日米核安保体制を守り、愛する心」に昇華することになる。「国民統合の象徴」たる天皇は、安保の下へと国民統合する象徴であったし、これからもそうでありつづけるだろう。仮に改憲によって天皇が元首化されたとしても変わりはない。

米国という国は——共和党政権であれ民主党政権であれ——日米同盟を護持し、発展させ、その下で米国の世界戦略と国益が満たされるのであれば、日本にどのような政治権力ができようが意に介さない国である。象徴であれ元首であれ、天皇制が体制としての日米同盟に反しない限りにおいて、その存続を容認するだろう。このことを理解するためには、冷戦期に反共・親米でありさえすれば、どれだけ残虐な民衆弾圧を行う軍事独裁政権であろうが、独裁政権を支えるために介入し、テコ入れし続けてきた米国という国の「自由の民主主義」の二重基準を想起するだけで十分である。天皇制や憲法の天皇条項の存在理由が理解できない私のような人間ではなく、改憲勢力主流派や日本の「民族主義者」こそ、この歴史的かつ客観的な事実を直視すべきなのではないだろうか。

一九五〇年代の鳩山内閣から今日の安倍内閣へと連なる自民党内外の「自主憲法」制定運動は、戦後憲法が連合国軍総司令部（ＧＨＱ）によって「押し付けられた」憲法だという論法によって支えられてきた。日本は改憲することによってはじめて、国家主権を「回復」し、「独立」することができるという主張である。

この「憲法押し付けられ論」は、日本の民族感情を煽る言説装置として機能してきた。連合軍による占領統治下での東京裁判を否定し、「主権」回復をめざすべく組織され、議会運動化した「戦後民族主義」は――歴史を振り返ればわかるように――「現実路線」を取ることによって安保を礎とする米国と「対等」な「（核）大国」になることを標榜してきた。独自核武装を主張する日本の「戦後民族主義」は、「安保廃棄」や「安保解消」を主張する「戦後民主主義」に対しては旧ソ連や中国、あるいは北朝鮮の脅威を対置し、その「絶対平和主義」を嘲笑しながら、むしろ日米安保の正統化／正当化のための世論形成に一役買ってきたのである。

ここに、「戦後民族主義」の逆説がある。つまり、「戦後民族主義」は日本が米国（連合軍）によって国家主権が奪われたと言い、日本の「平和ボケ」と「核アレルギー」を払拭し、「普通の国家」になれと世論を扇動しつつ、その国家安全保障戦略の具体的内実は一貫して日米安保を強化するという親米路線をとってきたのである。自民党内外に存在する「戦後民族主義」勢力は、「自主憲法」によって核安保を強化し、これを支える天皇制国家をつくろうとしてきたことになる。

このような「戦後民族主義」に対し、日本の「真正民族主義」は第二次世界大戦以後の「世界のかたち」となったヤルタ・ポツダム体制と日米安保体制の両方の「打倒」と天皇元首化を主張してきた。それは一見、第一次世界大戦の敗戦国となったドイツにおいて、ベルサイユ体制とワイマール共和国の打倒、「第三帝国」建設を掲げて一九二〇年代から三〇年代に台頭するナチズムにも似た、「戦後」における日本版ファシズムの主張のようにも受け止められてきた。しかし、日本が奇妙な国であるのは、「真正民族主義者」でさえ自民党の「新憲法草案」とさして代わり映えのしない「自主憲法」制定をいまだに主張し、護憲派を攻撃していることである。「戦後民族主義」を極右の側から乗り越える展望を見出せないまま、改憲が自民党の「新憲法草案」に基づいて強行されてしまうなら、安保はより強化され、「打倒」することがますます困難になることをこの勢力もまた理解しきれていないのである。

「戦後民族主義」も「真正民族主義」も、自国の安全保障と国益を中心にして全世界を動かそうとする、米国という国家の冷徹なまでの政治的プラグマティズム＝「現実主義」とその恐ろしさをどこまで把握してきただろう。日本の戦後ナショナリズムは、安保という名の池の中で泳がされてきたメダカのような存在ではなかったか。

安保と「普通の国家」

「普通の国家」論には二種類ある。一つは「戦後民族主義」が主張するそれ、つまり安保を強化し、日本独自の核武装への道を清めようとする「普通の国家」論である。その国家像とは、次のようなものである。

一、国連安全保障理事会・常任理事国に日本が参加し、

二、日本が米国・ロシアに伍す、あるいは両者に準じる核大国と化し、
三、アジアにおける中国の覇権と核軍事力を封じ込め、
四、米国・ロシアと「対等」な、しかし米国との「同盟」関係にある日本が「アジアの宗主国」となること。

この「戦後民族主義」の「普通の国家」論は、六カ国協議参加国の米国・ロシア・中国がそうであるように、日本がアジアと世界の〈平和〉の新たな脅威、核大国として台頭することを主張する。もう一つの「普通の国家」論は、右の(二)を「米国の「核の傘」の下での日米核軍事同盟の強化」に置き換えようとする。いわゆる「親米派リベラリズム」が構想する国家像である。この勢力は、岡崎久彦(元外務官僚・「国家安全保障に関する官邸機能強化会議」メンバー)などに代表される、「とにかく米国の言うことに従っていれば、日本は安泰だ」(岡崎久彦)という、近代政治学が規定するところの日本版「現実主義」に立脚する点で前者とは異なっている。講和条約と旧安保条約を同時に締結した吉田茂をルーツとする、戦後の政財界においてもっとも権勢を振るう主張であり勢力である。

また、対中国政策においても、前者の「普通の国家」論がいまだに反共イデオロギーを流布し、中国を「脅威」と捉えるのに対し、後者は日本の国益における中国市場の死活性に鑑み、日中の「戦略的互恵論」に基づきながら、中国を世界とアジアの「責任ある国家」へと日米共同の力で仕立て上げようとする点でも異なっている。前者は後者を「対米追随主義」であるとし、後者は前者を現実の

「パワー・バランス」の認識を欠くとして、たびたび批判しあう。ところが、次項にみる石原慎太郎がそうであるように、前者もまた日米核安保体制の強化を主張している点で、両者はまさに奇妙な同盟関係にある。

安倍政権の本質は、思想的には前者をルーツとしながら、実権を握るやこれに後者の「現実主義」を統合した玉虫政権といえるが、この「戦後民族主義」と「親米派リベラズム」の奇妙な同盟関係を商業ジャーナリズムも「国民」も見破れないままに日本は「戦後」を駆け抜けてきたといってよいだろう。

北朝鮮バッシング

二〇〇六年一〇月の北朝鮮による地下核実験強行以降、さまざまなメディアを通じて、「反米・愛国」のポーズを振りまきながら、日本の独自核武装や「非核三原則」の見直し——それは現在進行形で展開されている——を主張してきた人びとの論理を精査するなら、その内実は日米安保の下での核軍拡を扇動しているにすぎないことがわかる。彼らの言説から北朝鮮と中国攻撃、そして彼らがいう日本国内の「反日勢力」（私たちのような？）攻撃を取り除いた後に残るのは、ただ安保を護持し、その下で軍拡を進め、国防体制を構築せよ、その支柱に天皇制を据えよ、そしてそういう国家と天皇制（つまりは体制としての核安保）を愛せる「国民」（臣民）になれ、という言説《デマゴギー》のみになる。その一例として、ここでは「誰が国を守るのか——日本防衛にタブーなし」を「総特集」した『別冊正論』（二〇〇七年一月）の巻頭論文、石原慎太郎の「アメリカ信仰から醒めよ」を取り上げておきたい。

石原が言う「アメリカ信仰」とは、「米国の核戦略は日本防衛を想定していない」（論文の小見出し）という認識に基づき、にもかかわらず日本が国防において「アメリカへの盲従と依存」を続けていることをさしている。このような「アメリカ信仰」は国を滅ぼすだけであり、「日本人」は「観念的平和主義によって自らの手足を縛ることではなく、自らの運命は自ら決するという強い意志の表明と、そのための自在な選択肢を常に確保」しなければならない、と石原は言う。そして、そのためには「自らが属する国家、民族への覚醒」（小見出し）が必要なのだと。「自在な選択肢」とは何か。日本独自の核武装を排除しない「選択肢」である。

では、石原は安保をどうすべきだというのか。「日本人の主体性の上に、日米同盟はいかにあるべきかという問題が再検討されるべき」であり、「それ（アメリカ信仰）から醒めたとき、むしろアメリカは日本を「最も大事な同盟国」と見なさざるを得なくなる」（（　）は引用者）。これが北朝鮮を口汚く罵りながら、安保に関する論文の中で石原が主張しているすべてである。「アメリカ信仰」から醒めて、独自核武装をも選択肢に持つことが「日本人の主体性」とされ、その「選択肢」を手に入れたときに日本は米国の「最も大事な同盟国」になる？

ここ数年の拉致・反北朝鮮キャンペーンは、不幸にも個々の拉致被害者や家族の思いを超えて、たとえば右の石原の主張がそうであるように、憲法と安保の乖離を安保の側から埋め、さらに安保戦略上の「脅威」の認識如何で、いつでも日本独自の核武装に踏み切れる「国民合意」を形成するためのキャンペーンとして展開されてきた。「北の脅威」を扇動し、独自核武装や「非核三原則」見直しの「議論」が国民の（無）意識に浸透し、日本の「核アレルギー」の払拭に成功するなら、「非核三原則」（＝核武装／米軍による核持ち込みの自由化）程度への転換はいとも簡単にできるという政治戦略が、そこには隠されてきた。「国民」が知るべきは、核安保体制の利権は私たちのような「一般市民」の経済感覚と想像力を遥かに超えた絶大なものであること（第三節の「安保利権と新たな産軍学複合体の台頭」の項を参照）、そして反北朝鮮キャンペーンを意識的に展開する者たちが、安保利権に群がる強大な政治・経済権力を構成したり、その利害共有者であると同時に広告塔の役割をも自ら積極的に引き受けているということである。

私は、改憲によって日本が「普通の国家」になると言い、核武装／核持ち込み自由化の合法化を主張する人びとと、それを信奉しているとりわけ「戦争を知らない子どもたち」ならびにその子どもたちに、上述のような「戦後民族主義」の逆説、安保と天皇制・改憲との関係性をじっくり考えてみるべきだと問題提起したい。北朝鮮バッシングの政治的帰結が、ただ日米核安保同盟のいっそうの強化をもたらすだけであることを認識し、「戦後民族主義」や「普通の国家」論信仰から一刻でも早く自力で覚醒すべきだと訴えたいと思うのである。

二　安保と「自衛軍」

自民党の「新憲法草案」

一九六〇年の新安保条約の締結以降、七〇年の第一回目の「自動延長」を皮切りに、その後は一年ごとに安保条約の自動延長が続いてきた。その間、七八年「日米安保ガイドライン」、八三年レーガン・中曾根「日米運命共同体」宣言、九六年橋本・クリントン「日米安保共同宣言」、九七年「新ガイドライン」、九九年「周辺事態法」、および今日に至る一連の有事・対テロ特措法の制定によって、安保は「日本有事」から「有事」の適用範囲をグローバル化し、それに伴う日本の軍事力増強とハイテク化をもたらしてきた。このように安保は、これまで米国の世界戦略の変容に応じて憲法の平和原理から逸脱し、逸脱の距離は広がりつづけてきた。憲法の条文はそのままに、日本は安保によって「国のかたち」を変え、明文改憲をしなくとも憲法違反のかなりのことを自衛隊はできるようになったのである。

たとえば、「国際協調主義」に基づく国連主体の「人道支援」活動をとりあげてみる。これを自衛隊が行うために改憲の必要はない。大地震をはじめとする自然災害が海外で起こり、緊急人道支援物資の輸送支援を国連や各国から要請され、純粋にその活動に限定した行動をする自衛隊を海外派遣するにあたり、明文改憲の必要などまったくない。では、なぜいま明文改憲なのか。それ以上のことを「自衛軍」にやらせようとする目的があるからである。

改憲勢力の一部は、「集団的自衛権」の法的承認のために明文改憲が必要だと主張してきた。しかし、これも必ずしも正しい説明とは言えない。「集団的自衛権」の法的裏付けのために明文改憲が必要かどうかは、「集団的自衛権」の概念定義と、「自衛」がどこまでの行為を意味するか、その解釈次第で変わってくるからである。「自衛」と「攻撃」／「侵略」との違いは、「有事」や「事態」の際の個々の状況をめぐる事後的な、ただの「解釈の違い」にすぎないのである。

明文改憲によって目論まれているのは、日本の主権領域外で米軍と日本の「自衛軍」が共同で、あるいは米軍の指揮下にある「自衛軍」が単独で「交戦」することの合憲化である。しばしば誤解されているが、現行憲法においても自衛隊は海外で発砲し、人を殺すことはできる。それは身の危険を感じた警官が発砲し、被疑者を殺すことができるのと同じである。ただ、自衛隊は「交戦」することはできない。だから、改憲する。しかしそれは、改憲によって交戦権を明記しようというのではない。「戦争放棄」を現憲法から抹消し、放棄すればよいだけである。共同であれ単独であれ、日米同盟の下での「自衛軍」の交戦権が新憲法の解釈次第で違憲とはならないようにする。そのうえで、「国家の軍隊」として法的に位置付けられた「自衛軍」が海外で交戦できることを前提とした「国のかたち」に変えるためには、現憲法を体系的に改竄し、まったく別物の「新憲法」を制定しなければならないのである。

現日本国憲法の「第二章　戦争の放棄」の全文、憲法第九条は次のようになっている。

一　日本国民は、正義と秩序を基調とする国際平和を誠実に希求し、国権の発動たる戦争と、武力による威嚇又は武力の行使は、国際紛争を解決する手段としては、永久にこれを放棄する。

二　前項の目的を達するため、陸海空軍その他の戦力は、これを保持しない。国の交戦権は、これを認めない。

これに対し、自民党の「新憲法草案」は「第二章　戦争の放棄」を「安全保障」と書き換え、「戦争の放棄」を放棄する。そのうえで、九条の核心部である「一」を九条の「前文」に置き、「平和主義」としてそのままにし（「戦争の放棄」を放棄した平和主義?）、「二」を「自衛軍」として改竄《かいざん》する。

（自衛軍）

1　我が国の平和と独立並びに国及び国民の安全を確保するため、内閣総理大臣を最高指揮権者とする自衛軍を保持する。

2　自衛軍は、前項の規定による任務を遂行するための活動を行うにつき、法律の定めるところにより、国会の承認その他の統制に服する。

3　自衛軍は、第1項の規定による任務を遂行するための活動のほか、法律の定めるところにより、国際社会の平和と安全を確保するために国際的に協調して行われる活動及び緊急事態における公の秩序を維持し、又は国民の生命若しくは自由を守るための活動を行うことができる。

4　前2項に定めるもののほか、自衛軍の組織及び統制に関する事項は、法律で定める。

「新憲法草案」は、あたかもこれが現憲法九条に対応するものであるかのように偽装されているが、両者はまったく別のものである。くり返さねばならないが、草案がいう日本の「安全保障」とは、「日米安全保障」と同義である。実際には安保を離れて日本固有の「安全保障」など存在しないし、安保が存在しなければ日本は安保が「想定」する「仮想敵国」や海外の政治・武装勢力にとっての

「脅威」となることもない。改憲による自衛隊の「自衛軍」への「格上げ」は、米国ではなく日本が「仮想敵」を増やし、国際社会から「脅威」と認識される度合いをさらに高めるだけになる。

なぜ、自衛隊を「自衛軍」に「格上げ」しようとするのか？　それは、自衛隊を米軍の指揮下に入る「戦力」として法的に位置づけるためである。「戦力」としての米軍と「自衛軍」が自衛のための交戦＝集団的殺戮を行いうること、これが「集団的自衛権」と呼ばれているものの軍事上の定義である。つまりは、軍による集団的殺戮の合憲化である。裏返していえば、「自衛軍」が「敵」に殺戮されることの「合憲化」である。

「日本有事」や右の「３」が規定する海外の「緊急事態」に「対処」したり、「生命若しくは自由を守るための活動」＝武力行使を「自衛軍」が行うためには、「普通の軍隊」が保有する「敵を殲滅する権利」を「自衛軍」に法的に保障しなければならない。ただ、憲法理念上は、「自衛軍」からは攻撃＝戦争を起こさない。それを「新憲法草案」は「平和主義」という。けれども「自衛」の必要がある、あるいは攻撃される「おそれ」があると現場指揮官が判断する状況下においては攻撃する。さらに、報復された場合には交戦できる。交戦対象は、ある特定国家の軍隊である場合もあれば、武装勢力（「テロリスト集団」）である場合もあるだろう。具体的には、アフガニスタンやイラクで米軍や米軍以外の軍隊が行ってきたような交戦を、「自衛軍」が米軍の要請次第で世界中のあらゆる地域で行うことになると想定すればよい。

しかし、それればかりではない。新憲法ができてしまうなら、さらに新憲法下の解釈改憲によって、いまの私たちには想像だにできないようなことが起こることも、「戦後」の解釈改憲の歴史をふり返るならば明らかだと言わねばならないだろう（自衛隊の創設過程や、ＰＫＯ、ＰＫＦ、イラク特措法などの現実を見よ）。

二〇〇七年三月、安倍政権は「他国」から「突発的に」弾道ミサイルなどが発射された場合の「緊急時」に、「現場指揮官の判断によって迎撃できる」とする「緊急対処要領」を閣議決定した。安倍政権は明文改憲以前に、海外派兵される自衛隊の規模や派兵対象地域をなし崩し的に拡大し、自衛隊が使用できる武器の制限も撤廃し、さらには「現場指揮官の判断」によって、事実上、自衛隊が交戦できる陣形を構築しようとしているのである。

イラク戦争が開戦された四年余り前の時点で、いったい誰が、戦争がここまで泥沼化し、「九・一一」の犠牲者数と同規模の米軍兵士の戦死者、そしてそれらを数十倍も上回るイラク市民や武装勢力の死者および数百万人規模の難民を生み出し、さらには米軍によるクラスター爆弾、劣化ウラン弾、ロボット兵器など「非人道的兵器」の使用が対テロ戦争において公然化されることを予期しえただろうか。明文改憲と改憲後の解釈改憲は、その米軍と「自衛軍」が将来、共同の軍事作戦を「グローバル」に行うことに道を開くのである。

平和構築・人道支援・戦争以外の軍事作戦（ＭＯＯＴＷ）

自民党による「新憲法草案」の「自衛軍」の任務に前掲「3」の「国際社会の平和と安全を確保するために国際的に協調して行われる活動」が規定されている背景には、湾岸戦争（一九九一年）以後の解釈改憲と自衛隊法改悪、さらには「周辺事態法」（一九九九年）以後のさまざまな特別法制定によって、憲法違反の自衛隊の海外派兵が合憲化されてきた経緯がある。自衛隊の海外派兵は「平和構築」や「人道支援」の活動なのであって、それは「普通の軍隊」の軍事行動ではない、という論理が派兵を正当化する論拠とされてきた。

けれども、この主張も世論を欺く嘘《デマ》だと言わねばならない。米軍やその連合軍が行うこれらの活動は、戦争行為そのものではないが軍事作戦であることに変わりはないからである。軍事と非軍事の境界が曖昧なのではなく、もともと境界など存在せず、体系化された軍事作戦の一環なのである。米軍や北大西洋条約機構（ＮＡＴＯ）軍と行動を共にする欧米のＮＧＯは、このことを自明のものとして捉え、ＭＯＯＴＷ活動の一翼を担っているはずである。

ＭＯＯＴＷ（Military Operation Other Than War）とは、冷戦体制崩壊後の新世界秩序の「憲兵」としての米軍が果たすべき役割の再定義の過程で、クリントン政権期に米国陸軍によって開発された概念である。米軍の戦争学の定義によれば、それは「戦争抑止、紛争解決、平和促進、また国内危機に対応した民間当局への支援に焦点におく。それは平時、紛争、戦時における戦闘および非戦闘両方の軍事作戦上の諸要素を含む」（傍点は引用者。www.au.af.mil/au/aul/bibs/mootw/mootw3.htm）。

ＭＯＯＴＷは軍単独で行う場合もあるが、「民間当局への支援に焦点におく」場合には、「民間」のさまざまなセクター（警察、医者などの専門家、各分野のＮＧＯなど）を軍の指揮の下に動員し、国家的あるいは地域的な「安定化」をめざすことになる。アフガニスタン戦争やイラク戦争などで米軍やＮＡＴＯ軍の指揮下に組織されてきた、いわゆる「地域復興チーム」（ＰＲＴ）と呼ばれる、「チーム」の活動をそのモデルとする。

ここでは、アフガニスタンのPRTについて簡単に触れておきたい。

二〇〇三年八月、それまでアフガニスタンの治安維持にあたっていた国際治安支援軍（ISAF＝外務省は「国連治安支援部隊」と訳している）はNATO軍の直接的指揮下に置かれ、これにより「軍民協力チーム」であるアフガニスタンのPRTもNATO‐ISAFの指揮系列で組織されることになった。NATO軍によれば、二〇〇七年五月三一日現在、アフガニスタンの駐留外国軍は四万一〇〇〇人で、この内ISAFは三万五五〇〇人である。国別内訳は米軍一万七〇〇〇人、イギリス軍六七〇〇人、ドイツ軍三〇〇〇人、カナダ軍二五〇〇人、オランダ軍二二〇〇人…と続く（詳細はNATOの広報サイト、www.nato.int/issues/afghanistan を参照）。二〇〇三年以降、NATO軍はアフガニスタン全土を網羅するPRTの拠点建設を進め、その数は二〇〇七年二月現在、二五「チーム」を数えている。

周知のように、政権転覆によって表面的には鎮圧したかにみえたタリバーンや軍閥がここ数年勢力を急速に回復し、アフガニスタンは「地域復興」どころか再び内戦的状況に舞い戻っている。こうした事態に対処するために、ISAFは武装勢力の平定作戦を強化しながら、同時に地方部での政府軍と警察部隊の治安維持能力を高めるための軍事支援や訓練を強化してきた。PRT拠点の全土化は「地域復興」の名による戦争以外の軍事作戦の全土化であり、それはつまり米軍とNATO軍によるアフガニスタン「復興」プロジェクトの全国的な軍事化を意味するのである。PRTは、アフガニスタンに「平和と安定」が戻るまでの過渡的・一時的なものであるとされているが、NATO軍の撤退がいつになるのか、その具体的展望がますます見出せなくなっているのが現状である。

では、PRTをモデルとするMOOTWは日本の「自衛軍」とどのような関係にあるのか。

二〇〇七年一月九日、旧防衛庁が防衛省に「昇格」した。これに伴い、自衛隊法が改悪され「我が国の周辺の地域における平和及び安全に重要な影響を与える事態に対応して行う活動」、「国際連合を中心とした国際平和のための取り組みへの寄与に資する活動」が自衛隊の「本来任務」となった。前者の「我が国の周辺の地域」とは、「新防衛計画の大綱」（二〇〇四年一二月策定）によれば、「アジア太平洋地域」全域である。そして後者の「国際平和のための取り組みへの寄与に資する活動」こそ、まさに米軍や国連平和維持軍（PKF）が行うMOOTWなのである。

「国際平和のための取り組み」だから対象地域の縛りはない。アフガニスタン、イラク、内戦が泥沼するアフリカ諸国であれ、あるいはフィリピンや中央アジア諸国であれ、将来的には米軍の要請に応じて「自衛軍」が「自由」に、いつでも、「国際平和のために」、世界のどこにでも派兵され、NGOを含む日本の「民間セクター」を総動員する形で、このMOOTWの一翼を担うことが期待されているのである。

私は、『国家・社会変革・NGO』（新評論、二〇〇六）の中の「人間安全保障・植民地主義・NGO」と題された論文の中で、「日本版人間安全保障」の登場に着目し、これが「平和構築」「紛争予防」と三位一体となり、防衛省の「総合的国際安全保障戦略」の中に位置づけられるようになったことを論じた。これまで「平和構築」「紛争予防」「人間安全保障」は、日本の外交戦略と政府開発援助（ODA）戦略という非軍事的な「国際協力」活動の観点から捉えられてきた傾向があるが、防衛庁の省への昇格と、二〇〇八年四月に設置される予定の国家安全保障会議（日本版ＮＳＣ＝National Security Council）を通じて、これらがいま、明確に安保戦略の軍事的文脈に沿って再定義されようとしているのである。つまりは、日本の米軍に対する「後方支援」の後方の縛りを取り払った「日米共同の対テロ有事即応態勢」の構築のために、日本版ＭＯＯＴＷ戦略の中に位置づけられるようになったということである。

二〇〇七年一月、防衛省設置直後に訪欧し、ＮＡＴＯの本部で演説した安倍首相は、先に触れたアフガニスタンのＰＲＴに対し、日本が人道支援面から「協力強化」を行うと発言した。この発言の直接的背景には、ＮＡＴＯの中でおもに警察再建プロジェクトを行ってきたドイツのＰＲＴに、アフガニスタンの元兵士の武装解除・動員解除・社会復帰（ＤＤＲ）という「非軍事」のプロジェクトを行ってきた日本が協力し、日独の連携を深めるという狙いがあった。

しかし、現憲法下においては、ＰＲＴへの自衛隊の参画は明らかに違憲である。なぜなら、ＰＲＴの「地域復興」活動には「治安維持活動」が含まれており、この任務を自衛隊が行うためには、アルカーイダやタリバーンその他の武装勢力との「交戦権」が自衛隊に保障されねばならないし、そうでなければ自衛隊員自体の身の安全が保障できないからである。ただ、それも結局は「事態」が生起した後の、個別事例に即した事後的な解釈次第である。防衛省と外務省は、現行法体系の下ではＰＲＴへの自衛隊の参画は「困難」（不可能ではないことに注意）であるという極めて曖昧な立場を公的に表明しているが、これに対し日本国際ボランティアセンター（ＪＶＣ）をはじめとする、海外でＮＧＯとしての人道支援活動を展開する諸団体は、この安倍発言および日本政府の真意を問い質す公開質問状を送付している（その内容および関連情報は www.ngo-jvc.net/jp/projects/advocacy/index.html を参照）。

「軍民協力による復興支援プロジェクト」のモデルとしてのＰＲＴに対する、人道支援活動を行う国際ＮＧＯの立場はさまざまある。国連諸機関や各国政府が食糧、医療、教育、開発、能力開発プロジェクトを行う場合にはＩＳＡＦが治安維持にあたるが、このスキームに参加しながら現地プロジェクトを行っている国際ＮＧＯもある。著名なＮＧＯとしてはオックスファムやセーブ・ザ・チルドレン、国境なき医師団（ＭＳＦ）などがこれに該当する（ＭＳＦは二〇〇三年、現地スタッフ五名が殺害されアフガニスタンから撤収）。

しかし、ＰＲＴの最大の問題は、こうしたスキームから離れて戦争の開始以前から長年にわたり「軍民協力」とは無縁な人道支援を——軍が存在しない地域で——行ってきたＮＧＯ（すなわち「民」の側）に、直接にふりかかってくる可能性が高まることである。なぜなら、このようなＮＧＯの活動地域にＰＲＴが入ってきた場合、軍とＮＧＯの区別がつかなくなり、その結果、ＮＧＯを危険な状況に追い込んでしまうことになりかねず、ＮＧＯが現地から撤退せざるをえなくなる事態を招きかねないからである。ＰＲＴが成功するかどうは今後の推移をみなければならないが、「軍民協力」がＮＧＯの政治的中立性を損なうことになるのは明らかだと言わねばならないだろう。

ＰＲＴへの「協力」を「強化」するという安倍発言には、（１）明文改憲の前段階において解釈改憲によって自衛隊が海外で「武力行使」できるようにし、（２）その自衛隊の指揮下で「（復興）人道支援」プロジェクトに従事するオールジャパンの「チーム」を編成し、（３）アフガニスタンを皮切りに、自衛隊を安保の戦略地域に派兵する意図が隠されている。安倍発言は、「国際平和のための取り組み」を自衛隊の「本来任務」としたうえで、安保戦略と外交戦略が統合された日本の国際戦略の中に右の（1）から（3）を位置づけ直し、自衛隊が「戦時における戦闘および非戦闘両方の軍事作戦」に乗り出すことを意図したものだったのである。その第一歩として安倍政権は、PKO協力法に基づき、国連ネパール支援団（UNMIN）に「非武装」の自衛官六人を派遣することを閣議決定した（二〇〇七年三月二七日）。

当面は、一方で「非武装」のPKO活動への「派遣」を拡大しながら、他方でイラクへの派兵継続とアフガニスタンでのPRT展開の合憲化がめざされるだろう。米軍を中心としたNATOと日米安保に韓米安保、さらには日豪安保の「統合的運用」による地球規模の対テロ戦争の下での「国家構築 nation-building」や「市民社会構築」に「自衛軍」と日本の「市民社会」が「貢献」する時代が、すぐ目の前まで迫っているのである。その「未来予想図」は次頁の「戦争の世界地図」がさし示している。

三　二一世紀の日米同盟戦略

「自由と繁栄の弧」と「不安定の弧」――ネオコン化する日本の安保・外交戦略

『歴史の終わり』で著名な米国のネオコンの代表的論客の一人フランシス・フクヤマは、『アメリカの終わり』（講談社、二〇〇六）の中でネオコンの「四つの共通原則」を次のように定義している。

戦争の世界地図（CRUSHED by war）：1990年以降の主な紛争

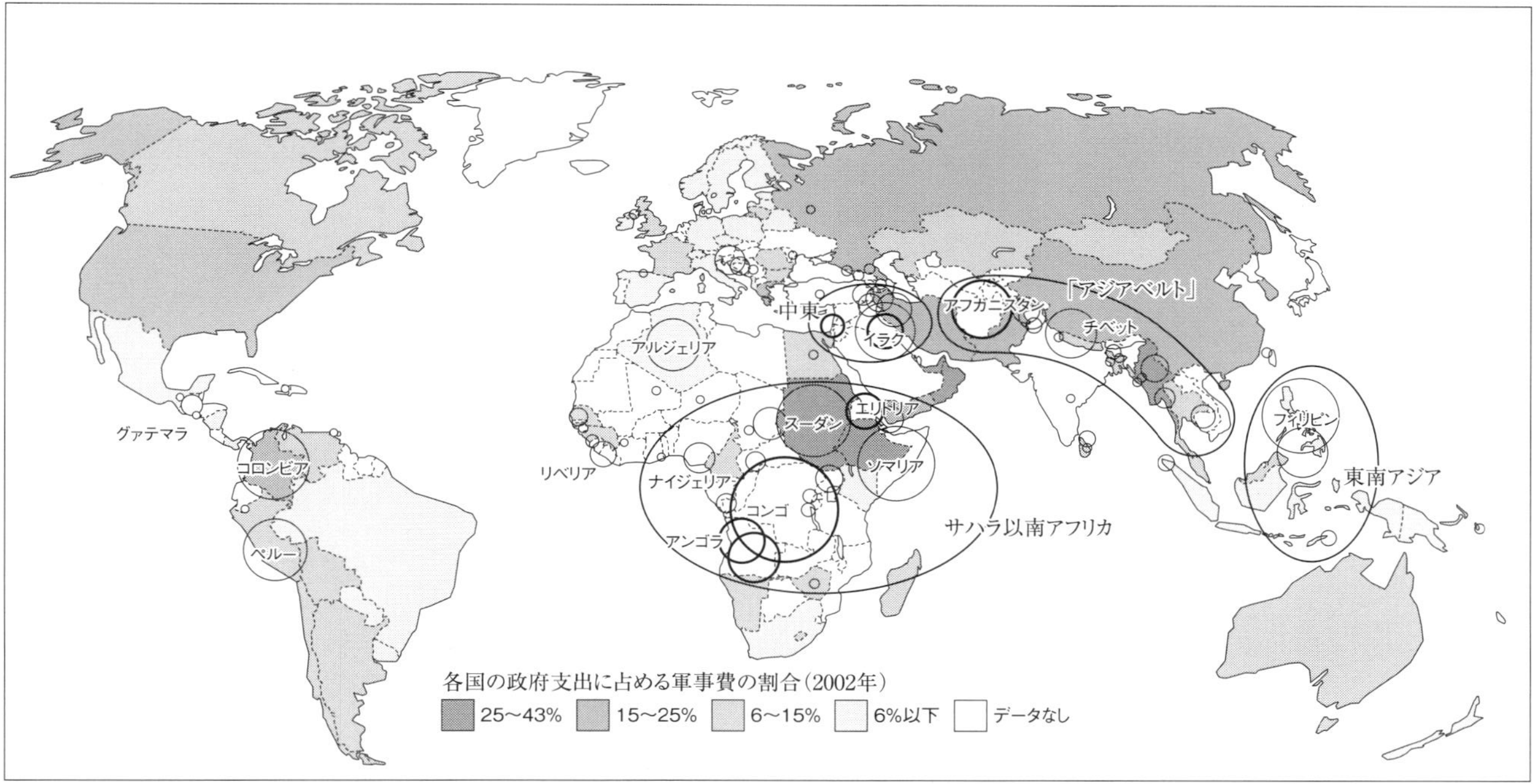

注1：○印は国境を越えた紛争、○印は内戦（円の大きさは紛争の深刻さではなく、影響を受けた地域の大きさを示す）
イラクとナイジェリアについては、大よそのデータに基づき2002年以降の紛争も加えられている。

出典：PRIO/Uppsala Armed Conflict Dataset 2004, International Peace Research Institute, Oslo (PRIO), Department of Peace and Conflict Research, Uppsala University : Stockholm International Peace Research Institute, 2003.

（1）民主主義・人権、さらに広く各国の国内政策を重視する姿勢。
（2）アメリカの力を道徳的目標に使うことができるという信念。
（3）重大な安全保障問題の解決にあたって、国際法や国際機関は頼りにならないという見方。
（4）大胆な社会改造は思わぬ弊害をもたらしがちで、改造の目的まで損ないかねないという見方。

このフクヤマのネオコン共通原則と、次にみる「「自由と繁栄の弧」をつくる――拡がる日本外交の地平」と題された、二〇〇六年一一月三〇日、日本国際問題研究所主催のセミナーで行われた麻生外相の講演内容からの抜粋（順不同）とを比較してみよう。ネオコンと安倍政権の共通原則が浮かび上がってくるはずである。

●我が日本は、世界システムの安定に死活的な利害を託す、大国の一員であります。自らの生存と安定、それに繁栄という国益の三大目的を追求しようといたしますと、日本くらい大きな国になりますと世界のどこで何が起きようが無縁ではいられません。
●第一に、民主主義、自由、人権、法の支配、そして市場経済。そういう「普遍的価値」を外交を進めるうえで大いに重視してまいりますというのが「価値の外交」であります。
●第二に、ユーラシア大陸の外周に成長してまいりました新興の民主主義国。これらを帯のようにつなぎまして「自由と繁栄の弧」を作りたい、作らねばならぬと思っております。
●例えばカンボジアにラオス、それにベトナムです。頭文字をとってCLVなどと呼んでおります。それから世界に対する資源供給という点で非常に大事な、中央アジアの諸国やグルジア、アゼルバイジャンなど、コーカサス地方の国々であります。
●我が日本は今後、北東アジアから、中央アジア・コーカサス、トルコ、それから中・東欧にバルト諸国までぐるっと延びる「自由と繁栄の弧」において、まさしく終わりのないマラソンを走り始めた民主主義各国の伴走ランナーを務めてまいります。
●米国はいうまでもなく、豪州、インド、それにEUあるいはNATO諸国という、思いと利益を共有する友邦諸国とますます堅固に結ばれつつ、「自由と繁栄の弧」の形成・拡大に努めてまいらねばならぬと固く信じるわけであります。（www.mofa.go.jp/mofaj/press/enzetsu/18/easo_1130.html）

安倍内閣は、組閣当初より「主張する外交」を盛んに喧伝してきた。その内容が麻生発言に示された「価値の外交」である。それは北東アジアを起点とするユーラシア大陸全域に及ぶ安保戦略上の「不安定」な諸国に対し、日本がその外交において（1）「民主主義・人権、さらに広く各国の国内政策を重視する姿勢」を強調する日本版ネオコン戦略である。安倍政権の登場を待って、いよいよ日本においても本格的ネオコン政治勢力が権力中枢に台頭し始めたのである。

フクヤマのネオコン共通原則に従えば、麻生発言にみる「価値の外交」は、（1）をこれからの日

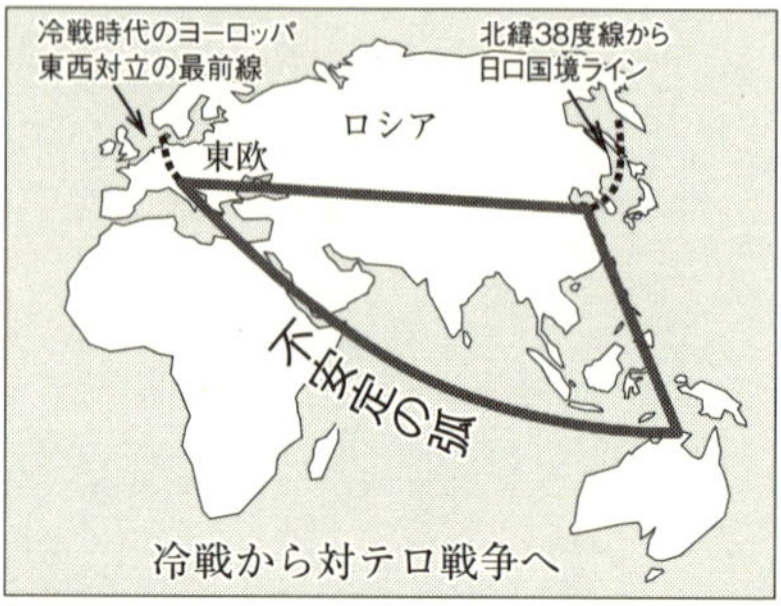

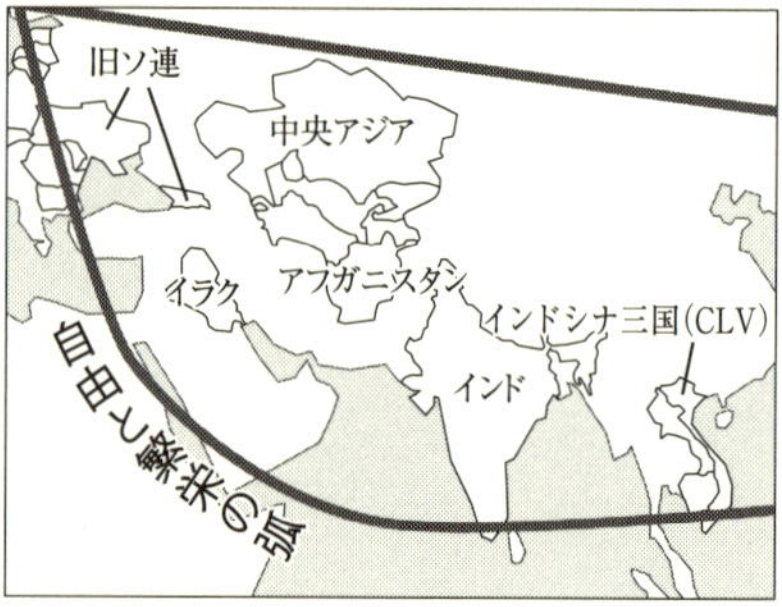

本外交の（2）「道徳的目標」として設定する。その実現のための「力」が安保に他ならない。ブッシュ政権のイラク戦争を真っ先に支持した小泉政権を継承する安倍政権も、（3）「国際法や国際機関」よりも日米同盟を最優先するという「見方」を持っている。また、（4）の「大胆な社会改造」とは、米国においては一九三〇年代の「ニュー・ディール政策」や六〇年代の「貧困との戦い」政策、さらにその後の「積極的差別是正措置affirmative action」など、連邦政府の税支出を増大させる「大きな政府」の公共政策全般をさすが、これを否定し、「小さな政府」をめざす日本の政策においては、軍事大国化路線の下で執行‐行政・警察権力を強大化し、「自立支援」の美名の下に障害者や「国民」の生活基盤を破壊する諸策となって現象する。それは行革‐構造改革路線の下で「公《おおやけ》」たる民衆の利益を切り捨てる「公共政策」のことである。

　重要なのは、ネオコンがこの「小さな政府」路線を外交‐世界戦略の「価値」としていることだ。つまり、市場原理主義に基づく「自由と繁栄」「公共政策」をネオコンは世界中に拡大しようとする。「民主主義」や「人権」は、こうしたネオコン的グローバル資本主義の「自由」を制度的に保障する

「民主主義」や「人権」に変質する。集団的殺戮と同時進行する「国家構築」や「復興支援」によって、内戦的状況がますます悪化しているアフガニスタンやイラクに対し、米軍とその連合軍が輸出した「民主主義」や「人権」がそのモデルであるのは、改めて指摘するまでもない。

ここで、右の地図に注目してほしい。これは、米国が二一世紀初頭の「不安定の弧」と規定し、米軍の世界的再編を通じて軍事的介入を強化してきた地域と麻生発言による「自由と繁栄の弧」との対応関係を示している。いずれも東西の冷戦ライン（朝鮮半島と東欧）の両側から真っ直ぐ南下し、ユーラシア大陸の中で石油、天然ガス、鉱物・生物資源、バイオ燃料資源などが豊かな地域をすっぽりと包み込んでいる。そしてこの地域こそ、冷戦体制崩壊以降、イスラーム勢力や民族自決・自治を求める「少数民族」運動が台頭し、さらには米国主導のネオリベラル自由貿易体制に抵抗する民衆運動が新たに高揚している地域である。

一九九九年に制定された「周辺事態法」がいう「周辺」とは、安倍政権下においては、ユーラシア大陸全域に広がる「自由と繁栄の弧」の「周辺」をさすことになる。弧の内部や周辺で内戦や「紛争」などの「事態」が発生したときに、改憲によって交戦権を有する「自衛軍」が「自由と繁栄」を守る「戦争以外の軍事作戦」を展開するために派兵するというシナリオである。

「アーミテージ・レポートⅡ」

「自由と繁栄の弧」は、安保が構築する二一世紀の〈ユーラシア大陸新秩序〉である。しかし、現状の安保ではこの新秩序を担いきれない。そこで新秩序を安保戦略の面から軍事的にバックアップするために、日米同盟の再（々）定義を何としても実現しなければならない。これが「戦後政治の総決算」の次に広がる日本の支配層の政治戦略であり、安倍政権に課せられた使命でもある。

二〇〇七年二月一七日、米国の戦略国際問題研究所（CSIS）は、「日米同盟――二〇二〇年までの対アジア戦略の展望」と題された、いわゆる「アーミテージ・レポートⅡ」を発表した。ブッシュ政権の国務副長官であったリチャード・アーミテージ（二〇〇四年一一月まで）と、ハーバード大学教授であり元国家情報会議（NIC）議長のジョセフ・ナイの共同署名で作成されたこのレポートの副題は *Getting Asia Right through 2020* となっている。日米同盟をテコに、二〇二〇年までに米国の世界戦略にとっての「正しいアジア」を構築するという意味である。「自由と繁栄の弧」との関連で言えば、〈ユーラシア大陸新秩序〉における日本の「国のかたち」を決定する戦略文書である。

レポートはまず、日米同盟を「グローバル同盟」として再定義する。そのうえで米国、日本、EU、ロシア、中国とインドが二一世紀の世界の主要国になるという認識の下に、前三者が残りの三カ国に対し「敵視」政策を採るのではなく、共同で「関与」を深めながら「グローバル同盟」主導の世界秩序の中に取り込む国際戦略を提示する。この国際戦略にとっての障害、つまり日米共通の安全保障上の不安定要因として、（1）「テロリズム」、（2）「近代化の試練を乗り越えられないイスラーム世界」、（3）大量破壊兵器の拡散、（4）資源・エネルギー危機などが列挙され、こうしたグローバル危機に対処するための安保‐外交戦略が日米両政府に対して「提言」されるのである。

なぜ、アジアなのか。ブッシュ政権の対アジア外交が「漂流」し、戦略化されていないという認識があるからである。「九・一一」以降の対テロ戦争の重要性についてはレポートも共有しているが、しかしこの五年半の過程はアフガニスタン戦争とイラク戦争に集中し、いずれも「出口」の見えない泥沼化の様相を深めるばかりとなっている。その一方では、中国やインドが国際政治力学と世界経済の帰趨に重大な影響力を与えるプレーヤーとして台頭している。日米同盟を基軸にアジア全体を正しく把握し（getting Asia right）、ブッシュ政権のその場しのぎ的なアジア外交を「正し」、「グローバル同盟」の世界戦略全体の中にアジアを位置づけ直さねばならない、という認識がレポートの基調になっている。

以下、「日本への提言」と「付属文書」である「安全保障及び軍事協力」に限定し、その要点を紹介しておきたい。今後数年間をかけ、このレポートの「提案」に沿って日本の「国をかたち」を変えようとする日本政府の姿を私たちは目撃することになるだろう。まず、「日本への提言」では次の五点が提起されている（〔　〕は引用者）。

一、最も効果的な意思決定を促進すべく、国家安全保障機関及び行政機構のインフラを強化すること。
二、改憲論議は日本の国内問題ではあるが、米国としては改憲を通じて日米が共有する安全保障上の利害を守るべく、日本がより貢献できるようになることを期待する。
三、毎回ごとの特別法の制定ではなく、自衛隊の海外派兵が恒久的にできる法改正を期待する。
四、日本の軍事費は世界第五位〔「思いやり予算」その他を含めると世界第四位とされている〕が、対国民総生産に占める比率は世界一三四位であり、防衛省と自衛隊の近代化及び組織改革を実現するためにはさらなる防衛予算の増額が期待される。

五、米国は、日本の国連安保理・常任理事国入りを積極的に支持する。そのためには日本が責任ある国家として安保理決議を実行できるよう、必要に応じて武力行使ができる国家にならねばならない。

この「日本への提言」を安保戦略からより具体化するものとして、レポートは最後に「安全保障及び軍事協力」という「付属文書」において一〇項目の提言を行っている。それを六項目にまとめ、要約し、列挙すると次のようになる。

①日米共同のミサイル防衛システムの技術開発に伴う「武器輸出三原則」の規制緩和措置に続き、規制を完全撤廃する。

②日米軍事産業の協力関係を強化する。

③集団安全保障をめぐる日本国内の意思決定に影響されない日米安保軍の機能的統合に向け、国防省と防衛省の指揮系統の連携化をはかる。

④軍事諜報（情報）活動における日米協力を強化する。

⑤F22戦闘機の日本配備を決定し、F35戦闘機などの次世代戦闘機システムの日本配備を米国政府が保障するように検討する。

⑥安全保障戦略に即した、宇宙開発における日米技術協力を強化する。

「アーミテージ・レポートⅡ」は、先述した民間シンクタンクＣＳＩＣが日米同盟の強化の観点から、改善あるいは発展させるべき現行の諸政策の見直しをはかり、実地に移すべき項目を絞って両政府に「提言」するという体裁を取っている。その「提言」は、先述したように二一世紀前半期の「グローバル同盟」たる日米共通の世界戦略と国益を第一に据え、それとの関係でいかに同盟の現状を再編制するかという課題意識の下になされている。

しかし、「付属文書」の「安全保障及び軍事協力」に明らかなように、レポートの核心は米国の戦略的基幹産業である宇宙・航空・情報分野の軍事産業と日本のそれの共同の利害に立脚したものになっている。小泉政権以降着実に進められてきた「武器輸出三原則」の規制緩和、「宇宙の平和利用」原則を反故にした宇宙の軍事利用化、最新鋭戦略爆撃機の日本配備や共同開発などのさらなる条件整備に向けた「提言」、それがこのレポートの本質である。裏返して言えば、「条件整備」を完了するためにも、何としても改憲が早急に実現されねばならないのである。

安保利権と新たな産軍学複合体の台頭

安保は、国家と軍事産業の経済戦略から分析するのがもっとも理解しやすいかもしれない。

憲法九条を中心とした改憲、安保の「パワー・シェアリング」と防衛技術協力推進を強く「提言」した「アーミテージ・レポートⅠ」（二〇〇〇年一〇月）を受ける形で、日米安全保障産業フォーラム（一九九七年一月設立）は、二〇〇二年一二月、「日米防衛産業間の関心事項」改訂版と題された共同宣言を発表した。この共同宣言は、日米共同の核軍事技術開発を実現する、そのための「条件整備」に向けた要望文書である。米国側からボーイング、ロックヒード・マーティン社などの軍事産業八社が、日本側からは三菱重工業、石川島播磨重工業、川崎重工業、島津製作所、東芝、アイ・エイチ・アイ・エアロスペース、小松製作所、ダイキン工業、日本電気、日立製作所、富士通、三菱電機が名を連ねている（www.keidanren.or.jp/japanese/policy/2003/005j.html）。

一九九八年の「日米防衛産業間の関心事項」と二〇〇二年の右の改訂版を通じて、日米の主要軍事産業は両政府に対し、①両政府と軍事産業間との「対話」促進、②日米間の武器および技術の輸出入規制緩和、③軍事派生技術及び非派生技術の知的財産権をめぐる法的整備、などをめぐる政策内容を「要望」として提出した。

日本経団連は、宇宙空間の軍事利用や軍事産業の国家的育成が「国際競争力の強化」につながるという観点から、日本政府に対し「独立行政法人「宇宙航空研究開発機構」発足に向けた緊急提言」と「宇宙開発利用推進に向けた第3期科学技術基本計画に対する要望」を二〇〇三年三月に、また「今後の宇宙開発利用に関する要望」を同年五月に、さらに二〇〇四年七月には「今後の防衛力整備のあり方について——防衛生産・技術基盤の強化に向けて」などを連続的にまとめ、「宇宙の平和利用」原則を骨抜きにする法的規制緩和を要求してきた。

一方、小泉政権の登場以降、日本政府は日米軍事産業のこうした意を受ける形で、憲法を鼻で笑うかのような施策を次から次に採ってきた（右の①から③のうち、②の「武器輸出三原則」をめぐる最新の動向としては、二〇〇七年一月、久間防衛相（当時）は二〇〇四年にミサイル防衛（ＭＤ）に関する米国との共同開発・生産を三原則の例外としたのに続き、米国以外の第三国にもＭＤの拡大を示唆する発言を行っている）。安保や「自衛軍」が、本当に「国民の生命と財産を守る」ために存在するのか、それとも「テロリズム」、北朝鮮、中国の「脅威」を煽りながら、結局は日米軍事産業の利権、安保利権を守ろうとするものなのか、いま一度「国民」は主体的に判断しなおすときを迎えている。

しかし、ここで私たちは困難な問題に直面する。それは、ただ安保をめぐる軍事産業の利権の存在を確認するだけではどうしようもないということである。なぜなら、今日の安保は、日本の「国際競争力の強化」という錦の御旗を掲げながら、産官学軍連携によるイノベーション創出－「経済再生」戦略と一体的に推進され、強化されているからである。それは一部の軍事産業の安保利権のみならず、航空・宇宙・電機・自動車・材料・精密機械・情報通信・コンピュータ・ロボット産業など、およそ日本の戦略産業総体の技術革新や設備投資戦略にも深く組み込まれるようになっており、日本経済はかつて一九六〇年代に主張された「経済の軍事化」というだけでは分析しきれない〈安保資本主義〉ともいうべき様相をますます呈するようになっているのである。

『大学を解体せよ――人間の未来を奪われないために』（現代書館、二〇〇七）の中において、私は国立大学の法人化（二〇〇四年）によって旧帝国大学系七大学や早慶などの有名私立大学を中軸とした日本の大学研究が国家戦略を能動的に担うべく再編されたことを論じたが、本章がみてきたように日本の国家戦略は安保戦略抜きには語れない。「安保産業」と宇宙航空研究開発機構などの「独立行政法人系研究機関」、そして大学院や大学の付属研究センターの「産官学連携」路線の下で、安保テクノロジーのイノベーションをめざす「研究」活動が行われているのである。

「死の商人」という言葉があるが、「安保の商人」となることを拒絶する企業の社会的責任と倫理の確立を問う新たな労働運動や社会・市民運動は、同時に現代科学や産業技術開発に携わる研究者に対しても、「安保のための研究者」になることを拒絶する社会的責任や倫理の確立を問わずにはいないだろう。安保がユーラシア大陸の〈周辺〉にその矛先を向けている認識にとどまらず、私たちの経済生活、労働、「研究」活動の在り方、もっと言えば、日本の「自由と繁栄」の根幹を軍事化していることに眼を向ける必要があるのではないだろうか。

安保を正面から問い、無みするたたかいが、いま以上の社会的広がりを実現するためには、安保が創り出す利権を超えた企業や大学の〈現場〉のたたかいと、沖縄をはじめとする各地の基地撤去をめざすたたかい、そして「市民社会」内部のさまざまな運動体がこれらにつながることが不可欠である。冷戦体制の崩壊によって一度は後退するかにみえた米国の産軍複合体が一九九〇年代の半ば以降の米軍再編と「軍事革命 Revolution in Military Affairs」によって再生し、それが日米同盟の再定義を通じて日本の産業経済や大学研究のあり方にも深い影響を及ぼしている現状にあって、日本の産軍複合社会化を阻み、安保を無みするたたかいに大学研究者や専門家が果たしうる役割は決して過小評価されるべきではないことを強調しておきたい。

「安保の二重性」

安保は、たしかに条約ではあるが、ただの条約ではない。日本の安全保障のみならず、政治経済と社会文化を根底から支える〈体制〉である。条約でありながら体制でもある、この安保の二重性を捉え、条約を失効させるためのたたかいと、安保によって制度化された〈体制〉の分析、およびそれを変革するためのたたかいの両方が求められている。本節の最後に、この点について簡潔に触れておきたい。

安保は、永遠に脅威を追い求める。一つの脅威が無くなれば、違う脅威を見つけ出し、自らを強化する。安保は、条約としてその存在理由を正当化する「脅威」の幻想と、それに正統性を付与する言説が政治力を持つことによって存続する。逆に言えば、日米の権力者がひっきりなしに持ち出す「国家安全保障と国益の脅威」を正当化する論理を社会的に論破し、無化できるなら、少なくとも条約上の安保はその存続の根拠がなくなることになる。つまり条約としての安保の失効は、安保が永遠に追い求める「脅威」の幻想性を暴き、それを無効にするたたかいに始まるのである。中国、北朝鮮、「テロリズム」は、私たちの「生命と財産」にとって本当に脅威と言えるのかどうか、いやむしろ核軍拡を正当化するための方便として政治利用されているだけではないのか、こうした問いを私たちは私たちの側から設定しなおし、社会的な議論をおこすところから始めなければならない。

今日の安保は、その起源から言えば、ベルリンの壁（冷戦体制の象徴）が崩壊した一九八九年にすでに「失効」していた。事実、一九九〇年代の前半期に、日米安保はその存在理由を喪失し「漂流」を開始する。『日米安保解消への道』（都留重人、岩波新書、一九九六）という書まで出版されたほどである。しかし湾岸戦争（一九九一年）、北朝鮮の核開発の発覚（一九九二年）、中国脅威論の台頭などを経て、一九九五年の「ナイ・イニシアティブ」によってポスト冷戦期の「漂流」に終止符が打たれることになる。

「ナイ・イニシアティブ」とは、「アーミテージ・レポートⅡ」の共同執筆者である、当時クリントン政権の国防次官補だったジョセフ・ナイが、「安保をとるか、独自武装の道を歩むか」と二者択一の選択を日本の権力者に迫った一連の「提言」をさしている。これが一九九六年の日米安保共同宣言、そして九七年の新ガイドライン策定に弾みを与え、今日の安保のグローバル化に至る出発点となる。軍事戦略上の存在理由を喪失していた安保は、「脅威」の確証性をめぐる議論も何もなされないまま、日米の権力者の側から再定義を与えられ「グローバル同盟」へとなし崩し的に拡大してきたのである。

「北朝鮮の脅威」を最大限に活用し、ミサイル防衛システムの配備をやり切った日本の権力者が次にめざすのは、中国、「テロリズム」、さらに北朝鮮と、一九九〇年代以降のお決まりの脅威論によって「アーミテージ・レポートⅡ」の「提言」を一つずつクリアし、防衛費のシーリング無き増額によって宇宙空間にまで拡がる兵器システムの最新鋭化を実現することにある。忘れてならないのは、安保の強化によって本当の脅威にさらされるのはユーラシア大陸新秩序の「周辺」／「辺境」の諸民族の「生活の安心」と、ネオ・バブルの只中において本格的な貧窮化が進行する「私たち」の生活基盤だということである。

他方、安保によって制度化された〈体制〉の分析には、安保の再編・強化をめぐる国家的意思決定における執行‐行政権力の強大化の分析が欠かせない。それは本章の冒頭で述べた、法を超える安保の政治性の解明にもつながるものである。

先述したように、二〇〇七年一月の防衛省発足につづき、二〇〇八年四月より国家安全保障会議（日本版ＮＳＣ）が内閣府（首相官邸）に設置される計画になっている。新国家安保会議は、首相、防衛相、外相、官房長官の四人を構成メンバーとし、（1）安保・外交戦略の「重要事項」に関する基本方針、（2）複数の省庁に関係する重要な安保・外交戦略、（3）「重大事態」対処の基本方針を審議するもので、防衛計画大綱や武力攻撃事態への対処などは、現行の安保会議と同じ閣僚九人で会議を行うとされている。事務局には自衛隊員が配属されるこの日本版ＮＳＣによって、内閣府‐国家安全保障会議‐防衛省・外務省という閉じた体制の中で審議・法案化された「重要」な安保・外交戦略が、そのまま「国権の最高機関」たる国会に垂れ流され、ほぼ自動的に通過する体制が構築されようとしているのである。野党第一党の民主党による安保・外交戦略と自民党のそれとの違いがほとんど判別できない状況においては、安保戦略をめぐる「国民主権」がいま以上に蔑《ないがし》ろにされることは必至だと言わねばならないだろう。

改憲問題を安保問題として捉え返すにあたって、この法を超える安保の政治性の解明は避けて通ることができない。一九六〇年以降の日米同盟の再編は、戦争を放棄したはずの日本が憲法にいっさい手をつけることなく世界有数の軍事大国となり、「グローバル同盟」としての安保対象領域の世界化をもたらしてきた。日本国憲法は、日本の軍事大国化や安保のグローバル化に対して何らの歯止めにもならなかった。その意味では、日本の「戦後」自体が憲法違反だったのである。

安保の政治性の解明のためには、（1）地裁レベルの下級審で安保条約や自衛隊の違憲性が裁定されても最高裁でそれらが覆されるという事態――砂川事件（一九五七年）における東京地裁の伊達判決（一九五九年）と、長沼事件（一九六八年）における札幌地裁の福島判決（一九七三年）――や、（2）憲法と安保・自衛隊再編の「整合性」をめぐる「解釈」を内閣府法制局が行い、それが「政府見解」として既成事実化し、そのうえに立って次から次に対テロ・有事関連新法が積み上げられることによって憲法理念と安保・自衛隊の現実との不整合が極大化してきた事態などを、「安保の戦後史」に即して再検討する必要がある。

その作業の第一歩を踏み出す格好の資料としては、『改訂版　憲法判例を読みなおす――下級審からのアプローチ』（樋口陽一ほか、日本評論社、一九九九）や『第2版　戦後政治にゆれた憲法九条――内閣法制局の自信と強さ――』「武力行使と一体化論」の総仕上げ』（中村昭、中央経済社、二〇〇一）、さらにこれらに記されているさまざまな参考文献があるが、しかし、資料に深く分け入れば入るほど、私たちは法の力を無力化する安保が持つ政治的な力の壁の厚さに突き当たることになる。

憲法を無力化する安保が持つ政治的な壁。たとえば、安保を違憲だとする伊達判決を覆した最高裁判決のあと、在日米軍や自衛隊の合憲性をめぐる一九六〇年の司法修習生の意識調査をまとめた次頁の表をみてほしい。これは、『日米安保体制と日本国憲法』（渡辺洋三、労働旬報社、一九九一）よりの引用であるが、最高裁判決に対しては約七割が不支持を表明し、在日米軍に関しては七割以上、自衛隊に関しては八三%を越える修習生が違憲判断を下していることがわかる。このように、安保、在日米軍、自衛隊は、法理論的には明らかに違憲だと判断を下せることが可能だとしても、実際にはその背後にある安保の政治性が法の正統性を捻じ曲げ、これらを合憲化してきたのである。

こうした「安保の戦後史」は次のことを私たちに突きつけている。それは、安保のこれ以上の強化を阻み、安保を無みする（解消する）たたかいを推し進めていくためには、改憲／護憲論に終始することのない、何か新しい議論と運動の枠組みが不可欠だということである。その「枠組み」をいまここで示す能力は私にはないが、少なくとも国会が「タウン・ミーティング」化しつつある現状の下で改憲論議へとなだれ込んでいくならば、日本の政治空間は大政翼賛的状況からさらに擬似ファシズム的状況へと時代の坂を転げ落ちることだけは確信をもって言うことができる。だからこそ「安保の二重性」と、日本の「市民社会」深部にまで根を張り巡らせる安保利権を研究し尽し、これを超える思想と倫理を模索することが問われているのである。

表　米軍・自衛隊に関する司法修習生（第12期）の意見

⑴　砂川事件上告審判決を支持するかどうか

志　望	裁判官	検察官	弁護士	不　明	計(%)
す　る	22	23	30	1	76(26.8)
し な い	57	21	116	2	196(69.0)
無 回 答	4	1	5	2	12(4.2)

⑵　あなたの憲法解釈では、米国軍隊の日本駐留は

志　望	裁判官	検察官	弁護士	不　明	計(%)
違憲である	58	27	114	1	200(70.4)
違憲でない	18	16	30	1	65(22.9)
わからない	7	2	4	0	13 } (6.7)
無 回 答	0	0	3	3	6

⑶　あなたの憲法解釈では、自衛隊は

志　望	裁判官	検察官	弁護士	不　明	計(%)
違憲である	72	35	127	2	236(83.1)
違憲でない	9	10	18	1	38(13.4)
わからない	1	0	3	0	4 } (3.5)
無 回 答	1	0	3	2	6
計	83	45	151	5	284 (100)

注：調査は1960年２月に実施されたもの。
出典：『日米安保体制と日本国憲法』（渡辺洋三、労働旬報社、1991、137頁）より。

おわりに——安保を無みする、ひたすら無みする

今われわれがすべきなのは、東アジア内外の「辺縁（周縁・辺境）からの二重（二次元的）視点」によって、新たな世界地図を描き出すことです。われわれは近代の克服に飛び込むべきなのです。「辺縁からの視点」というのは、じつは、支配‐従属関係に対して永遠につづく挑戦であり闘争なのです。われわれは「辺縁からの視点」を共有し、近代世界全体を新たに観察しなおすという事業を行うべきだと私は主張します。

『ポスト〈東アジア〉』（孫歌・白永瑞・陳光興編、作品社、二〇〇六）の中で韓国の歴史学者、白永瑞はこう語る。「新たな世界地図を描き出す」とは、「これまでわれわれの思考を制限しつづけてきた欧米中心的世界地図の上に、自らも「辺縁」の一つである〈東アジア〉という視角から世界をあらため て眺める」ことだ。その営みによってのみ、私たちは「世界の他の「辺縁」的地域と手を携え連合せんと企図できる」。

すでに私たちは、「周辺」／「辺境」で広がる不可視の殺戮と抵抗の現実の断面を、日常の中でときおり情報として商品化／消費しながらネオ・バブリーな「平和」を満喫するという、対テロ戦争下の「自由と繁栄」を享受している。〈安保な日常〉によって保障された〈テロルな平和〉の時代を生き

ている。その「日常」と「平和」は「戦後民主主義」の延長線上にあるものだが、しかしその虚構性は「戦後民主主義」のそれよりグロテスクである。

「周辺」／「辺境」で広がる殺戮と抵抗を凝視しうる感性と想像力を研ぎ澄ませ、あらゆる場のたたかいを広げる力に転化するには、私たち自身の手によって「新たな世界地図を描き出す」ことが必要だ。しかし、「新たな世界地図を描き出すこと」は並大抵のことではない。安保は、多様な色彩に縁取られているはずの〈東アジア〉を「欧米中心的世界地図」の中に嵌め込んできたからである。「脅威」を永続的に探しつづける安保は、まさに欧米中心の世界地図を描き、「脅威」として特定した国々や地域に生きる人びとの存在、その生を黒く塗りつぶすことによって、世界をめぐる私たちの思考を操作し、想像力を制限しつづけている。安保が塗りつぶしてきた「戦後」の世界。そこには旧ソ連、中国、北朝鮮、そして「近代化の試練を乗り越えることができないイスラーム世界」の人びとの息づかい、その生と死があったし、いまもある。

安保が不可視にする「辺縁からの視点」に立つこと抜きに、安保が描いてきた世界地図を描きなおすことはできない。また、「辺縁からの視点」を思想化できない理論は貧困すぎ、「辺縁からの声」に耳を傾けない運動は他者を排除する暴力から自由にはなれない。この二律背反的な隘路を突破する「事業《プロジェクト》」の困難性の自覚なくして、安保を無みし〈平和〉を紡ぎなおすこともできないだろう。おそらくそれは中国、台湾、韓国、北朝鮮の人びとのたたかいにも言えることなのだと思う。

しかし私たちは、少なくとも「戦後」が「辺縁からの視点」を思想化できず、「辺縁からの声」に耳を傾けなかった「近代世界」であったことを知っている。「戦後」の轍《てつ》を踏まず、「戦後」を超えようる希望は、再び犯してはならない「戦後の過ち」を私たちが知っているという事実の中にこそあると主張したい。未来に悲観的になるには、あまりにも多くの未決着、未総括の問題を「戦後」は残したし、いまも残しつづけているのだから。

白が語る〈われわれ〉には、それぞれの場で、「戦後」の安保が残したこれら未決着、未総括の問題群を引き受け、北朝鮮を含む〈東アジア〉の地図を描きなおす以外のオルタナティブはないだろう。それに立ち向かわない限り、グロテスクな〈安保な日常〉と〈テロルな平和〉は、どこまでも果てしなくつづくことになる。ただ生き延びるためにたたかわねばならない者たちにとっては、それはあまりにもアン・フェアな「日常」であり「平和」であるはずだ。

安保を無みする、ひたすら無みする——。〈われわれ〉にとってそれは、永遠につづく挑戦であり闘争である。

あとがき

北朝鮮による核実験直後、漆間巌警察庁長官（当時）は記者会見の席上、「制裁が続くと北朝鮮による（テロなどの）対日有害活動が活発化する恐れがある」と語った（『毎日新聞』二〇〇六年一〇月一二日付）。しかし、制裁が続いた結果、北朝鮮からやってきたのは「（テロなどの）対日有害活動」ではなく、命からがら小舟で日本に漂着し、韓国への亡命を希望した家族四人の難民だった。麻生外相はこの家族が「武装難民」であるかどうかを心配したが、麻生発言で生まれて初めて「武装難民」という言葉を耳にした。「武装難民」とは「テロの工作人」を言い換えたものだが、これによって外相が何を言わんとしたのか、いまだに理解できないでいる。

難民を「政治難民」「経済難民」と意図的に使い分けるのは、難民を受け入れようとしない国が好んで使う手法である。「政治難民」なら「保護」することを検討しなくもないが、「経済難民」なら国外追放するという難民をめぐる政治の二重基準がそこでは作用している。

けれども、冷静に考えてみたい。日本は国を挙げて北朝鮮を人権侵害国家と規定し、制裁を徹底化することで北朝鮮の人びとを難民へと追いやっている当事国である。その当事国が、何か日本の制裁とは無関係に、勝手に難民が流出してでもいるかのような態度をとっている。日本政府として北朝鮮を人権侵害国と認定するのであれば、北朝鮮から逃れようとする人びとはすべて「政治難民」であるし、北朝鮮の人びとが生きてゆけないように日本が追いつめているのだから彼／彼女らは「経済難民」でもある。ここでも日本政府は、北朝鮮の難民問題における自らの当事者性とその責任を忘却しているかのようだ。

これまで、北朝鮮を逃れた人びとは「脱北者」と呼ばれてきた。そう表現するのは、難民を生み出す責任はすべて北朝鮮政府にあるという認識があったからである。しかし、日本の拉致制裁によって状況は変わった。日本も北朝鮮難民の当事国になったのである。日本政府はこの事実認識に立ち、「脱北者」という表現を改め、難民を難民として表記・表現すべきである。そして、「脱北者」としてではなく、国際的に認められた難民の権利を彼／彼女らに保障する政策を行う、最低限度の人権意識を持つべきだと提言したい。

いまのまま制裁政治が続くなら、北朝鮮からの難民のさらなる流出は避けられない。その責任を負う当事国として、日本はどこまで難民を受け入れる準備と覚悟ができているだろう。本書では論じることができなかったが、「北朝鮮問題」は北朝鮮からの難民と日本社会がいかに〈共生〉できるかという問いも突きつけている。おそらく、日本の多文化共生論の内実は、そこにおいて最も厳しく問われることになるだろう。

最後に、読者に対して二つのことを提案して本書を閉じたいと思う。

一つは、「改正北朝鮮人権法」が成立し、日本政府単独の制裁措置が強化される今後の状況の中で、北朝鮮への人道支援活動にとりくんでいる諸団体を孤立させない支援の輪を広げることである。本書の執筆者三人が活動する日本国際ボランティアセンター（ＪＶＣ）や在日コリアン青年連合（ＫＥＹ）は、そうした数少ない団体の中の二つである。それぞれの団体のホームページには支援活動の紹介がされており、ぜひアクセスし、目を通していただきたい。また、これら二団体以外にも、読者が住む地域や近隣の地域に支援のネットワークは必ず存在するはずである。支援の輪は電話（メール）一本に始まり、ネットワークは人と人の出会いによって広がることを忘れないでいたい。

もう一つは、団体や個人の専門を超えて、「北朝鮮問題」をめぐる共同の議論を広げることである。朝鮮研究や日朝関係の専門家でもない私たちが本書を編んだのは、「北朝鮮問題」がこれらの専門領域を遥かに超えた数多くの問題を提起しているからである。にもかかわらずこれらの問題が、たとえば大学研究者やＮＧＯ、あるいは社会・市民運動に携わる人びとの中で幅広く議論されているとは言いがたい。この現状を変えなければならないと考えている人びとは、決して少なくはないはずだ。とりわけNGOは、専門性を高める志向性がますます強まる中で、自分たちの「関心事項」以外の問題は、関心をたとえ持ったとしても個人また団体としての行動に移せないという「専門化のパラドックス」に陥っている——、そう危惧する人びとも多いことだろう。

国家戦略としての制裁の政治を超えるためには、非核・非戦、平和・人権を唱えるあらゆる大学研究者、NGO、社会・市民運動に携わる者同士が、地域や職場で、あるいは自らが所属する団体の内部で、専門を超えた共同の議論をおこし、これを積み重ねることが必要である。たとえどんなに小さくとも、それぞれの〈現場〉でそうした新しい集まりの場を持つことが「専門化のパラドックス」を克服する途につながると信じたい。

政治の二重基準の矛盾が汲めど溢れ出る「北朝鮮問題」という名の〈場〉を変えるために、ささやかなりとも本書がそんな〈場〉を創るきっかけになることを願う。

「改正北朝鮮人権法」が成立した翌日、二〇〇七年六月三〇日に記す

中野憲志

†『政治権力と人間の自由』（フランツ・ノイマン著、H・マルクーゼ編／内山秀夫ほか訳、河出書房新社、1971）

安保とのたたかいは「政治権力」とのたたかいである。そのたたかいには「人間の自由」がかかっている。本書はナチズムに弾圧され米国に亡命した著者の、1939年から55年にかけて執筆された11の政治論集をドイツ生まれの哲学者ヘルベルト・マルクーゼ（1898～1979）が編集したものである。読者は、ノイマンの独創的な政治理論研究を通じて、法によっては解決されえない「政治権力」と「人間の自由」との拮抗関係や、西洋「政治哲学の持つ問題とそのジレンマ」の世界に誘われることになる。人間の「政治的自由」と「自己決定」を信じつつ、その「限界」にも挑戦するこの書は、「国のかたち」が変えられ、〈権力〉としての安保が強化されようとしている現代にあって、復刻版が望まれる「古典」の一つである。（中野）

になるための方法論が、詳しく語られる。しかし辛淑玉の怒りは、必ずしも彼女一人だけのものではない。「朝鮮人としてバカにされた」同胞や親、友だち、女性たちの涙が、彼女の怒りの源だ。石原都知事との闘いで「多文化たんけん隊」を作ったりするような「面白がる」精神からも学ぶことは多い。「社会への新しい怒り方。それはイベント化することだ」と辛は言う。新しい社会運動とは何かを考える時に、とても参考になる。読んでスッキリした気持ちになる本だ。(越田)

†『現代韓国の安全保障と治安法制』(徐勝編、法律文化社、2006)

本書は、朝鮮半島の分断以降の韓国の現代史を、韓米安保と国内治安体制の再編の両面から照射するとともに、それが日米安保の再編とも有機的に連動したものであることを明らかにする。とくに「第Ⅱ部　現代韓国の安全保障政策とアメリカ」に収録された2論文では、米軍再編が日韓双方の基地再編と一体的に進められてきた経緯や、韓米安保が日米安保と同様に「グローバル同盟」化している現実を知ることができる。この間、米軍基地撤去をめざす日韓の市民運動体のネットワークが広がっているが、本書は安保とのたたかいを「日米韓安保体制」とのたたかいとして取り組むことの重要性を(再)認識させてくれる一書である。(中野)

†『憲法改正の争点――資料で読む改憲論の歴史』(渡辺治編、旬報社、2003)

1949年の公法研究会「憲法改正意見書」から2001年の民主党憲法調査会「中間報告」まで、全102に及ぶ改憲派の文書が編者による解説付きでまとめられている。読者は「ひと口に改憲論者といっても、その改憲構想にはその時代その時代により大きな変化がある」ことを、安保の戦後史とともに学べるだろう。たとえば、1970年の三島由紀夫との対談の中で、中曽根康弘元首相(当時、防衛庁長官)が自衛隊の合憲性を問う国民投票を訴え、①憲法九条には手をつけず、②徴兵を行わず、③核を持たず、④海外派兵をしないと語っていることを読者のほとんどは初めて知り、時代の「大きな変化」に驚くに違いない。是非とも目を通しておきたい資料集である。(中野)

もしくは見ようとしなかった日朝関係の側面が一つでも見出せたならば、私たちはそれを、先入観にとらわれない関係作りへの手がかりとすることができるだろう。(寺西)

†『朝鮮人強制連行の記録』(朴慶植著、未來社、1965)

この本が出てからすでに40年になる。しかし今も、朝鮮人や中国人の強制連行をめぐる新しい事実が出てくる。日本という国家が朝鮮人に対して何をしてきたか、植民地支配の実態を体系的かつ具体的に書いたのはこの本がおそらく最初だろう。この本におさめられている文章も写真も、というより、そこに描かれた事実自体が、多くのことを伝え、考えさせ、そして衝撃を与える。この本が出なければ、いま日本各地で行われている強制連行・強制労働の調査や犠牲者の遺骨発掘などの運動はここまで発展しなかったといっても過言ではない。この本から多くのことが始まったのである。(越田)

†『上海にて』(堀田善衛著、ちくま学芸文庫、1995)

作者堀田善衛は、広い国際的視野と中世への歴史的関心から、現代社会の矛盾や人間の本質を鋭くとらえ、これまでの日本文学にはみられない新しい可能性を開いた作家として知られている。1945年3月から46年12月までの2年弱、20代後半の堀田は上海で暮らした。本書は、その時に堀田が体験したこと、あるいは日本が中国で行ったことを「忘れない」ために書かれた本だ。中国の指導者が「忘れよう」と言い、人びとが「忘れることを学ぼう」と言っても、忘れられない歴史の核のようなものがある、と堀田は語る。「ナンキン」という地名、「皇軍」のしたこと、8月15日の天皇の「玉音放送」、「惨勝」ということば…。「忘れろ」「そんな事実はなかった」という言説が声高に唱えられる今、忘れてならないこととは何なのか、本書はそれを考えるための1冊である。(越田)

†『怒りの方法』(辛淑玉著、岩波書店、2004)

個人からはじめる運動の方法について書かれた本。著者は、言わずと知れた辛淑玉。面白くないはずはない。自分ひとりでも怒りを表現できるよう人論ではなく、著者の「精神的自叙伝」としての性格を持つサイード思想の入門書でもある。権力に飼いならされる御用学者がいっそう増え続ける中、私たちは「亡命者にして周辺的存在であり、またアマチュアであり、さらには権力に対して真実を語ろうとする言葉の使い手」であった知識人サイードの生きた思想に学び、社会が取り戻すべき真の知識人像を私たちのものにしていかなければならない。(宋)

†『記憶／物語』(岡真理著、岩波書店、2000)

朝鮮半島の人々との、あるいは在日朝鮮・韓国人との「相互理解」を目指そうとするとき、この「相互理解」という言葉自体がいかに欺瞞性をはらんでいるか、たびたび自問せずにはいられない。戦争や侵略、差別といった「出来事」を体験していない私は、体験者から紡ぎ出される記憶の物語を見聞きし、想像しながら「痛み」を身に刻もうとするが、その物語はどこか他人事でもある。本書は、他者が体験した「出来事」の記憶を分かち合うとはどういうことか、それはどこまで可能なのかと問いかける。著者は、記憶が物語に変わるとき、そこから大事なものがこぼれ落ち、受け手の解釈が独り歩きし出すことを指摘する。侵略の時代から半世紀以上が過ぎた。今では「足を踏んだ者」が「踏まれた者」の反応に対して、「ヒステリックだ」「煩わしい」とうそぶくことも多い。この事実こそが、記憶の分有がいかに困難であるかを端的に表しているといえよう。(寺西)

†『はるかなる隣人――日朝の迷路』(共同通信北朝鮮取材班著、共同通信社、2004)

日本に暮らしながら触れる「北朝鮮」は、未完成のジグソーパズルのようだ。マスコミから流される断片的な情報に基づいて、私たちは自分に都合の良い部分から北朝鮮像を描いていく。けれども、それらの情報自体、内容的にも量的にも不十分なのが実状だ。共同通信北朝鮮取材班は、在日朝鮮人、北朝鮮への帰国者、拉致被害者、脱北者、脱北者支援NGO、政治家、ジャーナリストなど、多様な人びとに取材をし、たくさんの北朝鮮の「断片」を集めて提示する。この断片からどんな北朝鮮像を描くかは読者の側に委ねられているが、本書の報告を通じて、今までは見えなかった、解放の思想として肯定的な意味を持ってきたと述べる一方で、韓国に根強く存在する単一民族思想の考え方を明確に否定する。また、日本のみならず韓国に対しても、過去の「汚れた歴史」への反省を強く促し、「普遍的な価値」の尊重と共生社会の建設という観点から自国の歩みを厳しく評価する。このように、民族主義の意義を認めつつ、その限界や課題をも冷静に捉える学者が増えている韓国社会。自民族中心意識の高まりの中で、過去の過ちを検証する姿勢が「自虐史観」として除けられる日本の風潮とは対照的である。(宋)

†『ザ・ペニンシュラ・クエスチョン――朝鮮半島第二次核危機』(船橋洋一著、朝日新聞社、2006)

本書は、朝鮮半島の「第二次核危機」――2002年10月の北朝鮮によるウラン濃縮計画の存在を認める発言（その後は一転して否定）に始まる――について、関係六カ国の数多くの当局者、当事者への取材を通じてその実情を描きだそうとするドキュメント作品である。綿密なインタビューにより描き出された「第二次核危機」への当局者、当事者の対応の姿からは、日本のマスコミの安易なセンセーショナリズムからは得ることのできない、朝鮮半島状勢を眺望するための複眼的な観点を学ぶことができる。巨大メディアによる感情的な報道姿勢に踊らされることなく問題の核心に冷静に接近するためには必読の一冊。朝鮮半島第二次核危機で「日本も大きな機会を失った」と著者は述べている。この言葉の含意を知ることの意味は大きい。(宋)

†『知識人とは何か』(エドワード・W・サイード著／大橋洋一訳、平凡社、1998)

常に「普遍性」を求め続け、「側（サイド）の発想」を拒否し続けてきたパレスチナ出身の思想家、故エドワード・サイード。現代を生きる大多数の人びとは「側の発想」に囚われていながら、そのことを自覚できずにいるのではないか。そのような今、私たちがサイードの声に耳を傾けてみることの意義は大きい。本書の主題は知識人論であり、知識人論と言うと小難しく面白みのない内容と思われがちだが、本書は単なる無味乾燥の知識

†『9・11ジェネレーション―米国留学中の女子高生が学んだ「戦争」』（岡崎玲子著、集英社新書、2004）

米国の超名門高校チョート・ローズマリー・ホール校に在学中の時、9・11米国同時多発テロが起きる。クラスメイトたちが「報復」を支持する中、高揚した愛国心とともに増幅される憎しみや敵意の雰囲気に著者は強い危機感を抱く。米国での学園生活という現場をリアルに伝える本書には、「9・11ジェネレーション」と名づけられた世代に属する著者の鋭い時代認識が見事に表現されている。武力に基づいた単独行動主義《ユニラテラリズム》とは正反対のアプローチとして、ノルウェー式外交（1993年イスラエルとパレスチナ間の「オスロ合意」の裏舞台では、非当事者だからこそ果たせる中立者としてのノルウェーの活躍があった）や、常備軍を廃止したコスタリカの憲法を紹介しながら、日本の平和憲法の価値と現実にも鋭い視線を投げかけている。（金）

†『北朝鮮核実験以後の東アジア』（別冊『世界』第764号、岡本厚編、岩波書店、2007）

2006年10月８日～９日にかけてシンポジウム「私たちは『東アジア人になれるか』」（東京／主催・韓国平和フォーラム、東アジア平和フォーラム2006日本委員会）が日韓の研究者、ジャーナリスト、宗教者、NGO・市民活動家ら多数の参加により開催され、東アジアの歴史・平和・環境をテーマに議論が行われた。開催期間中に北朝鮮の核実験のニュースが飛び込む中、日韓の国会議員による公開討論も行われている。本誌はその２日間の記録と、北朝鮮核問題、六者協議、日朝関係等に関する論文や対談記録によって構成されたもの。北朝鮮問題に関する金大中・韓国前大統領へのインタビューと、東アジアの核拡散問題に関する坂本義和・東京大学名誉教授の論文はとくに一読をお勧めする。（金）

†『韓洪九の韓国現代史――韓国とはどういう国か』（韓洪九著／高崎宗司訳、平凡社、2003）

韓国は民族主義が強固な社会だとよく言われているが、この本を読むと必ずしもそうではないことが理解できる。著者は、韓国において民族主義は

記憶、それらが戦後の日米における社会統合においていかなる役割を果たすことになったか、というもの。日本人の「被害者意識」やそれを生み出した社会構造に関する検証・考察は、硬い専門書ながら一読に値する。願わくば、日本と北東アジア間でこそ積極的に行ってほしい共同研究でもある。(Lee)

†『帝国日本の植民地社会事業政策研究』(大友昌子著、ミネルヴァ書房、2007)

吉田茂はどうも朝鮮嫌いだったとみえる。植民地下の朝鮮で、日本は社会福祉などの善政を行ったにもかかわらず、朝鮮人は日本を憎んでいる、と吉田は言う。吉田の時代に限らず、そのような妄言を吐く政治家は今日も後を絶たない。本書はそのような政治家にこそぜひ読んでもらいたい一書である。本書で明らかになるのは、植民地下の台湾、朝鮮で社会事業を行えば行うほど、植民地支配の構造を強化することにつながった、という実態である。すなわち、社会事業政策は、植民地支配の一環として施行され、ムチに対するアメという懐柔策であったため、必然的に日本におけるそれとの格差をつけられることになったのである。博士論文をもとにした本なので、研究者や専門家以外の読者には少々読みづらいのが惜しまれる。(Lee)

†『戦争と罪責』(野田正彰著、岩波書店、1998)

旧日本軍兵士として中国に赴き残虐行為を行った経験を持つ高齢者たちに対して、精神医学者である著者が聞き取りを通じてその内面に迫る。その迫り方は徹頭徹尾具体的に、詳細に聞き出すという手法で貫かれている。罪の意識はどう発現されるのか？　責任をいかに取り得るのか？　著者は1980年以降、時代の気分を強く意識するようになったという。総てはうまくいっているのだと自らを「多幸症」に駆り立て、「悲しむ力」が失われているのではないか——著者のこの指摘は、21世紀に入った現在においてもなお当てはまる。社会的責任と個人との関係を考える上で示唆的な実例がたくさん盛り込まれている。(金)

†『人種差別』(アルベール・メンミ著／菊地昌実・白井成雄訳、法政大学出版局、1996)

マイケル・ムーア監督の映画『ボウリング・フォー・コロンバイン』の中に、ヨーロッパ大陸から「新大陸」にやってきた入植者が、攻撃されてもいないのに先住の民を恐れてむやみに銃を乱射するというアニメ場面が登場する。本書を読むとその場面が「人種差別」の本質を鋭く映し出していることがわかる。フランス植民地下のチュニジアでユダヤ人の父とベルベル人の母の子として生まれた著者は、植民地主義と切っても切り離せない人種差別とは「現実の、あるいは架空の差異に、一般的、決定的な価値づけをすること」から発生し、その行為者が「自分の攻撃を正当化するため、自分の利益のために行うもの」と定義する。日本に人種差別はないと思っている人にぜひ読んでもらいたい。(藤岡)

†『「在満少国民」の20世紀——平和と人権の語り部として』(吉岡数子著、解放出版社、2002)

著者は現在「教科書総合研究所」を主宰して、戦前、戦後にかけての教科書の研究を行っている。本書は、吉岡が戦前父の任地であった朝鮮半島、満州(中国東北部)において受けた教育を振り返り、植民地支配とはどのようなものであったかを語り伝えるもの。その吉岡の活動の出発点は、「子どもであっても植民地にいた自分は加害者であった」にある。それゆえ、よくありがちな、戦争の苦労話に終始する体験記とは異なり、植民地下における日本人の恵まれた生活が現地の人びとの抑圧の上に成り立っていた現実について具体的に綴っていく。書名が示すように、読みやすい語り口調の文体で書かれた本書は、吉岡の贖罪の念と反戦・平和への願いが込められている。(Lee)

†『記憶としてパールハーバー』(細谷千博・入江昭・大芝亮編、ミネルヴァ書房、2004)

本書は、日米双方の歴史家による共同プロジェクトの成果をまとめた学術論文集である。研究テーマは、パールハーバーに象徴される米国社会の第二次世界大戦をめぐる記憶、それに相応する日本社会の原爆投下をめぐる

読者に紹介したい20冊

†『拉致異論——あふれ出る「日本人の物語」から離れて』(太田昌国著、太田出版、2003)

明晰かつ説得力ある「異論」である。本書において著者は、拉致を根拠にした北朝鮮バッシングにあふれる日本のナショナリズムと植民地支配への無反省を鮮烈に批判する一方で、拉致の問題に「日本も植民地支配をしたじゃないか」式の反論を対置することは、本来個々にその責任を追及すべき国家犯罪を相殺可能なものにしてしまうと警告する。太田の「異論」は、一貫して植民地主義を問題にしてきた者の立場から発せられるだけに、重く、確かに響く。日本の社会主義運動に携わってきた人びとや「進歩派」の知識人・運動家たちが、いかに北朝鮮に対して正面切った批判を避け、植民地主義からの脱却という課題に十分にとりくんでこなかったか、自己批判を込めてこれほどきっぱりと指摘する論者は他にない。(藤岡)

†『継続する植民地主義——ジェンダー/民族/人種/階級』(岩崎稔・大川正彦・中野敏男・李孝徳編、青弓社、2005)

植民地支配が引き起こした旧植民地における破壊的変容、旧宗主国における植民地支配の遺制、その温存を可能にする国際秩序、これらが現在までどのように生き続けてきたかを、歴史学、社会学、文学などさまざまなアプローチを通して解明しようという刺激的な試み。本書の主張は「「戦後」という時代と社会そのものが植民地主義と戦争の継続を踏み台にして成立していて、この現在の事実に対してほかならぬその当事者として責任が問われ」(傍点原文)ているという中野の一文に集約できる。とくに、これまでの研究で看過されてきたジェンダーに焦点をあてた諸論考(たとえば在日朝鮮人女性にとっての家族、国家、民族の意味など)は、植民地主義をより複眼的に理解するための視座を与えてくれる。(藤岡)

著者紹介（50音引）

LEE Heeja（い・ひぢゃ）　1956年、大阪生まれの在日韓国人二世。企業勤務後、イギリスで国際関係論を学ぶ。1996〜97年、ボスニアで人道支援活動に従事。現在、所属・肩書き・名刺の三点セットに依らない「ノー・ブランド」の生き方を追求中。『国家・社会変革・NGO』（共著　新評論　2006）、「メードインジャパン――現実と理論のはざまで生きる」（『ヒューマンライツ』第161号　部落解放・人権研究所　2001）ほか。

金朋央（KIM　Boongang　きむ・ぷんあん）　1974年富山県生まれ。在日コリアン三世。在日コリアン青年連合（KEY）共同代表。東京大学大学院工学系研究科博士課程を単位取得退学。学部生の時に在日韓国学生同盟に所属し、在日コリアンとしての活動を開始する。『わが家の民族教育』（共著　新幹社　2006）。

越田清和（KOSHIDA　Kiyokazu　こしだ・きよかず）　1955年生まれ。アジア太平洋資料センター（PARC）で10年働き、東ティモールでの緊急救援・復興支援に関わる。現在、さっぽろ自由学校「遊」理事、ほっかいどうピースネット事務局。札幌で非常勤講師（国際協力論・NGO論）をしながら反戦平和運動などに取り組む。『国家・社会変革・NGO』（共編　新評論　2006）、『徹底検証ニッポンのODA』（共著　コモンズ　2006）、『「改憲」異論3　民衆の安全保障と九条』（共著　現代企画室　2006）など。

宋勝哉（SONG Seungjae　そん・すんぢぇ）　1973年生まれの在日コリアン三世。在日韓国学生同盟兵庫県本部副委員長を経て、2002年から在日コリアン青年連合（KEY）共同代表。在日コリアン青年の民族的アイデンティティの確立と東アジアの平和実現に向け活動を展開する。神戸大学大学院法学研究科博士課程前期過程卒業。

寺西澄子（TERANISHI　Sumiko　てらにし・すみこ）　日本国際ボランティアセンター（JVC）コリア担当。「南北コリアと日本のともだち展実行委員会」事務局担当。『戦争なんてもうやめて』（共著　大月書店　2004）、『北朝鮮の人びとと人道支援』（共著　明石書店　2004）、『NGOの選択』（共著　めこん　2005）など。

中野憲志（NAKANO Kenji　なかの・けんじ）　編者紹介参照。

藤岡美恵子（FUJIOKA　Mieko　ふじおか・みえこ）　反差別国際運動（IMADR）事務局次長を経て、現在、グァテマラの先住民族のコミュニティ・プロジェクトに携わりながら法政大学・同大学院で非常勤講師（国際協力論・国際人権論）を務める。『国家・社会変革・NGO』（共編　新評論　2006）、『環境平和学』（共著　法律文化社　2005）、『グローバル時代の先住民族』（共編　法律文化社　2004）、『脱「開発」へのサブシステンス論』（共著　法律文化社　2004）など。

編者紹介

中野憲志（NAKANO Kenji　なかの・けんじ）
先住民族・第四世界研究、NGO論など。1970年代半ばの高校時代に在日韓国人政治犯問題、また独裁政権期の韓国民主化闘争と学生運動に強烈な影響を受ける。70年代後半期から80年代の反安保行動、日韓民衆連帯行動や外登法反対 - 指紋押捺拒否の支援活動に関わる。
『大学を解体せよ――人間の未来を奪われないために』（現代書館 2007）、『国家・社会変革・NGO』（共編　新評論　2006）、『グローバル化に抵抗するラテンアメリカの先住民族』（共編　現代企画室 2005）、『グローバル時代の先住民族』（共編　法律文化社　2004）、グスタボ・エステバほか『学校のない社会への招待』（現代書館　2004）など。

制裁論を超えて
――朝鮮半島と日本の〈平和〉を紡ぐ　　（検印廃止）

2007年8月15日初版第1刷発行

編　者　中 野 憲 志
発行者　武 市 一 幸

発行所　株式会社 新 評 論

〒169-0051　東京都新宿区西早稲田3―16―28
http://www.shinhyoron.co.jp
TEL　03（3202）7391
FAX　03（3202）5832
振 替　00160-1-113487

定価はカバーに表示してあります
落丁・乱丁本はお取り替えします

装 幀　山 田 英 春
印 刷　新　栄　堂
製 本　河 上 製 本

ISBN978-4-7948-0746-5 C0036
Printed in Japan